信息化口译教学资源教程

主 编 邓军涛

Resource Book for Interpreting Teaching in the Information Age

顾　问　莫爱屏
主　编　邓军涛
副主编　许勉君　赵田园
编　者　邓军涛　许勉君　赵田园　陆　晨　宋苑馨玉
　　　　胡　婷　余　格　吕　昊　刘天才

WUHAN UNIVERSITY PRESS
武汉大学出版社

图书在版编目(CIP)数据

信息化口译教学资源教程/邓军涛主编．—武汉：武汉大学出版社，2020.8

ISBN 978-7-307-21531-3

Ⅰ.信…　Ⅱ.邓…　Ⅲ．信息技术—应用—口译—教材　Ⅳ.H059-39

中国版本图书馆 CIP 数据核字(2020)第 089801 号

责任编辑：谢群英　邓　喆　　　责任校对：汪欣怡　　　版式设计：马　佳

出版发行：**武汉大学出版社**　（430072　武昌　珞珈山）

（电子邮箱：cbs22@ whu.edu.cn 网址：www.wdp.com.cn）

印刷：湖北金海印务有限公司

开本：787×1092　1/16　印张：13.75　字数：326 千字　插页：1

版次：2020 年 8 月第 1 版　　2020 年 8 月第 1 次印刷

ISBN 978-7-307-21531-3　　定价：42.00 元

序

近年来，我国对外开放的质量和水平不断提高，语言服务产业日益繁荣，我国翻译专业教育迎来了前所未有的时代机遇和广阔的发展空间。中国口译专业教育虽起步略晚，但在过去十多年间取得了举世瞩目的成就，为全球口译人才培养展示了独具中国智慧的发展模式与经验。

随着信息技术突飞猛进的发展，教育信息化成为当前和今后教育教学变革不可逆转的趋势。教育信息化是一项系统工程，信息化资源是教育信息化的基础和重要内容载体。在新冠肺炎疫情防控期间，各类信息化口译教学资源，如口译慕课、口译微课、口译语料库、口译技术工具资源等，在助力远程口译教学、创新口译教学路径、提升在线学习效果等方面发挥了重要作用，同时也刷新了学界对信息化口译教学资源应用价值和发展前景的认知。我们有充分理由相信，信息化口译教学资源建设将成为今后口译教育信息化发展的重要内容，信息化口译教学资源研究将成为口译研究与应用翻译学研究领域的新课题。

我国目前有关口译教学和研究的著述颇为丰富，但对口译教育信息化、尤其是信息化口译教学资源相关主题的探讨不足，相关教材也处于缺失状态。究其原因，主要表现在三个方面：其一是信息化口译教学资源在早期口译专业教育中使用较少，尚未引起口译界的足够关注；其二是信息化口译教学资源涉及面广且内容庞杂，汇编这些资源需要爬梳剔抉，挑战性大；其三是信息化口译教学资源与技术工具关系密切，汇编并展示各类资源对编者的信息技术素养要求较高。

欣喜的是，与我合作的邓军涛博士后多年来一直在口译教育信息化及信息化口译教学资源领域孜孜求索，并以其较高的学术敏感发现了这一主题教程的缺失。本着丰富信息化口译教学资源内容、满足口译教育信息化教研需求、提高口译师生及实践者信息技术素养的宗旨，2019 年，邓军涛博士后带领我指导的许勉君博士、赵田园博士及其他硕博士，策划并编写了《信息化口译教学资源教程》。作为他们的导师，我对该书的编写十分支持，如今，看到该书即将付梓，我感到非常高兴。

整本教程共包含 12 个单元。第 1 单元导论部分提纲挈领，从宏观视角描绘了口译教育信息化的发展历史和趋势，阐述了信息化口译教学资源的价值与概念，勾勒出教程编写的框架体系与思路。第 2 至 12 单元发微探幽，分别聚焦信息化口译教学资源中的口译教学语料资源库、数字化口译教材、口译教学专题资源网站、口译微课、口译慕课、口译考证资源、口译赛事资源、口译技术工具资源、口译研究资源、口译师资培训资源和口译非学历教育资源，分 11 个主题阐述了相关资源的基本概念、产生背景、发展简史、资源概况及典型案例。此外，编者们在每个单元结尾部分抛砖引玉，为各主题信息化资源的未来开发建言献策，积极谋划信息化口译教学资源建设的新思路。

通览全书，我认为《信息化口译教学资源教程》布局科学合理，信息化口译资源体系完整，内容丰富翔实，所举案例中西荟萃，生动典型，案例述评结合、详略得当，形式上图文并茂，带给读者较好地视阅体验。尤为可贵的是，该教程主题广泛多元，且较好地兼顾了口译教学、口译研究和口译实践三者之间的关系，在同类口译教研著述中具有较强的创新性。

在人工智能赋能口译职业和口译教育的双重背景下，《信息化口译教学资源教程》的出版恰逢其时，有力地回应了新时代口译教育的发展挑战，契合了口译教育信息化的发展需求，必将为前沿信息技术背景下口译教学、研究和实践的融合发展提供创新视角。同时，该教程也凝结了编者们的智慧和辛勤付出，展现了编者们强烈的科研责任感、较高的信息素养和开阔的前瞻视野，故乐为作序。

希望广大读者能够开卷受益，也借此教程出版冀望蓬勃发展的中国口译专业教育以信息化和技术化发展为翼，持续提升人才培养质量，助力我国对外开放和民族复兴的伟大历史征程。

仲伟合

2020 年 6 月

前　言

近年来，大数据、人工智能、虚拟现实、区块链等前沿信息技术的快速发展引发学界对口译技术的高度关注。实际上，口译技术并非新生事物，其发展源头可以追溯到100多年以前，从交替传译电声传输工具的使用到同声传译设备的研发，从远程口译卫星连接试验到计算机辅助口译工具的开发，从人机耦合模式探索到机器同传产品的应用，口译技术的发展步伐从未停止。可以说，现代口译职业的发展、演变、革新与技术的进步如影相随、相互交织。

现代信息技术不仅催生了新型口译职业形式、带来了先进的口译职业工具，而且引发了口译教育理念、教学模式、教学内容和方法的深刻变革。信息技术在口译教学中的应用不再局限于局部与侧面的碎片化应用，而是逐步与教学目标、课程设置、内容体系、实施流程等形成更为紧密的联系。2018 年 4 月 13 日，教育部颁布《教育信息化 2.0 行动计划》，提出“信息技术与教育教学深度融合的核心理念”。在此背景下，口译教育信息化成为口译教学者不容回避的话题，而作为口译教育信息化的重要组成部分，信息化口译教学资源的建设迫在眉睫，这正是我们编写本教程的缘由。

本教程的编写理念体现在四个方面。第一，资源主题的广泛性。本教程资源主题契合口译教育信息化的时代背景与现实需求，旨在为口译教师、口译学习者和广大口译爱好者呈现新技术时代丰富多元、覆盖广泛的信息化口译教学资源。第二，案例遴选的典型性。每单元所选的案例在内容和形式上突出信息化特征，且主要为学界或业界关注度较高的资源表现形式，在同类资源的建设与应用中具有一定的示范效应。第三，单元架构的层次性。单元内部在整体布局上遵循总、分、总的编写思路，先从概念、背景、价值等方面简述相关资源的概况，再以典型案例为依托阐述具体资源的内容、特征与功能等细节，最后从经验层面归纳资源开发与应用的建议。第四，关联要素的整合性。本教程注重口译教学、口译实践、口译研究等关联要素之间的交互作用，并力求在具体内容的编排与撰写过程中实现教学性、实践性与科学性的有机整合，最大限度地提升教程的应用价值。

本教程的编写团队负责的具体单元如下：邓军涛，武汉工程大学副教授、广东外语外贸大学翻译学研究中心博士后、国家级同声传译实验教学中心与高级翻译学院兼职研究员，负责全书的总体策划，第一至第四单元的撰写以及第七、第八、第九单元部分内容的审校与修改工作。许勉君，广东外语外贸大学英语语言文化学院副教授、博士，负责第六单元的撰写及第七至第八单元的指导与审校。赵田园，广东外语外贸大学高级翻译学院博士、美国蒙特雷国际研究院访问学者，负责第十至第十二单元的撰写以及第七至第九单元的指导与审校。陆晨，武汉科技大学国际学院讲师、博士，负责第五单元的撰写及口译电子书案例的素材整理工作。胡婷、宋苑馨玉负责第七单元，余格负责第八单元，吕昊、刘天才负责第九单元的素材整理与编写工作。

本教程的出版得到以下基金的资助，是相关项目的阶段性研究成果：广东外语外贸大学教务处 2018 年度校级教材建设项目“信息化口译教学资源教程”；国家级同声传译实验教学中心 2019 年招标项目（TCSI201903）；广东省普通高校人文社会科学研究重点项目“中国对外话语体系构建与跨文化语用翻译研究”（2018WZDXM010）；武汉工程大学 2019 年校内科学研究基金项目“口译教育信息化的深度融合机制研究”（K201925）；国家社会科学基金重点项目“口译教育信息化的理论框架和运行体系研究”（18AYY004）；湖北省高等学校省级教学研究项目“共建共享型智能化口译教学语料库设计与应用研究”（2018329）；教育部人文社会科学研究青年基金项目“基于计算机辅助口译教学的口译教学语境重构问题及教学方法探讨研究”（18YJC740059）。

限于编者水平与见识，教程中难免有疏漏与错讹，恳请广大读者、专家学者批评指正。

编　者

2020 年 3 月

目　录

第一单元　导　论

一、口译教育信息化

现代口译职业自诞生之日起，就与技术结下不解之缘。联合国进行的一系列技术实验（如纽约-布宜诺斯艾利斯卫星连接实验、纽约-内罗毕-日内瓦视频会议实验等）为远程口译、视频会议口译等新型口译工作方式的诞生奠定了基础。20 世纪 90 年代中期兴起的"计算机辅助口译教学（CAIT）"则开辟了口译研究的一个新兴领域，其范围覆盖教学环境、教学资源、教学工具、课程管理等多个方面。当前以人工智能、虚拟现实、大数据和区块链等为代表的新型信息技术革命正以前所未有的规模和速度影响着口译的面貌。

在此背景下，口译教育经历着前所未有的深刻变革，变革的影响范围涵盖了口译教学理念、教学模式、教学策略、教学管理等多个领域，变革的表现形式体现在口译教学环境、资源、内容、过程、评价等多个要素。从技术应用的演进路线进行考察，可将信息技术与口译教学的整合归纳为四个层次。

第一层次为外围辅助，特征是以通用信息技术工具或通用教育技术工具的应用为主要表现形式，应用范围仅涉及口译教学的局部环节或要素，如探讨录像带在交替传译课程公众演讲、口译笔记等技能训练中的辅助作用（Schweda-Nicholson，1985）。第二层次为定制开发，以专门化口译教学系统、软件、资源等定制化开发为典型特征，应用范围涉及口译教学的一个或多个方面。例如，Sandrelli（2011）以 Black Box 为例，介绍了其在辅助口译自主训练、编辑语料素材等方面的功能与特色。Seeber（2006）以日内瓦大学"在线共享口译教学语料库（SIMON）"为例，从创建理念、系统架构、资源构成、功能特点等方面阐述了其服务口译教学资源应用的情况。第三层次为合成应用，以一体化口译教学平台的开发与应用为典型特征，应用范围涵盖口译教学的多个方面，支持课堂教学、自主训练、在线学习、合作学习等多种教与学的形式。例如，由欧盟委员会资助创建的"会议口译员训练在线资源（ORCIT）"平台，在内容上整合了交替传译、同声传译等课程模块的系统化教学资源与程序，在形式上整合了主题讲解视频、过程模拟动画、职业口译员技能示范、情景化练习、职业性互动学习社区等元素，在应用上支持翻转课堂、自主探究、合作学习等多种教学形式。第四层次为深度融合，在口译职业技术性变革与教育教学技术性创新的共同作用下，二者的整合朝着智能化、精准化、仿真化等方向发展。从过去半个世纪的发展路径看，信息技术与口译教学的整合已突破外围辅助的层次，逐步向定制开发、合成应用与深度融合等纵深方向推进。

如今，口译教育信息化正成为口译界关注的热点。2018 年 4 月 13 日，教育部颁布《教育信息化 2.0 行动计划》，提出“信息技术与教育教学深度融合的核心理念”。就口译教学而言，我们应当在新的时代背景和技术浪潮下，思考口译教育信息化的内涵与发展路径，探索口译教学和人才培养的创新机制。

二、信息化口译教学资源

在推进口译教育信息化的进程中，不仅要关注口译教学实验室、实训平台、操作软件、网络空间和虚拟环境建设，更应关注信息化口译教学资源的开发与应用。信息化口译教学资源是口译教育信息化的基础和重要组成部分，对于丰富教学内容、适应新型学习方式、满足个性化学习需求具有重要意义。信息化口译教学资源也是口译教学内容的重要载体，且贯穿于口译技能强化、口译模拟训练、口译质量测评等各个环节，在整个口译教学流程中起着十分重要的作用。

在信息技术的影响下，口译教学资源呈现出日益丰富的局面，这从国内外有关口译教学资源的多元化表述中便可窥见一斑。例如，“口译教学素材（interpreter training materials）”（Seeber，2006），“数字化口译训练语料库（digital speech banks or repository）”（Sandrelli & de Manuel Jerez，2007），“会议口译训练在线资源（online resources for conference interpreter training）”（European Commission，2018），“口译练习（interpretation exercises）”（Nolan，2008），“口译材料”（刘和平，2011），“口译演讲视频素材库”（张爱玲，2015），“多模态口译语料库”（刘剑、胡开宝，2015），“口译训练材料”（张吉良，2017），“口译学习者语料库”（张威，2017），“口译微课和慕课”（王洪林、钟守满，2017）等。可以预见，随着信息技术在口译教学各环节的渗透，口译教学资源的类型会日益丰富，我们建议将上述资源统称为“信息化口译教学资源”，并将其定义为：在信息技术环境下，以口译教师、学习者、技术人员、口译从业者等为开发主体，为丰富口译教学内容、优化口译教学流程、提升口译教学效果而开发的一系列以数字媒介为主要载体的资源。

信息化口译教学资源在口译教育信息化中的重要性体现在四个方面。其一，为口译教学各环节与要素提供丰富的教学内容，并为多种信息化教学工具与方式的有效运行提供资源保障。其二，为在线学习、移动学习、翻转课堂、泛在学习、深度学习等提供形态各异、主题多样、应用广泛的资源，契合信息化时代新型口译学习方式的需求。其三，在数据库、智能检索等技术的支撑下，学习者可以便捷获取适合自身水平、兴趣与风格的资源，满足个性化学习需求。其四，信息化资源对形成共建共享的资源创建与应用格局起着积极作用，有助于提高资源创建效率，扩大受益群体。

三、本教程的意义

本教程的意义体现在三个方面。首先，顺应口译教育信息化的时代发展需要。口译教育信息化是一项系统性工程，包括信息化口译课程、信息化口译教学环境、信息化口译教学资源、信息化口译教学工具、信息化口译教学流程、信息化口译教学管理、信息化口译教学评价、信息化口译教学素养等多个方面。信息化口译教学资源是其中必不可少的要素，不仅为其他要素提供资源供给，也为整个口译教育信息化的有效运行提供内容保障。本教程是信息化口译教学资源建设的一个组成部分，我们希望借此引发口译教学界对相关主题的关注，共同助力信息化口译教学资源的开发与应用。

其次，推进信息技术变革背景下口译教材编写类型的创新。我国专业化口译教学的历史不长，但口译教材的规模蔚为壮观。以全国翻译硕士专业学位系列教材为例，在2009—2016年期间，先后推出的教材包括《基础口译》《英汉视译》《交替传译》《同声传译》《商务口译》《外交口译》《法律口译》《会议口译》等。如果从现有口译教材的编写类型考察，上述教材都有一个共同点，即均以语料资源为主要载体。比较而言，信息技术元素在现有口译教材中尚未得到凸显，相关教材也有巨大的开发潜力。鉴于此，本教程尝试突破现有以语料资源为主导的口译教材编写模式，探索多元化的口译教材编写思路。

再次，助力新技术时代翻译学科的全面发展。口译和笔译是翻译学科的两翼，翻译学科的技术性变革需要这两翼的协同并进。就翻译学科的信息化教材而言，笔译相关教材已较为丰富，如《计算机辅助翻译概论》《术语管理指南》《翻译与本地化项目管理》《翻译技术实践》《机器翻译简明教程》《语料库应用教程》等。比较而言，口译信息化教材的开发与应用则相对滞后。故此，本教程在缩短口译与笔译信息化教程差距、促进翻译学科信息化教材的全面发展中具有重要意义。

四、本教程的编写思路与主要内容

本教材紧贴国内外口译教育信息化发展趋势，聚焦各种新型信息化口译教学资源，从概念、产生背景、发展简史、教学价值等方面呈现具体资源的概况，继而从创建主体、创建背景、目的、时间、规模、设计理念、架构、内容、特征、功能、获取方式等方面介绍具体资源的典型案例，并根据需要对相关资源的开发与应用提供参考建议。

本教程由十二个单元组成，第一单元从口译教育信息化的宏观时代背景出发，继而引出信息化口译教学资源的价值与概念，并从技术变革、内容创新与学科发展三个方面阐述本教程编写的意义。第二至第十二单元分别从口译教学语料资源库、数字化口译教材、口译教学专题资源网站、口译微课、口译慕课、口译考证资源、口译赛事资源、口译技术工具资源、口译研究资源、口译师资培训资源和口译非学历教育资源等主题介绍各种信息化口译教学资源。在具体单元主题的甄选与编写上，我们力求为口译教学师生提供契合当前技术变革浪潮下口译教学实际需求的资源素材与信息，建立线上与线下相结合、教学与研究相结合、训练与测评相结合、课堂与职场相结合，覆盖广泛、立体交叉的信息化口译教学资源体系。

第二单元　口译教学语料资源库

一、口译教学语料资源库概况

（一）语料的价值与分类

语料是口译教学的重要组成部分，从课堂教学到课外自主练习，从专项技能训练到综合模拟实战，从学业测试到资格考证，语料都是其中必不可少的要素。依照不同的分类标准，语料可划分为不同类型。例如，按来源划分，语料包括现场、电视、广播、网络等；按媒介形式，语料包括文本、音频、视频、现场口述等；按发言内容准备程度，语料包括即兴发言、带稿发言、脱稿发言等；按话语交流形式，语料包括演讲、对话、访谈、讨论、辩论等。在口译教学中，语料有着多种表现形式，如口译教材、会议口译现场实录或转录、网络音视频、课堂模拟对话与会议等。以计算机和互联网为代表的信息技术为口译教学带来了丰富的数字化资源，也为语料的获取与应用提供了极大便利，但挑战也接踵而至，如网络资源的质量问题、资源内容与学习者水平之间的匹配性问题、音视频资源的动态管理与个性化检索问题等。在此背景下，依托信息技术手段，创建契合口译教学需求的口译教学语料资源库成为现实需求。

（二）口译教学语料资源库的概念与产生背景

口译教学语料资源库（亦称口译教学语料库）指以服务口译教学为目的，以现代信息技术为依托，以信息技术与课程整合理论、建构主义理论、教学设计理论、口译教学理论等为指导，以多模态口译教学语料为主要载体，具有系统化存储与管理、智能化检索与应用、动态化评价与更新等功能的数字化口译教学资源库（邓军涛，2018：47）。

口译教学语料资源库的产生得益于三大因素的共同作用。其一，口译教学的要求。Sandrelli（2005）认为，各类口译教学法都体现出强化训练的共性，如欧洲会议口译硕士（EMCI）要求学员的课堂面授时间不少于400小时，课外小组合作学习和自学的时间总和不少于600小时。口译教学强化训练的特点对口译教学语料的数量提出了较大挑战。其二，口译教师和学习者的需求。一方面，口译教师自主创建口译教学语料常需耗费大量的时间和精力，而孤立分散的语料创建方式既产生了大量重复性劳动，又降低了语料的共享价值。因此，整合与分享口译教师的语料成为现实教学需求。另一方面，学习者在自主学习的过程中，虽能获得包罗万象的学习资源，但如何选择符合自己兴趣与水平的语料也常成为难题。为学习者创建有足够选择空间且检索便捷的口译教学语料资源库也成为实际需求。其三，信息技术的推动。以数据库管理、资源检索、大数据分析等为代表的信息技术发展成果为创建口译教学语料资源库提供了坚实的技术支撑。

（三）口译教学语料资源库的相关表述与建设意义

口译教学语料资源库的发展已有二十多年的历史，相关的名称表述如表 2-1 所示。尽管名称各异，但从主要内容看，其所指的对象、功能与应用基本相同。意大利特里斯特大学高级翻译学院在 20 世纪末率先创建了"口译员资源信息系统（IRIS）"。除提供音视频资源外，IRIS 还配有相应的文字脚本和笔译练习文本。该资源库按照语言组合、口译方式等模块组织起来，学员可根据自身水平和需求，按照相关参数检索所需语料。西班牙格拉纳达大学于 2001 年创建了 Marius 语料资源库，其精细化程度较高，包含了语料资源的外部信息（如编码、日期、说话者姓名与身份、来源语料库与子语料库等），资源内部信息（如标题、素材起点与终点、语言、上下文情境等），检索标准（如级别水平与口译方式），配套资源（如素材文本、超链接、相关文件与网站）。之后，欧盟口译教学语料资源库、在线共享口译教学语料资源库、Speechpool 语料资源库等先后在世界各地广泛建立起来。

表 2-1 **国内外"口译教学语料资源库"的相关表述**

相关表述	主要内容	文献来源
Interpreters' Resource Information System	包括音视频、文字脚本、语料信息与特征，并按语言、口译形式等模块组织的、难度分级的口译员资源信息系统	Carabelli（1999）
Shared Interpreting Materials Online	包括音视频、文本、术语、语料背景信息与特征信息，融资源数据库、讨论平台和练习交换平台于一体的在线共享口译教学语料资源库	Seeber（2006）
Digital Speech Banks	囊括音视频与文本资源，内容真实、场景各异、编排合理、难度分级的数字化口译语料素材库	Sandrelli & de Manuel Jerez（2007）
EU Speech Repository	集语料选取、转录、标注、应用、评价与更新于一体的多功能、多语种口译教学语料资源库	https：//webgate. ec. europa. eu/sr/
面向教学的口译语料库	覆盖不同专题、风格多元、难度各异、口音多样的口译教学语料库	王斌华、叶亮（2009）
基于语料库的现代化口译教材包	集口译教学指南、译员指南、自主学习平台、电子教材与学生用书于一体的、基于语料库的口译教材包	陶友兰（2010）

续表

相关表述	主要内容	文献来源
口译训练视频语料库	取材真实、题材广泛、风格各异、库容开放的口译视频语料库	张吉良、高彬（2014）
多语种视频演讲素材库	按不同教学阶段组织起来的、主题多样、口音各异、难度分级的多语种演讲视频库	张爱玲（2015）

随着我国翻译本科专业与翻译硕士专业学位的设立与发展，专业化口译人才的培养日趋规范化和系统化，口译教学理念、模式、内容、方法、评价等要素也需经历一系列规范化变革。高质量口译教学语料资源库建设是这一系列变革中的基础性工程，其意义表现在为口译教学提供丰富的语料资源、满足学习者个性化的学习需求、体现职业化口译技能训练的特征与要求。在下面内容中，我们将通过三个案例进一步了解口译教学语料资源库的设计理念、内容构成与功能特点。

二、口译教学语料资源库案例分析

（一）欧盟口译教学语料资源库（EU Speech Repository，简称 EUSR）

欧盟是一个多语种并存的一体化组织，在其各种形式的交流活动中，专业口译员团队的语言服务是其中不可或缺的部分。据欧盟口译司（DG SCIC）2016 年的统计显示，其拥有的专职口译员多达 529 名，经官方认证的自由口译员超过 3000 名，每天的会议口译服务量为 50 至 60 场。专业会议口译员的培养必须以大量专业化的技能训练为基础，如"欧洲会议口译硕士课程"（EMCI）要求学员的课堂面授时间与课外自主学习及合作学习的时间总和不少于 1000 小时。这使得欧盟各大口译教育机构面临一个共同的难题，即如何为学员提供量足质优的口译训练语料？在此背景下，由欧盟口译司与欧委会共同倡导，并在欧盟理事会与欧洲议会等机构的支持下，EUSR 于 2004 年启动。

EUSR 的建库理念具有两个显著特征，即协作化与动态化。（1）EUSR 的协作化特征体现在创建主体和创建过程两方面。就创建主体而言，该项目受到欧盟资助，欧盟口译司、欧盟各成员国与相关组织、各大高校以及职业机构均以不同形式参与到项目的设计与实施过程；就创建过程而言，职业口译员、高校口译教师、信息技术人员与部分口译学员均以任务分工的方式参与了语料的选取、转录、标注与监控等环节。（2）EUSR 的动态化特征体现在界面设计与容量扩展两方面。在界面设计上，该语料资源库的检索参数从最初的 5 项发展到如今的 7 项，同时对其导航与学习界面也进行了优化，让学习者的体验日臻完善；在容量扩展上，该库从试用阶段的 3 个语种发展成今天的 28 个语种，语料规模也从试用阶段的 200 条扩展到现今的逾 3000 条，且仍处于动态的扩容之中。

从内容上看，EUSR 的语料包括两种类型。其一是由职业口译员基于真实会议口译工作场景（如欧委会会议、议会辩论、新闻发布会、听证会与采访等）所选取的演讲素材，其二是由资深职业口译员与高校口译教师遴选的适合不同水平阶段的口译训练素材。所有的语料视频均以 ITU-T H.264 格式存储于可搜索的在线数据库中，并按照语言、水平级别、口译形式、所属领域、话语类型等分门别类。同时，职业口译员和高校口译教师定期对库中的语料进行质量评估与审核。

EUSR 在语料真实性原则上具体体现在素材内容、语言特征与呈现形式三个方面。（1）就素材内容而言，EUSR 的语料均来源于欧盟各大机构、各种国际组织与国家机构的真实性会议发言与录音，这实现了语料训练内容与真实口译任务之间的无缝衔接，语料内容的真实性得到切实保障。（2）就语言特征而言，上述语料的发言符合口译教学语料的口语化与现场化特征，因此在语体上也就符合真实语境下口译训练的语言要求。（3）就呈现形式而言，所有语料均以视频转录的形式呈现出来，为口译学员提供了直观可视的口译训练场景，其任务参与的真实性、沉浸性与挑战性得到保障。

EUSR 对语料进行转录主要有两个方面的考虑。（1）时长因素。基于现场的原始语料长度不一，有的长达几十分钟甚至数小时，而基于课堂教学或自主训练的口译训练语料一般要求控制在数分钟之内。鉴于此，项目组需要在确保语料内容相对独立与完整的前提下对原始语料进行剪辑，最终呈现在学习者面前的语料长度为几分钟到十几分钟。（2）视频的质量因素。基于原始语料发布现场录制的音视频质量参差不齐，而用于口译训练的语料在音质、画面清晰度、播放流畅性等方面都有较高质量的要求。鉴于此，将原始语料转录为具有教学实用价值的口译训练语料十分必要。EUSR 项目选择了两类负责语料转录的专业人士，即欧盟职业口译员和有丰富口译教学经验的高校教师。在转录过程中，发言人以自然的讲话方式发布演讲，语音语调与讲稿内容相契合，同时根据讲话内容辅以恰当的肢体语言与面部表情，并在讲话中根据需要提供必要的物件支持，有效地保证了语料转录的语言因素效果与副语言因素效果。

EUSR 对语料的标注包括特征标注和信息标注两个方面。特征标注旨在为后续的语料检索提供便利，EUSR 共设 7 个检索项，分别为语言（包含所有欧盟官方语言以及非欧盟区的俄、中、阿拉伯等语种）、水平级别（从基础到顶尖共 5 个等级）、口译形式（交传、同传或不限）、所属领域（包括现行欧盟政策所涉及的农业、气候、能源、地理、信息社会、移民、宗教、科学近 50 个主题领域）、话语类型（会议、辩论、听证会、采访等）、关键词和语料编号。学习者可以根据自身的水平、兴趣与具体的技能训练需求对相关检索项进行勾选，从而获取相关的口译训练语料，检索界面如图 2-1 所示。

EUSR 的语料学习界面（如图 2-2 所示）包括三个方面的内容：语料宏观信息、语料视频练习界面和语料细节描述。（1）语料宏观信息由语料标题、版权信息、事件发生的时间与地点以及概览性描述信息组成。学习者通过宏观信息可以明确语料的话题范畴与主题框架，并结合自身的百科知识对语料的主旨与发言范围进行预测。（2）语料视频练习界面主要包括播放、暂停、进度定位、视窗与音量调节等功能，学习者可根据需要进行选择，并基于视频界面中的语言信息与副语言信息进行具体的口译认知加工与练习。

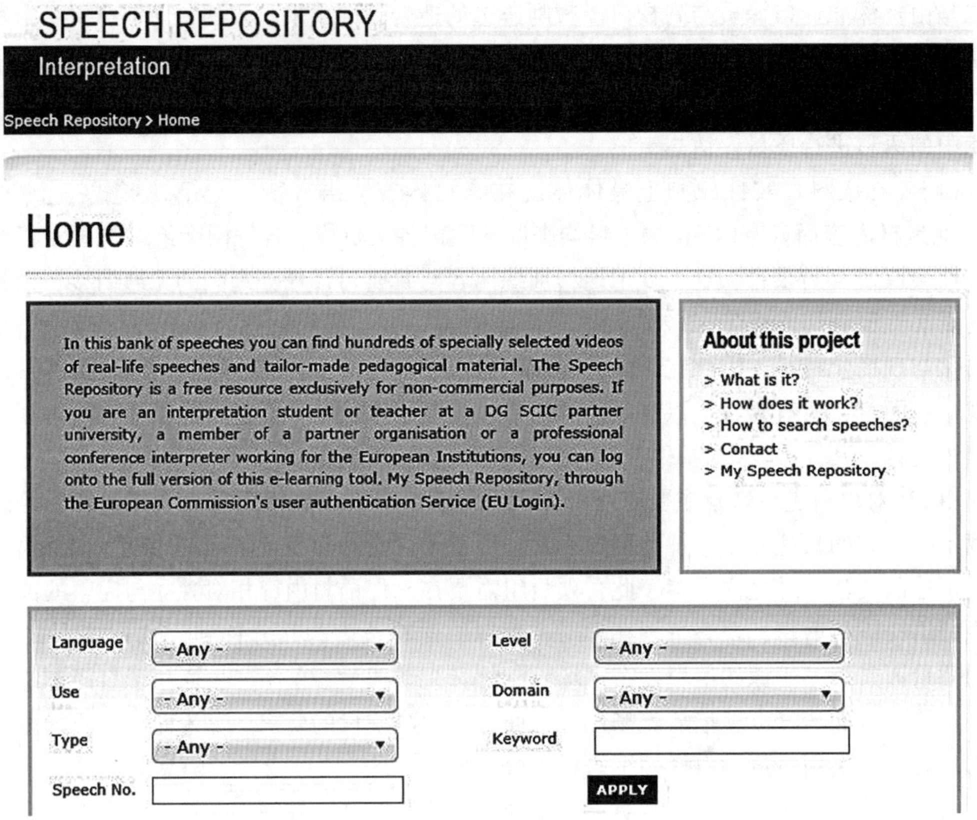

图 2-1 EUSR 的语料检索界面

(3) 语料细节描述包含语料编号、时长、语言、水平级别、口译形式、话语类型、所属领域和术语等内容。其中，语料细节描述中的“术语”是一个广泛的概念，具体涉及语料中的专业性术语、数字信息、缩写形式、专有名词和引语等内容。

（二）Speechpool 语料资源库

Speechpool 的创始人为 Sophie L. Smith，她曾是欧盟口译司会议口译员，之后在英国利兹大学从事口译教学与实践工作。在利兹大学的教学过程中，Sophie L. Smith 经常听到一个令学员们普遍感到困惑的问题：从哪里可以获取优质口译训练语料？起初，Sophie 建议学员们相互创建训练语料，并在课后以小组合作的方式开展练习。之后，为了扩大语料共享的范围，大家又产生一个新的想法：将录制的音频语料上传到共享网站。但同时，新的问题接踵而至。由于班级学员来自世界各地，对语料语种的需求五花八门，而在有限的班级范围内，实现语料对语种的广泛覆盖是不太现实的。面对这一难题，一个大胆且富有创意的想法在 Sophie 脑中诞生，也就是将原先基于班级的语料共建共享模式扩展到全球，这样一来，语种、数量、主题等问题都可迎刃而解。

Food Waste

Istanbul Bogazici

Paris, 09/09/2016

Description: The phenomenon of food waste globally

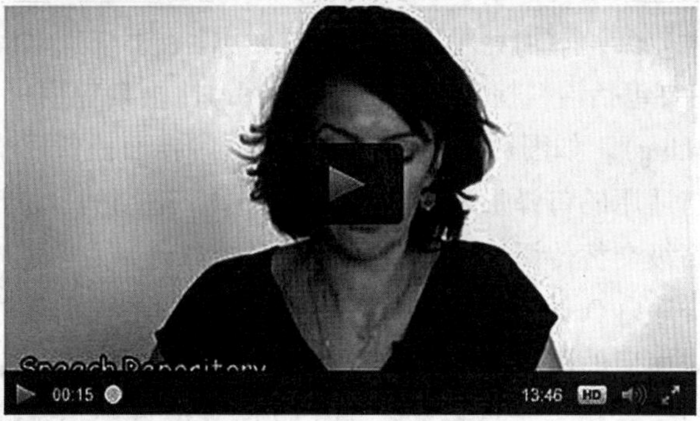

Speech Details

Speech number: 26261	Duration: 13:46
Language: English	Level: Intermediate
Use: simultaneous	Type: pedagogical material
Domains: Food	Terminology: World Bank, Lake Geneva, etc.

图 2-2 EUSR 的语料学习界面

Sophie 创建面向全球共建共享型口译教学语料资源库的想法得到了多方支持，其中包括“英国全国口译网（NNI）”的经费支持，网站开发专家 Matt Clarke 的技术支持，以及众多口译教学机构、师生、校友、从业者等多方力量的支持。自此，Speechpool 于 2013 年开始正式启动。随着参与人数的增加，Speechpool 的规模日益扩大。截至目前，其涵盖的语种包括英语、法语、德语、汉语、西班牙语、日语等 25 个语种，涉及政治、财经、外交、教育、文化、农业、科技、旅游、人道救援、医疗卫生等 30 多个主题。

Speechpool 的设计理念可概括为四个关键词：协作性、适用性、互动性和动态性。首先，Speechpool 的创建主体由全球范围的口译学习者组成，大家有着共同的口译训练语料需求，并以“互助互惠（Scratch my back and I'll scratch yours）”原则为出发点，在获取所需语料的同时，也利用自身的语言背景与专业背景为他人创建多元化语料。其次，Speechpool 注重语料开发的原创性，摒弃将政治演说或议会辩论等实况录像直接搬到口译课堂的做法，要求语料开发者在规范化流程的基础上创建对口译学员自主训练具有适用性的语料资源。其中的规范化流程包括话题选择、专题研究、大纲编制、要点罗列、自然表述等。再次，Speechpool 借助 Facebook、Twitter 等网络社交媒体为学习者搭建互动交流的平台，广泛征集语料学习的需求与反馈信息。此外，学习者还可以将自己的口译练习上传至 YouTube，然后将视频链接留在评论中，供他人观看与点评。最后，Speechpool 的动态性既体现在语料数量与规模的不断扩大，又体现在质量的动态改进，还体现在语料难度的动态化定级机制。例如，针对语料中的音质、图像、内容等缺陷，学习者可以点击质量预警按钮（quality alert button），以电子邮件形式向资源管理人员反映相关问题，管理人员在核实后移除有瑕疵的语料视频。此外，Speechpool 在难度定级方案中采用后测法，学习者在练习之后需要对语料难度进行投票，从易到难，依次为一星到五星，后台再基于学习者实际练习的反馈与统计数据，对语料难度水平进行标识。

Speechpool 的功能主要包括语料检索（Find a Speech）、语料应用（Using Speechpool）与语料编辑（Speech Writing）。如图 2-3 所示，在语料检索界面，口译学习者可以输入关键词，也可以按照主题与适用的口译形式进行检索。其中，适用的口译形式包括全部、无笔记交传、交替传译、高级交替传译、同声传译、高级同声传译六个选项。除此之外，还可以点击页面中上部的排序（Ordering）按钮，按照发布时间的先后顺序、语料标题字母顺序、点击次数等显示排序后的语料。在检索显示的语料列表中，学习者还可以根据标题内容、所属主题领域、口音变体、难度星级、评价反馈等信息进一步锁定拟选择的训练语料。

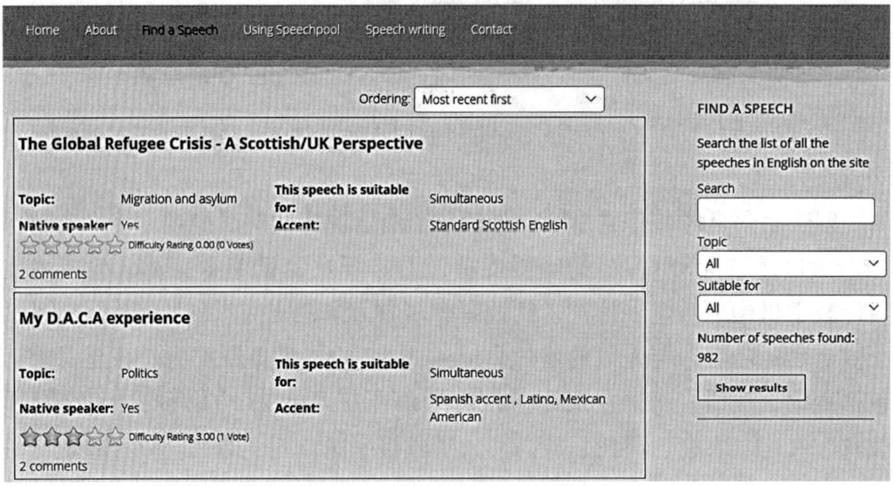

图 2-3　Speechpool 的语料检索界面

Speechpool 的语料应用界面包括两个部分——文字描述信息与视频练习窗口。以 Sophie L. Smith 创建的一则题为“Food and Nutrition”的语料为例，其文字描述信息如表 2-2 所示。其中，在文字描述信息中，既包含语料的标题、适用的口译形式、术语及相关来源素材的链接信息，又包括语料创建者的身份简介、母语及方言变体信息，还包括语料练习的评价与反馈信息。在视频练习窗口中，可以根据练习的需要选择“字幕模式/非字幕模式”，即是否要求显示语料的文本信息，同时还可以对语料的速度、字幕、画质进行设置。

表 2-2　　语料应用界面的文字描述信息示例

Topic	Food and Nutrition
This speech is suitable for	Consecutive
Are you a native speaker?	Yes
How would you describe your accent?	Southern English (close to RP)
Brief information about the author	I have recently returned from 2 1/2 years as a staff member at SCIC (European Commission). I have been an interpreter trainer for 15 years, and have prepared speeches for aptitude tests, final exams, etc. I am also Speechpool's creator!
Useful information	Around 6′30″. This speech contains many examples, so is good for practicing editing.
Link to source material	www. britishsandwichweek. com https: //www. theguardian. com/lifeandstyle/2017/nov/03/if-you-buy-a-ready-made-lunch-every-day-youre-t
Topic and descriptive keywords	Sandwiches, lunch, UK, packed lunch
Add comment	

在语料编辑板块，Speechpool 对语料的选编、录制与上传等给出了详细的操作说明。在语料的选编环节，创建者首先需要选择难度适中、内容熟悉的主题，并围绕主题查阅背景资料与细节信息，继而草拟语料的大纲结构或绘制思维导图，并通过要点罗列的方式做好笔记，最后以笔记为辅助，通过自然、生动的方式将语料口述出来。在录制与上传环节，语料创建者需要用摄像机、电脑摄像头或手机录制自己的发言，要求结构清晰、表述自然，长度为 4~12 分钟。在录制完成之后，用 YouTube 账户上传自己的语料视频，并将 YouTube 中的视频编号从 URL 链接中复制下来。之后，点击进入 Speechpool “上传演讲”的页面，填写语料的相关信息，如标题、所属主题领域、适用的口译形式、发言者的方言变体、发言者简介、相关术语、关键词等，最后粘贴 YouTube 中的视频编号，完成上传步骤。

（三）IVY 语料资源库

“虚拟现实口译（IVY）”项目是全球较具代表性的虚拟现实技术辅助口译教学项目，目的旨在创建以商务与社区口译为重点的口译教学语料资源库，并依托虚拟现实技术实现语料资源和口译训练场景的有机融合（Braun，2015）。IVY 口译教学视频语料资源库（以下简称 IVY 语料资源库）的素材来源包括：ELISA 语料库中的英语采访视频，Backbone 语料库中的英语、法语、德语、波兰语四个语种的采访视频，以及参照 Backbone 语料库新增的希伯来语、希腊语及俄语采访视频。

ELISA 语料库由德国图宾根大学开发，素材内容为英语本族语者录制的系列叙事性采访视频。受访者来自教育、政府、银行、环保、体育、媒体等行业，访谈内容围绕其职业性质、教育背景、入职动因、现从事的项目、日程安排和未来规划等内容展开。该库对所有采访视频进行了文字转写，并基于可扩展标记语言进行了主题、讲者、语法、交际功能等信息标注，还基于同步多媒体集成语言建立了语段文字与对应视频片段的连接（Braun，2005）。Backbone 语料库受欧盟资助，由来自七个欧洲国家的八个成员共同创建。其创建理念借鉴了 ELISA 语料库，主要内容包括多语种（英语、法语、德语、波兰语、西班牙语、土耳其语）本族语者口头采访视频，以及部分由非本族语者录制的英语作为通用语的采访视频。Backbone 语料库的资源主题较广泛，包括政治、全球商务、社会问题、文化、教育、环境、健康、地域等。其视频内容也进行了文字转写，并从主题、词汇、语法属性、交际功能等方面加以标注。

一方面，IVY 语料资源库以商务口译与社区口译相关的资源主题为参照，从上述语料库中选取相关的主题性资源；另一方面，又结合商务口译与社区口译互动交流的特征，对原语料素材进行了编辑与加工，使其符合商务与社区场景中真实性口译交流的要求。IVY 语料资源库最终开发的语料类型包括单语独白语料和双语对话语料。

IVY 语料资源库对单语独白语料和双语对话语料均进行了切分，目的在于方便学习者按照短交传和联络口译的职业化要求进行相关的口译练习（Hoffstaedter，2012）。经切分后的单语独白语料由若干话语片段（sections）组成。语料开发者先从原视频文件中萃取需要编辑的音频文件，继而剔除原先采访中的提问部分，再根据语料内容特点对其进行切分，使其符合短交传训练的要求。在此基础上，语料开发者为切分后的语料编制了主题、发言者、谈话目的等背景知识，为口译训练提供了必备的译前准备信息。经切分后的双语对话语料由若干话轮（turns）组成，其加工过程相对复杂，如图 2-4 所示。语料开发者同样先从原语料库视频中萃取音频，继而剔除其中的提问部分，按话轮对语料进行切分。进而编制语料相关的主题、发言者、谈话目的等信息，并创建新对话中的发话者话轮。之后，对新增的发话者话轮进行录音，并对新增话轮与之前切分的录音进行音效匹配性处理，最后合成 IVY 语料资源库中新的双语对话语料。

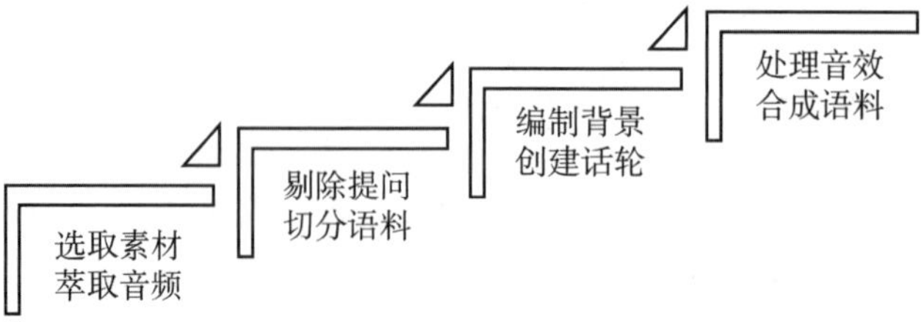

图 2-4 IVY 语料资源库双语对话语料的开发流程

为帮助口译学习者更好地检索与应用 IVY 语料资源库的内容，语料开发人员还在来源库标注体系的基础上增加了新的信息标注体系，主要包括基本信息标注和精细化信息标注两个方面。其中，基本信息标注既保留了来源库中已有的词汇、词频及句子语境检索等功能，又新增了与口译学习关系密切的一系列信息，如话语交流形式（独白或对话）、所属的主题领域、场景，语料的语言或语言组合，话轮总数、时长，事件的时间与空间信息，发言者、交流活动的参与者等。

在精细化信息标注方面，IVY 语料资源库对 ELISA 语料库中的 39 个英语本族语者录制的叙述性采访视频进行了标注，关注的重点是语料内容特点及呈现方式引发的各种口译挑战。具体标注包括五个方面：（1）话语特征方面，如话语标记、高密度信息、非语言辅助、语篇衔接性弱。（2）词汇方面，如专业词汇、成语、文化概念等。（3）记忆方面，如列举、数字、日期、专有名词、引用等。（4）表述特征，如口音、高语速、发音含混等。（5）内容方面，如复杂性命题、发言者的事实性错误、句法不完整、话语插入、语义不清等（Hoffstaedter 等，2012）。IVY 语料资源库精细化信息检索界面的功能如图 2-5 所示。

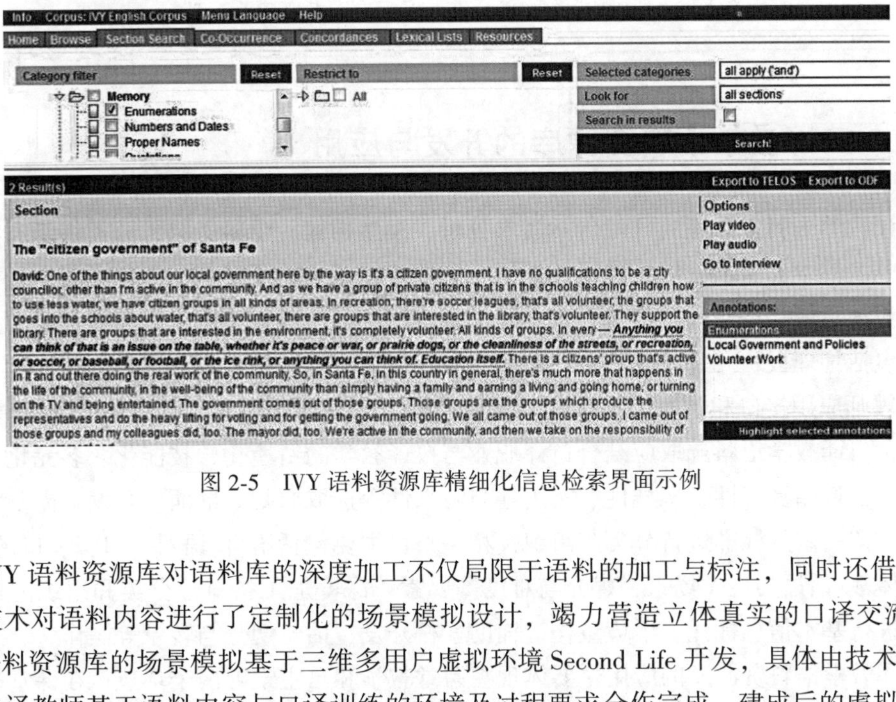

图 2-5　IVY 语料资源库精细化信息检索界面示例

IVY 语料资源库对语料库的深度加工不仅局限于语料的加工与标注，同时还借助虚拟现实技术对语料内容进行了定制化的场景模拟设计，竭力营造立体真实的口译交流语境。IVY 语料资源库的场景模拟基于三维多用户虚拟环境 Second Life 开发，具体由技术开发人员与口译教师基于语料内容与口译训练的环境及过程要求合作完成。建成后的虚拟场景包括商务会议、陈述、产品宣传、导游、采访、培训会等。IVY 语料资源库的虚拟环境支持多种口译学习模式，如口译练习模式、学习活动模式、探索模式、实时互动模式等。学员进入虚拟环境后，可依次选择口译练习模式、语料类型（单语独白语料或双语对话语料）、语言或语言组合，在选定具体的语料之后，启动播放器，跳转至相应的虚拟场景进行口译训练，如图 2-6 所示。

图 2-6　IVY 语料资源库商务对话口译虚拟场景示例

三、口译教学语料资源库的开发与应用

口译教学语料资源库的开发包括需求分析、模型构建、语料选取、分类组织、深度加工等环节。其中，需求分析是口译教学语料资源库创建的首要环节，为口译教学目标、口译教学活动主体与口译教学语料三者之间的有机衔接提供了科学可行的参考依据。模型构建一般包括管理板块（系统管理和语料管理）、内容板块（核心语料和辅助素材）、应用板块（教师应用接口和学生应用接口）与评价板块四大部分。在需求分析与模型构建的基础上，口译教学语料选取应结合口译职业与口译教学的情境化、技能化、多元化、时代化等特点，遵循真实性、多样性、实用性与时兴性等选取原则。继而，开发者需要对初始语料素材按一定的标准进行分类与组织，相关条目主要包括语言/语对、口音、口译形式、主题、体裁/话语类型、场景、媒介与难度等要素。深度加工指对经分类和组织的口译教学语料进行基本信息标注、语境重构、辅助素材开发、话轮切分与转录等操作。

口译教学语料资源库的应用主要体现在课堂教学和自主学习两个环节。在课堂教学环节，教师可以根据口译教学的技能性、实践性、理论性与阶段性原则，基于口译教学语料资源库中不同主题、体裁、场景、形式与难度水平的口译教学语料，通过背景知识预热、情景语境辅助、重点策略聚焦与综合训练相结合等方式，循序渐进地组织课堂口译教学活动（仲伟合，2007）。在自主学习环节，学习者可以结合自身兴趣、知识与技能水平、认知风格特点，基于口译教学语料资源库进行语料检索、自主训练、互动交流与学习反馈。

思考题：

1. 创建口译教学语料资源库对促进口译教学有哪些重要意义？
2. 全球有哪些著名的口译教学语料资源库？它们具有哪些特点与功能？
3. 开发口译教学语料资源库一般包括哪些步骤？
4. 如何在口译教学或自主训练中发挥口译教学语料资源库的价值？

第三单元　数字化口译教材

专业化翻译人才的培养离不开科学化与规范化翻译教学体系的构建。就口译人才的培养而言，专业化口译教学体系包括教学目标、课程设置、知识与技能体系、教师、教材、学习者等多个要素。其中，口译教材是口译教学内容的重要载体，也是口译课程建设的核心（王斌华、仲伟合，2010）。在信息技术的助推下，口译教材的形态、内容与应用都经历着巨大变革。本单元首先回顾我国口译教材的出版概况与研究现状，继而以数字化口译教材的主要形态为线索，分别介绍口译教材音视频资源、口译教材网络资源与口译电子书，最后以信息技术为视角，从资源形态和内容两方面展望数字化口译教材开发与应用的前景。

一、数字化口译教材概况

（一）国内口译教材的发展现状

1. 国内口译教材的出版现状

我国口译教材的出版主要以2006—2007年为分界线，这与2006年教育部批准试办翻译本科专业（BTI）、2007年国务院学位委员会批准设置翻译硕士专业学位（MTI）有着直接关联。在此之前，国内口译教材的类型、语种、主题等都较为有限。自BTI和MTI设立之后，我国口译教材的开发与出版从2009年开始一度迎来繁荣局面。仅在这一年，各类口译教材就达十五套，且在之后的十年间，年均出版规模约八套。同时，专业化口译教材的集群式出版渐成规模。以全国翻译硕士专业学位系列教材为例，在2009—2016年期间，先后推出的教材包括《基础口译》《英汉视译》《交替传译》《同声传译》《商务口译》《外交口译》《法律口译》《会议口译》等。截至目前，我国已初步建立工作模式齐全、语种丰富、场景和层次多样、技能覆盖广泛的口译教材体系，如表3-1所示。

2. 国内口译教材的整体特征

从教材的内容、结构与形式等方面考察，国内口译教材呈现“六多”的特征。第一，从教材内容看，语料资源占现有口译教材的绝大多数，且语料资源主要以主题的形式进行编排。比较而言，以专项技能、场景主题、区域专题等为线索编排的口译教材相对缺乏。

第二，从所涉及领域的范围看，通用型口译教材最多，相关主题通常较为宽泛，如迎来送往、礼仪致辞、商务谈判、旅游观光、文化交流、科学技术、体育赛事、环境保护、医疗卫生、教育学术、对外关系、民族宗教等，而针对具体垂直领域开发的行业性口译教材较为匮乏。第三，从所选素材的话语类型看，演讲类语料居多，而对话、讨论、辩论类语料偏少。第四，从难度递增趋势看，平行编排体例是现行口译教材中最为常见的，多数口译教材的单元之间属于平行的话语主题关系，语料难度与技能发展在口译教材中没有体现出梯度递增的趋势。第五，从语言看，英汉口译教材的数量最为众多，法语、德语、日语、俄语、韩语、西班牙语、阿拉伯语等语种的口译教材有少量开发，但多数小语种的口译教材尚处于空白状态。第六，从教材的媒介形式看，最为普遍的为“纸质+MP3 音频”的形式，其次是纯纸质教材，而纸质教材与视频资源和网络资源的结合则较为稀少。

表 3-1　**口译教材分类与数字化概况**

划分维度		教材案例
工作模式	交替传译	《交替传译》[2]，《交替传译实践教程》[2]
	同声传译	《同声传译》[2]，《英语同声传译教程》[2]
	视译	《英汉视译》[1]，《视译基础》[1]
语言方向	外汉口译	《新编英汉口译教程》[1]，《同传捷径：俄语高级口译技能训练与实战演练教程》[2]
	汉外口译	《现代汉译英口译教程（第二版）》[2]，《汉英口译：转换技能进阶》[2]，《汉法口译教程——教你从容地表达》[3]
	汉外互译	《实战口译》[4]，《联络口译》[2]
专项技能	听辨技能	《英汉口译技能教程：听辨》[2]
	口译笔记	《交替传译笔记：速成课程》[1]（国外引进）
	理解表达	《理解与表达：英汉口译案例讲评》[2]
场景主题	外交	《外交口译》[2]
	商务	《商务口译》[2]
	医学	《医学口译》[1]
	法律	《法律口译教程》[2]
	科技	《科技英语口译》[2]
水平级别	基础	《基础口译》[2]，《中韩口译入门》[2]
	进阶	《中级口译教程（第四版）》[4]，《口译进阶教程：专业交传》[2]
	高级	《高级汉英口译教程》[1]

续表

划分维度		教材案例
其他	场景聚焦	《走进口译：欧盟亚欧口译项目多媒体教学资料》[3]
	区域专题	《中国—东盟自由贸易区英语口译实务》[2]
	测试考证	《高级口译教程（第四版）》[4]，《西汉初级口译教程》[2]，《英语口译综合能力（二级）》[2]
	教学研究	《口译理论与教学》[1]，《日汉口译教学研究》[1]

（备注：1＝纸质；2＝纸质+MP3/CD；3＝纸质+DVD；4＝纸质+网络资源）

（二）国内口译教材的研究现状

1. 国内口译教材的研究趋势

在研究层面，国内口译教材的研究呈现整体上升、局部震荡的趋势。从中国知网的发文量增长趋势（见图 3-1）可以看出，在过去近 30 年间，2006—2007 年是口译教材研究的转折点，随着翻译本科专业与翻译硕士专业学位的开设，我国口译教材的开发与研究呈现逐年上升的趋势，并在 2012—2013 年间达到峰值。自 2014 年回落后，近 5 年相关研究呈现跌宕起伏的震荡态势。

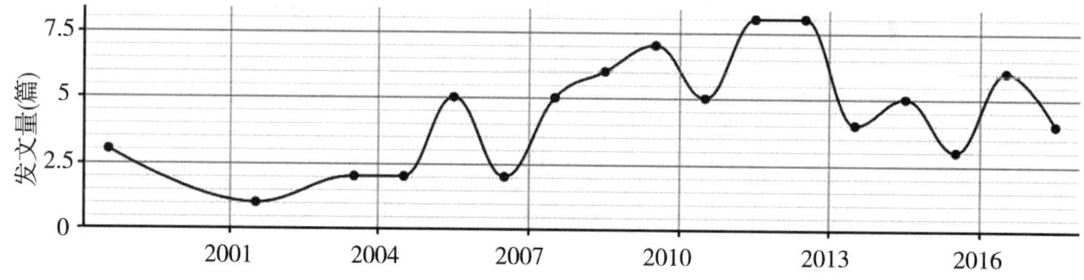

图 3-1　国内口译教材研究（1990—2018）发文量增长趋势

2. 国内口译教材研究内容概述

从具体内容看，国内口译教材研究主要聚焦于四个方面。第一，探讨口译教材的开发原则与要点。例如，严志军、张沫（2010）从符号学角度提出口译教材开发的三大原则，即突出可视化思维方式、强调会议话语分析和降低口译心理负荷。姚斌（2017）指出，口译教材编写应充分考虑材料难度、交传与同传进阶顺序、口译能力习得的阶段性等问题。第二，阐述开发口译教材的指导性理论。例如，陶友兰（2010）在建构主义学习理论的指导下，提出构建基于语料库的现代化口译教材包的主张。欧阳倩华（2006）探讨了图式理论在指导口译教材编写过程中的意义和价值。第三，对现行口译教材进行推介与述评。例如，王斌华、仲伟合（2010）推介了基于国家级精品课程“英语口译（课程系列）”开发的口译系列教材。高彬、徐珺（2012）基于调研与分析，指出口译教材中存在的时效性欠缺、内容重复、难度缺乏渐进、多媒体形式单一等问题。第四，探讨信息技术与口译教材的整合。例如，张金玲（2010）提出利用网络和电子计算机技术，实现口译教材应用的网络化。罗选民等（2008）主张建立电子口译教材资源库，以方便师生使用，也可与其他院校进行资源共享。

（三）数字化口译教材的形态

1. 数字化教材的概念

数字化教材的概念有广义和狭义之分。从广义上说，数字化教材指“由数字化信息数据库提供支持，由数字化信息处理系统提供支撑软件平台，从而实现与文本、图形、图像、声音、视频、动画等多种信息建立关联，形成具有多样性、集成性和交互性的现代化教材”（蔡雪峰、赵湘慧，2009：96）。从狭义来看，数字化教材指“基于云计算技术，以智能化电子产品（如电脑、手机、电视等）为载体，可呈现多种资讯，不受时空限制的新型教材”（朴钟鹤，2012：88）。数字化教材的出版模式众多，包括以光盘形式存在的纸质教材配套资源、以网络下载方式存在的在线教学课件与题库、电子课本、数字化教材与电子阅读器集成、数字出版平台、在线学习平台与软件等（成华、卢章平，2012）。

2. 数字化口译教材的主要形态

数字化口译教材是现代信息技术与口译教学整合的产物。从上述概念来看，数字化口译教材尚处于初级发展阶段，即主要以纸质教材与相关数字化资源的复合形态存在。从出版发行的现状看，目前数字化口译教材主要表现为：纸质口译教材与配套音视频资源的复合，纸质口译教材与网络资源的复合，纸质口译教材与数字化平台的复合。除此之外，对个体口译教师而言，数字化口译教材还可表现为利用电子书制作软件开发面向课堂的动态交互型口译电子书。接下来，我们将以上述资源形态为线索，对各种数字化口译教材予以介绍。

二、典型案例分析

（一）口译教材音视频资源

1. 口译教材音频资源

从上一节的统计可以看出，在我国出版的口译教材中，相配套的数字化资源绝大多数以 MP3 或 CD 音频资源为主。音频资源通常与纸质教材中的语料文字材料相对应。按呈现方式划分，音频资源可分为两大类，即现场原声音频与文字转录音频。按语料内容的完整度划分，分为未删节音频与节选音频资源。因教学目标与教学需求存在差异，各种音频资源的使用场合与相对优势也有所区别。

真实性是口译训练中的一项重要原则，其内涵涉及多个维度和要素。就口译教材音频资源而言，真实性体现在四个方面。第一，内容取材的真实化，即语料素材应来源于真实口译活动现场，这一点在多数口译教材中得到体现。但是，真实化的取材并非等同于将现场资料原封不动地移植至教材。口译现场所涉及的资源众多，如发言者的讲话、会议资料、讲话过程中的 PPT 等，口译教材（包括音视频资源）容量有限，所能承载的资源信息只能是局部的。另外，口译教学具体的内容与形式也决定了口译教材音视频资源的表现形式与现场发言存在差异。例如，在王丹主编的《交替传译》中，编者从交替传译课程的系列要素出发，结合语料内容的具体特点，在每单元中将原声音频切分为若干小节，并通过讲解、提示、提问、点评等方式，将交替传译技能要点与语料的音频片段有机结合，为有针对性地开展教学与训练提供了便利。

第二，语料呈现方式的现场化。就这一点而言，现场原声音频比文字转录音频更具优势，因为它可以体现发言者多样化的口音，如方言与非本族语发音；发言者的口语化特征可以得到真实再现，如使用语气词、修改或调整话语、迂回性或冗余性表达等；发言过程中的口误、语法错误、事实性错误、用词错误等都可以在现场原声音频中得到体现。下面以仲伟合、詹成主编《同声传译》教材中的部分语料为例进行说明（见表 3-2）。

表 3-2　**《同声传译》教材音频中的现场化因素案例**

维度	教材音频中的相关案例	注释
发音	“汕尾……由于依山又傍海，海陆皆丰饶，气候环境条件十分宜人……”（P272）	傍，现场读为 páng，正确读音为 bàng；皆，现场读为 gāi，正确读音为 jiē
	“We need to find those niches of expertise and competitive strengths to fulfill the needs of about 2. 5 billion people of the two great nations.”（P119）	印度式发音，如将 people 念成 /biːbl/，expertise 的画线部分念为/daiz/
口语化特征	“那么第一个方面呢，我介绍一下关于金湾区的地理位置。那么第二个方面我介绍一下金湾区的基本情况。第三个方面介绍一下金湾……选择金湾区的理由。”（P244）	冗余性表达，修改话语
	“Um，REACH is... stands for registration，evaluation and authorization of chemicals. What exactly is REACH?（Oh，no no no … Sorry，sorry about this.）What is REACH? REACH is...”（P258）	语气词，修改或调整话语
各式错误	“In the 1970s，we finally established the banking sector，which now encountered for a huge chunk for the GDP.”（P329）	用词错误，encountered 应为 accounts
	“So I am gonna fusion all these items together.”（P199）	语法错误，fusion 应为 fuse

第三，现场环境的可视化。在这一点上，视频资源比音频资源具有天然优势，比如发言者的表情、肢体语言，发言过程中辅助性的 PPT、现场突发情况、听众的反应等，上述信息通常可以在视频资源中得到体现。但即便是视频资源，在诸如对话口译、讨论、辩论等话语交流形式中，译者凭借可视化的界面往往也难以得到立体多维、身临其境的临场感受，这也是视频资源的相对局限性。

第四，现场译语的再现化。是否需要为口译教材中的语料提供参考译文，这在现有口译教材编写思路中存在分歧，但从辅助教学、提供训练参考的角度来说，参考译文是必要的。以什么形式来呈现参考译文，这又是一个值得探讨的话题。部分研究者指出现有口译教材参考译文偏书面化、过于完美……（赵昌汉，2017）如借助音视频资源的优势，在口译教材中加入口译员的现场译语，供口译教学参考或研讨，则无疑可以增强训练的真实性。

2. 口译教材视频资源

在为数不多的口译教材视频资源中，由厦门大学、英国思敏斯特大学、爱尔兰都柏林城市大学和越南河内外国语大学基于“亚欧口译培训合作项目”共同开发的《走进口译：欧盟亚欧口译项目多媒体教学资料》是一个颇具特色的案例。该多媒体教学资料以“厦大口译训练模式”为指导，共包括七个单元主题：口译员扮演的角色、公众演讲、注意力与记忆力、口译笔记、应对策略、文化意识与职业精神。从组织结构上看，每个单元主要由主持人讲解、情景短剧演示、问题聚焦、短剧镜头回放、主持人简评、专家点评、真实口译场景、主持人总结等部分构成。

该视频教材的设计理念体现在四个方面。其一，问题聚焦。在每个单元中，从片首主持人引出主题，到基于情景短剧提出问题，继而通过短剧镜头回放聚焦问题，再结合职场示范和专家点评，从实践和理论层面解决问题，最后到主持人归纳统整回归问题，整个视频进程紧紧围绕核心问题展开。其二，情景模拟。情景短剧是该教材的一大特色，旨在通过情景模拟与角色扮演的方式，以夸张、诙谐、生动的方式暴露新手译员在口译实践中的诸多问题，如角色定位不当、缺乏目光交流、注意力不集中、跨文化意识淡薄等。学生通过观摩问题案例，可以强化对口译技能与职业素养的认知。其三，职场示范。针对情景模拟中暴露出的具体问题，教材开发者依托若干真实口译场景，通过视频剪辑与组合的方式，将不同职业口译员正确的、恰当的或可取的实践方法展现给大家。情景模拟短剧与真实职场示范的对照如图 3-2 所示。其四，精辟点评。为将问题的解决提升到经验与理论层面，教材开发者还邀请了国内外口译实践与教学方面的专家进行点评。各位专家围绕单元主题和情景短剧中的突出问题，从实践经验、方法对策、教学建议等方面给出了深刻、精辟、中肯的点评。

（二）口译教材网络资源

随着互联网的普及，特别是移动互联网的广泛应用，传统纸质教材的开发与应用开始与网络建立各种形式的关联。就口译教材而言，网络资源与之融合的方式主要表现为以下四种形式。

图 3-2　情景模拟短剧与真实职场示范对照示例

1. 纸质口译教材的电子化

从形式上看，这是传统纸质口译教材向网络电子媒介的一种平面式转化。但从师生获取与应用的角度来看，其价值可能超越媒介形式本身。例如，对于国外出版的口译教材，购买电子版比纸质版更为经济快捷。以 Routledge 出版的 *Note-taking for Consecutive Interpreting*: *A Short Course* (*Second Edition*) 为例，其简装版（Paperback）与精装版（Hardback）的售价分别为 27.99 与 98.99 美元，而电子版（eBook）则为 14 美元。又如，各大出版社与在线电子书籍交易平台均提供关键词检索功能，学习者可以便捷查找并预览相关口译教材，同时，平台中提供的相关书目推荐服务则为学习者获取其他类似口译教材资源提供了便利，如图 3-3 所示。再如，借助各种电子书阅读器，学习者可以对电子口译教材进行定位、搜索、蓝牙听书、添加书签笔记等操作，突破传统纸质教材平面单调的资源使用局限。

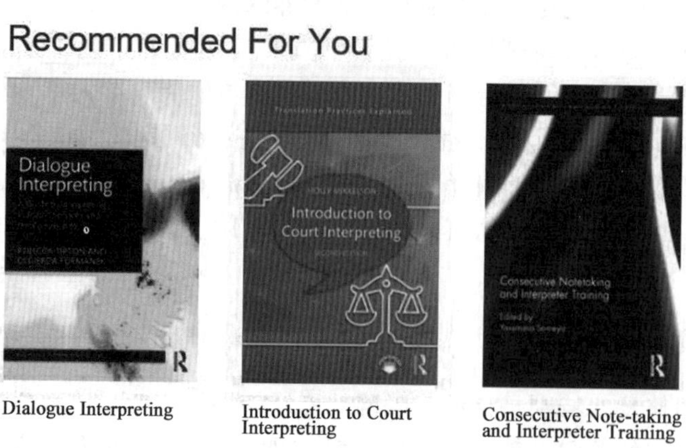

图 3-3　Routledge 网站口译相关书目推荐界面

2. 附属资源的网络化

纸质口译教材的附属资源表现为多种形式，如语料的音视频、同类资源目录、在线资源链接等。随着电脑硬件的更新换代，资源存储的方式也发生着巨大变化。以口译教材为例，随着光驱日渐淡出人们的视线，曾经以 CD、MP3 光盘形式存储的有声资源正变得越来越不合时宜，取而代之的则是在线扫码与网络下载的方式。纸质教材因篇幅限制，对同类资源及内容不可能逐项列出，利用网络则可将相关结构化资源以电子表格、语料库、知识库等多种方式加以呈现。随着云存储模式的流行，口译教材附属资源的存储、管理与应用将更为便捷、高效与智能。

3. 配套资源的立体化

纸质口译教材的配套资源形式多样，如背景阅读素材、拓展性练习素材、参考译文素材、编者与读者的互动社交平台等。以林超伦编著的《实战口译》教材为例，其特设专题网站（网址：www. kouyi. co. uk）中提供的系列配套资源包括讲话原文与译文样本、讲话录音、口译笔记要点、实例讲解、作者简介及与读者的互动邮箱等。在外语教学与研究出版社开辟的“高等英语教学网”中，专设“教材支持中心”，提供各种教材补充资源，其中与口译教材相关的配套资源包括专家示范课录像、音频、练习参考答案、参考译文等，如图 3-4 所示。

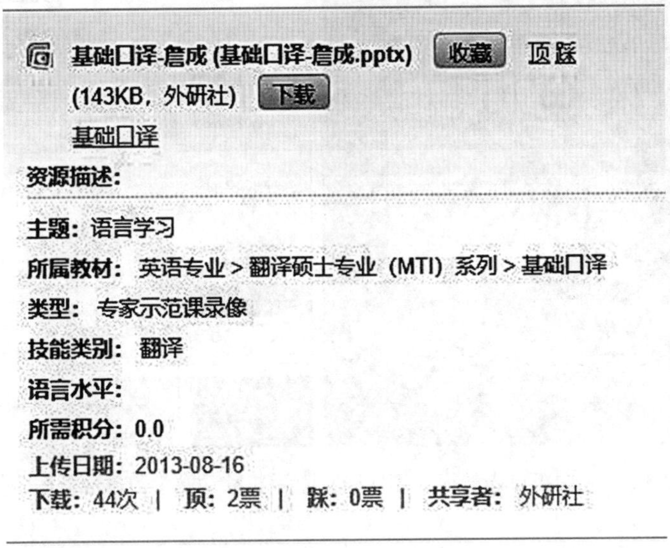

图 3-4　外语教学与研究出版社口译教材网络资源示例

4. 数字资源的交互化

随着信息技术在口译教学各环节的渗透，口译教学场域不再局限于有形的物理空间，从课堂教学到测试评价，从合作学习到自主训练，各环节都在向网络空间、数字平台、移动设备等场域全方位延伸。教材的交互化应用在本质上是建立资源与使用者之间的有机关联，因此，现有口译教材需要打破静态文字素材的窠臼，重视开发支撑教材动态化应用的数字化平台，满足口译学习过程中的个性化需求，如素材主题的自主选择、资源内容的灵活呈现、学习节奏的个性调节等。

以《中级口译教程（第四版）》为例，上海外语教育出版社为适应新型口译学习者的学习习惯，依托教材开发基于移动设备终端的交互化数字学习资源。学习者需要先在手机下载安装“爱听外语”应用程序，通过扫描纸质教材封面的二维码进入数字资源平台。平台学习界面如图 3-5 所示，其中的主要内容与功能包括：音频列表显示，方便用户选择所需音频语料，了解基本属性信息；音频播放功能，包括前进、后退、定位、定时、循环、暂停等常规功能，还可以根据自身水平与学习需求自主操控切换音频播放速度，包括 0.6、1.0、1.2、2.0 等多种语速选择；音频字幕显示，可自由选择单句或全文字幕显示模式，自主调节字幕的字体；互动功能，主要包括字幕纠错与评论，其中字幕纠错的类型包括字幕音频不同步、文字遗漏或多出、分段分句有错误、字幕中存在乱码、单词拼写或断开等，在评论中既可以查看动态的用户资源应用评价，也可以就学习体验、问题、建议等进行反馈。

图 3-5　《中级口译教程（第四版）》手机移动端学习界面截图示例

（三）口译电子书

1. 电子书的概念

电子书（Electronic Book）是指将文字、图片、声音、视频、动画等多媒介信息通过数字化集成并储存在一定的电子设备中，再通过台式电脑、手提电脑、平板电脑或智能手机等终端智能设备进行呈现和使用的电子化图书。根据龚朝花、陈桄（2012）对国外电子书发展历程中关键事件的梳理可知，有关电子书的最初构想可以追溯到20世纪40年代中期，第一本电子书的出版出现在1987年，电子书阅读器的兴起和发展发生在21世纪之交的前后几年，而近十多年来，随着移动互联网的推广和电子书制作工具功能的日臻完善，电子书的商业化和大众化趋势正日益明显。

2. 电子书的优势

电子书的兴起带来了教育领域的深刻变革。对于教师和学生来说，电子书的兴起为实现传统纸质教材向电子教材的转变提供了先导。如今，只要拥有电脑和电子书制作软件(如iBooks Author，ZineMaker，PocoMaker，Jutoh，Sigil，ePUBee Maker等)，电子教材可以随时随地制作，同时，学习者只要拥有简便的电子阅览器，便可随时随地阅读学习和体验。相比传统的纸质书籍，电子教材具有以下六大优势。

其一，时间优势。电子教材的开发周期比基于出版社发行的纸质书籍大为缩短，设计者一旦完成电子书的制作和设计，便可借助一定的电子设备或网络与读者进行分享。

其二，空间优势。电子教材免去了传统纸质书籍“汗牛充栋”式的负荷与累赘，一部平板电脑或智能手机便可容纳成千上万的优质学习资源。

其三，主体优势。电子教材的创建主体既可以是团队，也可以是个人，这为一线教师自主设计与开发契合本班课堂的教材搭建了平台，进而激发了教师实施个性化教学的积极性和创造性，其教学针对性也更强。

其四，内容优势。一方面，电子教材的内容可以即时取材，同时又可以及时更新；另一方面，其所承载的内容容量也不会局限于传统纸质教材的版面与篇幅，而是可以根据需要进行自由拓展与延伸。

其五，设计优势。电子教材集文字、图片、声音、三维动画、影像等于一体，其设计方式的灵活性决定了其呈现方式的多元性，读者可以获得多感官输入的良好学习体验，进而激发学习兴趣。

其六，互动优势。传统纸质书籍采用的是静态的线性信息呈现方式，电子书的定位查找、多点触控等功能可以实现读者与电子书之间的互动，让读者可以根据自身需要进行动态式阅读，体验具有立体感的阅读方式。

3. 口译电子书的价值

随着电子书的推广和电子教材制作与应用的兴起，口译电子书的开发与应用迎来了诸多创新变革的契机。首先，从媒介呈现的角度来说，口译教材要求改变以文字为主导的纸质教材呈现模式，要求将图片、音频、视频等多元化的媒介整合到教材之中，为所选取的语料提供丰富的副语言信息，为教材页面营造逼真的学习氛围，为学习者带来口译任务参与的沉浸感。

其次，从内容的丰富性角度来说，口译教材要求为语料配套较为充足的背景知识信息，而且，这些背景知识信息的呈现应突破现有的单一阅读材料的呈现模式，一方面通过配套图库、音像资料加以丰富化和动态化，另一方面也需要为学习者带来个性化的学习体验，如学习者可以在阅读电子文本的过程中根据自身需要随时点击查阅相关背景知识或专业词汇，也可以适时地添加个人的阅读笔记和反思。

再次，从取材的时效性角度来说，传统以出版社为组织者和策划者的纸质口译教材，其出版周期通常较长，内容更新速度较慢，而一线口译教师和口译学习者对时事性口译训练素材的需求和兴趣是广泛存在的，这些素材可以让口译教师和学习者有真实的口译训练任务参与感，口译学习者的兴趣和动力也更为积极，在这一点上，口译电子书完全可以做到随时随地取材，让口译训练语料的更新紧随时代的步伐。

最后，从设计者的自主性角度来说，电子书赋予了口译教师自主设计和开发以本班课堂为目标群体的校本化口译教材。口译教师可以将学生的实际水平与兴趣、教师自身的教学理念与认知等因素有机整合在一起，设计契合本班教学实际的个性化电子口译教材。

4. 口译电子书的开发

口译教材设计与开发是一项非常烦琐和专业的工作，以往的口译教材开发大都以出版社为轴心，以口译教师为编写主力军，基于项目式合作集体完成。2012 年，美国苹果公司发布的免费电子书制作工具 iBooks Author 为一线口译教师创建个性化的口译电子书带来了便利。借助硬件设备（苹果台式机或笔记本，iPad）和软件设备（iBooks Author，iBooks，两者均可在 App Store 免费下载）的支持，口译教师便可创建包含文字、图像、音频、视频、三维动画等在内的多媒介电子口译教材，如图 3-6 所示。

图 3-6　iBooks Author 的软硬件设备

利用 iBooks Author 创建电子书的主要步骤包括设计图书章节、选取模板、添加内容、创建词汇表条目、预览图书和共享图书。在该软件的诸多功能中，智能套件（Widgets）对自主开发口译电子书最具特色，具体包括画廊、媒体、测验、Keynote、交互式图像、3D、超文本标记语言（HTML）等。以 HTML 为例，编者可以对所选语料设置超文本标记语言，这样学习者便可通过点击相关的超文本链接外链到相应的网络页面，掌握语料的来源信息。在画廊功能中，页面在呈现与主题相关的背景知识时可以突破纸质教材同一区域置放单一图片的限制，以叠加的方式添加若干张与主题相关的图片画廊，学习者可以根据需要滑动手指逐一阅览其中的图片，结合该页面的文字信息，从多角度获得背景知识与信息。如图 3-7 所示。

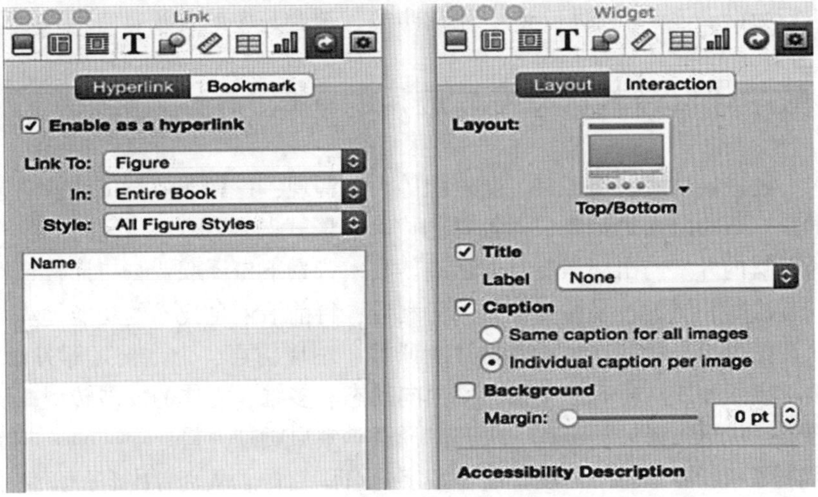

图 3-7　iBooks Author 智能套件中的超链接与画廊设置

在多媒体素材的混合式编排中，智能套件的交互功能可以让口译电子书的呈现方式活灵活现，如图 3-8 所示。例如，设计者可以从智能套件中选择媒体，即可将所选的视频、音频文件拖曳至页面工作区域，再进行页面内容的精细化的调整和排版。这种数字化的页面呈现方式突破了纸质教材需要通过附加材料的方式添加音视频文件的限制，让音视频文件与所聚焦的语料训练界面处于同一界面。对于学习者而言，一方面可以通过点击视频文

图 3-8　iBooks Author 中的交互功能设计展示

件获取与发言者、现场听众、现场布局等相关的现场语境信息，另一方面也可以选择性地呈现与音视频文件相匹配的字幕信息，从而检验自己的听译表现。

若需要从各个不同角度观察口译会场的情景，则可以借助三维动画功能，学习者可以通过手指旋转观察角度，全方位地了解会场面貌，身临其境地体会会场气氛；还可以对复杂的过程进行分解，逐步观察和分析其中的步骤，领会其中的要领。

三、数字化口译教材开发与应用的前景

近年来，随着新技术、新工具、新资源等大量涌现，口译职业与口译教学正经历前所未有的技术性变革，继而给传统口译教材的内容、形式与应用等带来诸多挑战。鉴于此，数字化口译教材的开发与出版需要及时回应新技术背景下口译职业与口译教育在内容、模式、过程、方法等领域的技术性变化，因势利导，将前沿信息技术的功能优势与口译教学的现实需求有机对接，让其在口译教材智能研编、情境仿真、个性交互等方面发挥价值，实现口译教材出版模式从静态、单向、平面向动态、多维、立体的发展转型，从而为丰富口译教学内容、优化口译教学流程、提升口译教学效果贡献力量。

本单元主要从资源形态的角度介绍了数字化口译教材。从资源内容的角度来看，数字化口译教材还应包括信息化素材内容的建设。目前，国内口译教材在信息化素材内容方面的滞后性表现在三个方面。首先，滞后于行业发展。在已出版的口译教材中，反映口译行业信息化素材的内容仅限于交替传译、同声传译等常规口译技术工具的操作与使用，对人工智能时代新型口译职业形式与口译工作方式缺乏实时跟进。其次，滞后于翻译学科发展。翻译学科主要包括笔译与口译两大分支，比较而言，笔译信息化素材日益丰富，笔译教材出版覆盖的主题包括计算机辅助翻译、语料库、机器翻译、本地化、术语管理等，而口译信息化教材则相对滞后。再次，滞后于跨学科教育技术发展。近年来，微课、慕课、智慧课堂、虚拟现实实验室等新型教育技术在各学科领域已有多种探索和应用，而口译教材对相关内容的反映较为滞后。

鉴于此，数字化口译教材的内容建设需要从两个方面寻求突破。第一，发挥行业技术的先导作用。首先，从信息检索、机器辅助翻译、术语管理、口译技术认知与学习等方面对口译从业者展开调研（王华树等，2018）。从上述调研结果中，客观及时呈现口译职场中的技术性变化，将口译职业环境中的技术工具意识、价值与操作方法等整编到口译教材之中。其次，邀请口译职业从业者、翻译技术从业者、前沿信息技术从业者等参与教材的编写与咨询工作，从口译职场、跨学科领域、技术前沿等方面充实口译教材的信息化素材内容。此外，还可以借鉴国外最新口译信息化教材成果，通过原版引进、编译、导读、书评等多种途径注入国际前沿的口译信息化元素。

第二，注重口译教育信息化的创新。信息化素材内容不仅限于口译职业技术，而且还应包括口译教育技术。一方面，注重从跨学科的视角将通用型教育技术引入口译教材之中。例如，基于 Moodle 平台开发面向学院或课堂的口译课程管理系统，利用思维导图工具进行译前知识的准备，利用网络社交工具创建口译学习的互动空间。另一方面，注重将专用型口译教育技术成果应用到口译教学的各个环节，开发集成式或专用型口译教育技术

教材，例如与口译训练语料相关的口译教学语料库教材、与口译技能强化与评价相关的口译训练软件与自主测评教材、与信息化口译课程资源相关的口译微课与口译慕课教材等。

思考题：

1. 我国口译教材的出版与研究现状如何？
2. 目前数字化口译教材主要包括哪些形态？
3. 口译教材音视频中的真实性原则包括哪些方面？
4. 利用电子书制作软件开发口译电子书具有哪些优势？

第四单元　口译教学专题资源网站

口译教学专题资源网站指专门针对口译教学而开发的系统性、专业性网络在线课程资源。此类资源在框架上是一个覆盖全面、结构科学的口译教学资源体系，在设计理念上强调对口译学科核心知识与技能的专业化编排与呈现。按照上述标准，“会议口译员训练在线资源”（Online Resources for Conference Interpreter Training，简称 ORCIT，官方网址：www.orcit.eu/）堪称典范。

一、资源概况

（一）ORCIT 的创建背景

ORCIT 受欧盟委员会资助，从 2010 年开始创建，旨在为会议口译的教师与学生提供优质的交互性口译教学资源。其领衔创建单位是英国利兹大学翻译研究中心，其他参与合作的项目成员还包括：立陶宛维尔纽斯大学口笔译研究系、希腊亚里士多德大学、捷克布拉格查理大学翻译研究所、西班牙柯米亚斯宗座大学、英国威斯敏斯特大学（社会科学、人文与语言学院）、德国海德堡大学、法国巴黎跨文化管理与传播学院（ISIT，原名高等翻译学院）、斯洛文尼亚卢布尔雅那大学和西班牙拉古纳大学。ORCIT 目前涵盖八个语种：英语、捷克语、法语、德语、希腊语、立陶宛语、斯洛文尼亚语和西班牙语。所有资源最初在利兹大学以英语形式设计，之后由各欧盟合作高校根据语言与文化内容进行本地化加工。

（二）ORCIT 的设计理念

ORCIT 的设计理念体现在五个方面。其一，聚合性。ORCIT 将会议口译的核心课程资源、知识与技能要点、练习素材、拓展性资源等聚合在一个平台，为口译教学师生提供一站式资源服务。其二，系统性。该资源网站对会议口译的主干课程、分项技能、语言及知识要求等进行了系统化覆盖，每个课程板块之间自然衔接，每个课程板块内部的资源编排遵循循序渐进、由浅入深的进阶原则，体现了口译认知与教学的科学性。其三，交互性。ORCIT 的资源形式包括电子文本、视频、音频、图像、动画、网络链接及推荐的纸质文献等，各种媒介的资源立体交叉，根据具体教学内容与过程的要求进行动态化呈现，学习者可以根据自身需求、兴趣、水平、进度等自主选择，并对资源进行多种形式的交互性应用。其四，开放性。ORCIT 是一个开放式的口译教学资源网站，其对资源应用没有设置使用权限，既服务欧盟区域，也惠及全球口译及语言学习者。其五，情境性。口译是一门高度情境化的职业，为凸显这种情境性，ORCIT 在资源设计与呈现方面融入了多种精巧设计方法，如主讲人用不同方式演示基于同一语料的传译方式，对比不同学员的口译表现，全程录制、播放并分析职业口译员的笔记过程，这些都有助于学习者在观察、对比、借鉴与反思中深刻体会多元化口译素养。

（三）ORCIT 的内容框架

从资源的内容框架看，ORCIT 主要包括“听辨与分析（Listening & Analysis）”“公众演讲（Public Speaking）”“交替传译（Consecutive）”“同声传译（Simultaneous）”“研究技能（Research Skills）”与“额外资源（Extra Resources）”等板块（见图 4-1）。每一个课程板块主要由“导论（Introduction）+练习（Exercises）”构成。限于篇幅，本单元将主要介绍 ORCIT 听辨与分析、交替传译和同声传译三个部分的相关资源。

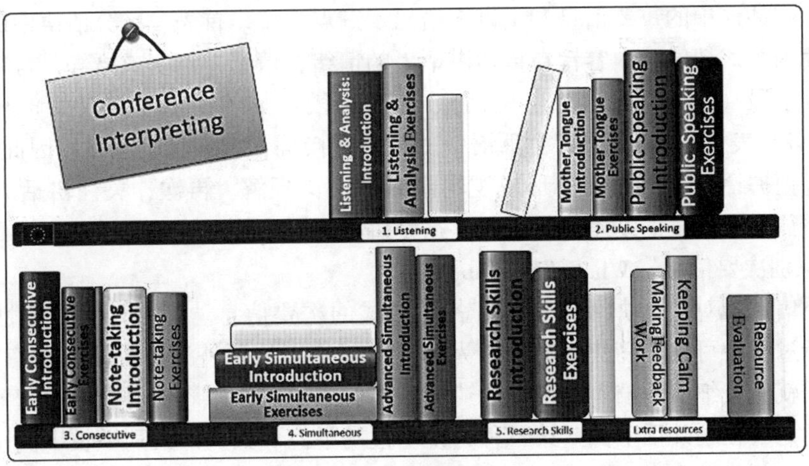

图 4-1　ORCIT 内容框架图

二、典型案例分析

（一）ORCIT 听辨与分析资源

ORCTI 的听辨与分析资源由两个模块组成：听辨与分析导论（Listening & Analysis Introduction），听辨与分析练习（Listening & Analysis Exercises）。

1. 听辨与分析导论模块

听辨与分析导论模块是 ORCIT 的第一个模块，其所包含的话语听辨与意义分析技能是口译学习者的必备技能，为后面交替传译与同声传译课程模块的学习提供基础和前提。

听辨与分析导论模块共包括七个子目录，下面分别予以介绍。

（1）听词取意（Words，words，words）

口译的要领在于有效传达讲话人的意图与意义。在操作层面，该要领具体表现为能忠实再现所听到的话语内容，领会讲话人观点中的每处细节，并能有效传递讲话人的语气。这要求口译员在所输入的无差异的庞杂词汇信息中去粗取精，听词取意。从这个意义上说，话语听辨与意义分析在口译中总是相生相伴、形影相随的。

（2）明察秋毫（Being a detective）

主讲人把对话语或语篇的意义分析喻为"像侦探一样工作"，需要对各种线索明察秋毫。第一种线索为建设性线索，能反映讲话人的真实意图与意义，故对口译员的意义分析具有积极意义。第二种线索为干扰性线索，可能将口译员的意义理解引向歧途，故需予以提防。第三种线索为反常规线索，如因讲话人犯错、译员知识欠缺、使用反语等引发的反常规话语意义，口译员则需要及时借助现场视觉信息加以准确理解。

（3）识别重要信息（What's important?）

如何识别话语中的重要信息？主讲人给出了三点建议。首先，区分话语中的事实性内容与情感性内容。情感性内容旨在传达讲话人的情绪、情感、态度或语气，常用的呈现方式包括语言手段（如使用形容词与副词）、修辞手段（如使用重复与双关）与肢体手段（如使用手势与表情）。其次，留意话语中的逻辑连接词，如并且、但是、因此、除非等，它们有助于把握话语间的线索，形成逻辑清晰的意义理解。再次，关注讲话人的个人观点，它们往往会在发言的结尾部分出现，这是讲者向听众传递的重要讯息。

（4）识别次要信息（What's less important?）

与重要信息相对应，讲话中充斥着各种形式的次要信息。第一种为重复性的冗余信息，在口译过程中可加以简化。第二种为偏离主要论点的题外话。讲话人注意力不集中、思维飘移或就无关细节滔滔不绝都可能造成讲话偏离主题，口译员对此应有清醒认识，不宜将过多精力放在题外话上面。第三种为说明性的举例。如讲话人列举长串例子，目的仅为了说明之前所述的观点，则口译员不必纠缠于这些信息。第四种为过多的细节，口译员对此同样只需将注意力锁定在主要论点上。

（5）理清结构（Recognizing structure）

讲话人通常已为自己的发言设计了相应的话语结构，口译员在听辨与分析过程中需要理清上述结构。主讲人介绍了三种常见的话语结构模式。第一种为叙述型结构，相关事件通常以时间轴为参照依次展开。故此，口译员需要以时间轴为线索，在脑海中建立每个事件的次序化表征。第二种为对比型结构，话语内容按照利与弊两方面展开。据此，口译员一方面要善于捕捉对比型结构（如 by contrast，on the contrary），另一方面需要识别讲话中用于论证利弊观点的并列性或递进性连接词。第三种为论述型结构，讲话内容围绕某一核心论点并按一定的思维逻辑展开。对此，口译员需要理清话语中表示因果、条件、让步等关系的关联词，从而形成对讲者逻辑论证过程的清晰认识。

（6）应对理解障碍（But what if I don't understand?）

"听不懂"是口译中的常见话题，对此，主讲人归纳了两种类型的理解障碍，并给出了相关的应对之策。第一种理解障碍为遇到不熟悉的词汇。专业技术词汇、行话、生僻词等都可能给口译员造成听译困难，在口译过程中，最好的应对办法是根据上下文语境进行合理推测。在任务结束之后，口译员还需要借助工具书查阅相关词汇，并加入自己的工作词汇库之中。第二种理解障碍为遇到不熟悉的话题，应对之策与第一种情形相似，即口译过程之中采用语境推测的方法，口译结束之后通过查阅文献资料来填补自身的知识空缺。

（7）审核理解（Checking your understanding）

审核理解是口译活动中的重要步骤，主讲人提供了三种练习方法。第一种方法是在头脑中审核常见问题，即通过对 what，when，how，where，why，who 等问题的快速梳理，形成对基本事实的整体把握。第二种方法是以要点罗列、思维图、树状图等形式在大脑中建立话语信息的视觉表征结构图。第三种方法是提炼和归纳要点，用一至两个句子高度概括讲话人的意图与核心观点。

从前面的介绍可以看出，话语听辨与意义分析的关键在于从看似无差异的词汇信息中寻找差异，而这个寻找差异的过程在线索甄别层面上表现为区分建设性与非建设性、常规与反常规的话语线索，在语言内容层面则表现为识别重要与次要信息，最终达到理解话语意义、理清讲话结构的目的。

2. 听辨与分析练习模块

练习模块以训练分析能力为重点，通过精心编排的一系列活动任务，让口译学员掌握话语从信息、论点到结论的思路运作过程。该练习基于一则主题为“Vegetarian Diets（素食）”的视频语料展开，长度为 5 分 53 秒，整个练习共包括六项任务。

（1）第一项任务：归纳要点。

要求学员从所听讲话中归纳 4~5 个要点，并将要点按重要程度依次记录下来。

（2）第二项任务：对比要点。

该练习提供了三个版本的要点清单，学习者可以逐一阅读对比，找出与自己所列要点清单最为相似的版本，然后点击查看所归纳的要点与排列的次序是否正确。这个环节还设置了交互评价功能，如果选错排列的版本，系统会提示错误，并对选错的可能原因进行简要分析，并给出有待改进的建议。

（3）第三项任务：查找逻辑关联词。

重听上述语料，记录其中的逻辑关联词，如 although，but，despite，moreover，nevertheless 等，将上述关联词串联起来，回溯讲话的逻辑线索。

（4）第四项任务：逻辑迷宫游戏。

该练习旨在考察学习者对讲话逻辑线索的把握情况。此练习以逻辑迷宫游戏的方式开展，学员借助屏幕上的论点选择相应的逻辑关联词，通过层层递进的方式逐步勾勒讲话的逻辑结构图（见图 4-2）。如选择错误，屏幕显示“路径错误，请重试（Wrong turn. Try again.）”，如选择正确，则可进入下一环节的论点与逻辑关联词选择，直至到达结论。

（5）第五项任务：展示细节。

在熟悉讲话内容的基础上，通过罗列法、对比法、绘图法等方式呈现讲话中具体观点的细节性信息，进一步理清发言的结构与内容。

（6）第六项任务：总结观点。

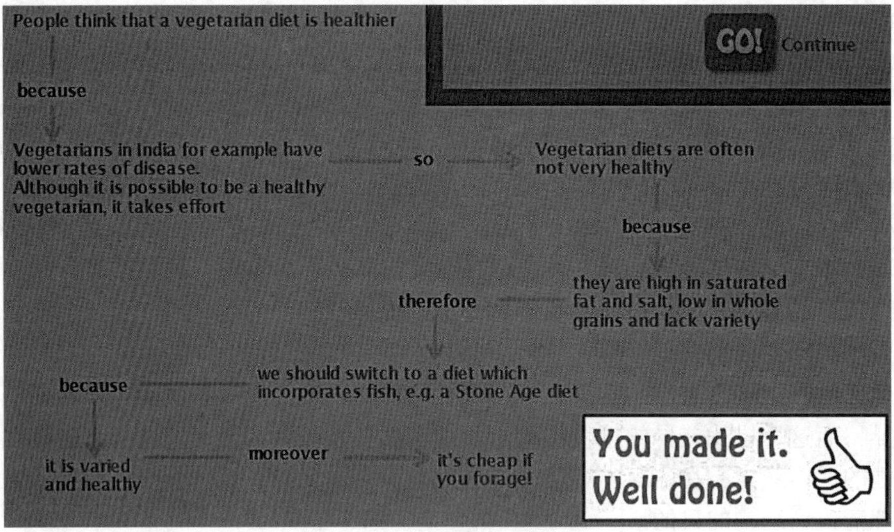

图 4-2　逻辑结构图

用一句话高度概括讲话的核心观点，并与屏幕中所列的选项进行对比，选择最为相似的表述，点击查看自己的概括是否准确。

（二）ORCIT 交替传译资源

ORCIT 交替传译资源由四个模块组成：无笔记交传导论（Early Consecutive Introduction），无笔记交传练习（Early Consecutive Exercises），交传笔记导论（Note-taking Introduction），交传笔记练习（Note-taking Exercises）。其中，无笔记交传模块与交传笔记模块在学习序列上构成前后相继的递进关系，而导论与练习模块之间则构成要点讲解与练习巩固的搭配关系。

1. 无笔记交传导论模块

无笔记交传导论模块共包括 11 个子目录，如表 4-1 所示。从目录的覆盖内容看，基本囊括了与无笔记交传课程相关的基本问题，如无笔记交传的概念与特征、学习该课程的必要性与重要性、课程目标的误解与正解、核心技能的要点与方法、训练难点的设问与应对等。从目录结构的演进顺序看，基本遵循 what，why，how 的逻辑推进序列，且在最后一部分设置了过渡性目录，建立前后课程资源之间的有机关联与衔接。

表 4-1　　**无笔记交传导论模块中的子目录**

子目录	内 容 简 述
概念（Definition）	交替传译与其他口译模式的区别，交替传译的概念与特点，无笔记交传在口译课程设置中所处的阶段

续表

子目录	内容简述
必要性（Why do it?）	实践的需要（如在医疗、警务等公共服务场合中的无笔记交传）；教学的需要（锻炼积极听辨与分析技能，为带笔记交传奠定基础）
认识误区（Misconceptions）	并非逐字复述的记忆力训练，而是重在意义的理解与传递；并非遥不可及，只要全身心投入，积极听辨与分析，便可记住说话人的意图与要点
技能要点（What is it?）	从语气和内容两方面将说话人的意图与意义有效传达给听众。语气包括表情、肢体语言、语调等，内容包括逻辑线索、引述与结论、话语的宏观意义等
练习语料（Practice speeches）	提倡同伴之间相互创建练习语料，其中对语料的要求包括：简短、信息易于视觉化、结构清晰、包含个人观点，数字、日期、名称等信息尽可能少
实施方法（How to do it?）	充分考虑不同听众群体的需求；听与分析同步进行，辨识话语结构；以轻松自然的方式向听众传递目的语
应对策略（Coping strategies）	在遇到长串列举性信息、迂回性表达、生词、生僻概念、陌生名称等情形，灵活采取阐释性表达、信息归纳、省译、话语前后语境推测等策略
记忆技巧（Memory techniques）	细数话语论点，将关键词或主要观点铭记于心，把握话语整体结构与脉络，重点关注话语的结论部分等
卡壳与应对（Getting stuck）	停顿是话语中的自然现象，如遇信息卡壳，可通过译语解释、话题跳转等方式加以应对
提问（Asking questions）	译员应对提问的必要性与利弊有充分认识，所提问题应简明扼要、叙述清楚并可提供具体答案
向带笔记交传过渡（Transition to notes）	无笔记交传中的基本技能对后续口译训练非常重要，笔记不可替代听辨与分析，积极有效的听辨与意义理解可减轻口译笔记中的压力与挑战

在每部分目录内容的呈现过程中，资源开发者主要采取分屏显示的设计思路，即主画面为主讲教师的视频授课录像，同屏辅助显示讲话过程中的关键词、短语、观点、问题等。除用文字辅助显示主讲教师的主要观点与重点信息外，辅助画面还根据讲话内容，适时通过漫画、动画、示意图等手段增强讲话内容的趣味性与直观性，从而提升资源内容的表现力与效果。在练习语料、记忆技巧、应对策略等目录内容的介绍中，还通过演示视频、讨论视频、对比视频等多种手段（见图 4-3）为讲解的内容配备相关案例，帮助口译学习者在具体的情境中观察、体会、领悟与无笔记交传相关的知识与技能。

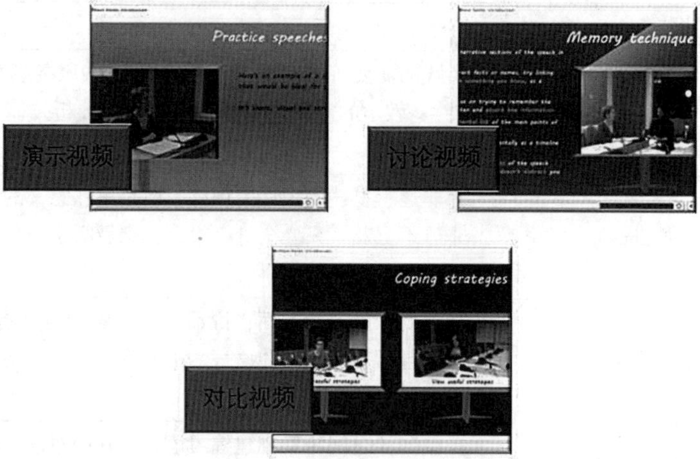

图 4-3　无笔记交传导论模块中的视频界面示例

2. 无笔记交传练习模块

无笔记交传练习模块围绕一则核心语料素材展开。该素材是一段近 4 分钟的口头发言，主题为“Gardening”。讲话者以自家花园为叙事对象，以时间为线索讲述了花园在不同阶段所经历的变迁。该练习要求学员以无笔记的方式听译上述发言，并通过三项练习巩固表 4-1 中所需掌握的各项技能。

第一项练习要求学员听取大意，记住讲话中的主要事件，并绘制讲话中的时间线索图。其中，时间线索图的绘制包括两个步骤，首先标出讲话中的大致时间节点，继而从核心事件、原因、人物、方式等方面添加与具体信息相关的关键词。如图 4-4 所示，该讲话共包括五个时间节点，核心事件分别涉及新入住时的前园改造、丈夫入住后的后园改造、为保护小孩和宠物狗增建篱笆与栅栏门、为保护幼女安全翻新水泥路面、为改善居住环境而计划乔迁新居。

第二项练习要求学员聚焦讲话中的“frickier sections”，重听其中有关 herbs 的描述，其中提到多种草本植物，如“lavender，sage，thyme，oregano，hyssop，rue”，对于上述可能感到陌生的草本植物名称，要求学员通过其他相关的表达替换上述具体的名称，如“fragrant herbs；a variety of herbs；various herbs，including lavender，thyme...”，并要求学员用类似的方法表述讲话片段第二部分中与蔬菜名称相关的内容。

第三项练习旨在训练学员对技术性细节的描述能力。资源中首先播放讲话中有关水泥路面翻新的片段，继而让学员归纳提炼讲话者的要点，并要求用不同的语言表达方式转述上面的技术性话语。其中，提到“rubber matting（橡胶垫）”“interlocking tile（互扣瓦）”等建筑领域的专业术语，根据上下文的语义，学习者可将其解释为“rubber matting，to make the concrete drive safer”或“special playground surface”之类的表达。

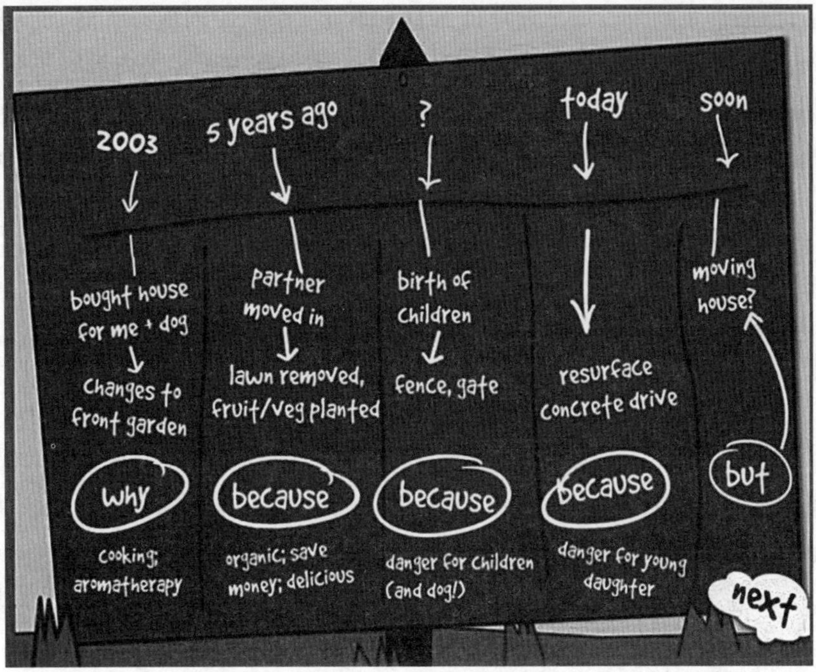

图 4-4　时间线索图

3. 交传笔记导论模块

交传笔记导论模块共包括六个子目录。第一部分为引言（Introduction）。主讲人首先就口译中的“核心技能（core skills of interpreting）”阐述了自己的观点，认为核心技能并非口译笔记或设备的运用，而是指积极听辨、主旨意义分析、信息结构视觉化、逻辑推断及预测、语境推测、在口译交际过程中体会和感受讲者与听者的想法。继而，主讲人介绍了“积极听辨（active listening）”与“被动听辨（passive listening）”的本质区别，强调口译中的积极听辨应时刻保持注意力集中，注重对话语的意义分析，并对所听话语的意义进行动态质问与检核。之后，主讲人还从母语与外语差异的角度介绍了不同的输入语言对译员意义听辨与话语理解的不同要求。

第二至第四部分为口译笔记中的要点与技能（Keys and Skills）。其中，第二部分为口译笔记中的陷阱（Pitfalls），旨在帮助学习者消除对口译笔记的认识误区，知道口译笔记并非逐字记录话语内容，口译笔记有别于速记，口译笔记不应让译者沉溺于读稿，其辅助作用不可取代译者与讲者及听者的眼神交流。第三部分为数字与名称（Numbers & Names）的笔记。数字与名称是口译中的难点，也是口译笔记训练的必备内容，不同的语言在数字的分节与进位、名称的顺序等方面存在差异，这方面需要进行专门的训练。第四部分为观点（Ideas）的笔记。不同于具体事实、数字、名称等内容，观点的记录是口译笔记中更具挑战性的部分，口译员需要更为复杂地认知加工处理过程。

第五部分为口译笔记的原则（Principles of Note-taking）。其一，精简化原则（economical）。所记录的内容满足自身口译需要即可，信息简明扼要。其二，无歧义原则（unambiguous）。在笔记过程中慎用符号与缩略语，确保在参照相关内容时不会引发歧义。其三，可视化原则（visual）。建立适合自己的口译笔记视觉化表示方法，如箭头、加减号、简图等，而且要确保这些信息能有助于译者激活相关词汇与意义。其四，个性化原则（personal）。个性化口译笔记系统需要在教师的指导下，在长期的训练中逐步建立，且有一个试误与修正的过程。

第六部分为口译笔记要点的概述（Recap）。尽管口译笔记有着诸多个性化特征，但有些在职业口译中经常用到的技巧可以借鉴，如通过长竖线划分主谓或主从关系，利用箭头的不同方向表示升降起落，用表情符号表示喜怒哀乐的情绪等。

4. 交传笔记练习模块

交传笔记练习模块共包括六项练习，如表4-2所示。从中可以看出，该模块的资源体现出夯实基础、协同发展的训练理念。首先，口译学习者需要从话语听辨与分析、页面布局与规划、信息排列与整合、符号应用与辨识等方面进行全面系统的训练，逐步建立起个性化的口译笔记系统。在夯实基础的过程中，资源开发者特别重视运用“脚手架（scaffolding）”，其典型表现是让学员通过“阅读+笔记转写”的方式将报纸文章的内容以口译笔记的方式呈现出来，此种练习有助于初学者免去听力的压力，从语篇深层体察原文本信息到笔记的转化过程，从而为后续的听辨与记录练习奠定基础。其次，ORCIT的资源开发者还强调协同发展的理念，一方面鼓励学员之间开展合作，以共同的口译笔记练习为依托，为相互学习、借鉴与反思创造条件；另一方面强调多种信息化资源在口译笔记学习过程中的协同效应，如口译员博客、专家讲座、演示视频、网络资源等，帮助学员从多元渠道的信息输入中获得感知、经验与反思。

表4-2　**“交传笔记练习”模块中的练习类型**

口译笔记练习类型	具体内容与形式概述
循序渐进自主练习（Step by step）	旨在通过循序渐进的练习掌握扎实的口译笔记基本功，逐步建立自己的口译笔记系统，具体包括：笔记的基本知识与技巧，主位与述位的分布，观点与列举性信息的区分，连接关系的标识，常用符号、缩写与简图的应用等。
基于文本的笔记练习（Note-taking from text demo）	在初学口译笔记时，可以通过阅读报纸文章的方式来训练笔记中的信息记录技巧，这种练习可让初学者聚焦于笔记常用技巧，建立个性化的笔记符号与意义系统。同一素材可以多次练习，逐步提升笔记效果与效率，也可以通过与同伴合作练习的方式，相互参照改进。

续表

口译笔记练习类型	具体内容与形式概述
口译笔记专项训练资源（Useful exercises）	第一阶段的练习：通过阅读或听新闻归纳媒体中的高频词汇，并据此建立适合自己的高频词汇笔记符号库；用口译笔记的形式转写媒体文章；用口译笔记的方式准备演讲，提高自身笔记解码与辨识效率；口译笔记最小化练习；第二阶段的练习：听、记与复述，笔记精简专项练习，重复练习（反复练习同一材料以提高笔记的精简度与实效），笔记对比练习。
同伴合作对照笔记（Comparing notes）	与同伴一起练习相同语料的口译笔记，在对照不同风格口译笔记的同时，相互取长补短，共同进步。
口译笔记参考资源（Resources）	与口译笔记原则、方法、技巧、陷阱等相关的演示视频、网络资源、口译员博客、纸质参考书目、专题讲座等拓展性资源。
基于讲话的笔记练习（Note-taking from a speech demo）	通过观摩职业口译员现场口译笔记示范，了解笔记在职场口译员工作中的综合应用方式与实效。具体操作方法：播放现场讲话，以录像方式全程记录口译员的笔记过程，继而展示口译笔记页面，口译员从信息选择、逻辑衔接、时态标识、记录语言选择、符号与缩写应用等方面逐项剖析自身口译实践案例中的方法与缘由。

（三）ORCIT 同声传译资源

ORCIT 同声传译资源由四个模块组成：初级同传导论（Early Simultaneous Introduction），初级同传练习（Early Simultaneous Exercises），高级同传导论（Advanced Simultaneous Introduction），高级同传练习（Advanced Simultaneous Exercises）。与交替传译资源相似，初级同传导论与高级同传导论在学习序列上构成前后相继的递进关系，而导论与练习模块之间则构成要点讲解与练习巩固的搭配关系。

1. 初级同传导论模块

初级同传导论共包括七个子目录。

第一部分为“分析（Analysis）”。主讲人首先归纳各种口译模式运作的基本流程，如听辨、思考、分析及用目的语传译。继而指出同声传译操作过程中的一些基本特征，如同声并非完全与讲者同步，信息获取与加工注重听词取义，传译过程强调先思后译、意义理解在先。用清晰且有意义的目的语传译是同声传译的基本要求，为了说明这一点，主讲人亲自演示了两种同传方式，具体话语内容如表 4-3 所示。在第一个示范中，译者节奏紧张，不断修改传译中的词汇与数字，且整个译语结构混乱，让目的语听众不知所云。而在第二个示范中，译者节奏张弛有度，咬字清晰，语句完整，意义表述简洁明确。

表 4-3　　同传示范话语片段对比

同传示范 1	同传示范 2
Good afternoon, ladies and gentlemen, I'd like to talk to you today about Romania and 24% of the Romania of the... the pigs of Romania that have been vanishing the last 24, 20, 20 years or so, the farms, the pig farms are much larger.	Ladies and gentlemen, I'm not a farmer. I'm not an expert. But today I'd like to talk about pigs. Pigs in Romania. In the last few years there's been a lot of investment in large pig farms in Romania.

第二、第三部分涉及同传的外在表现方式。其中，第二部分为“声音质量（Voice Quality）”。主讲人提出了同传译员声音质量的基本要求，如呼吸均匀而不急促，吐字清晰而不含混，语调自信而不低沉。第三部分为“译员厢礼仪（Booth Etiquette）”，讲者提出，译员厢是一个特殊的工作环境，与同传内容无关的各种噪音不应进入麦克风，如译员之间的私人交谈、咳嗽、喘气、叹息等，译员厢内译员之间的交流尽量以非语言的形式进行。译员应设身处地为客户着想，从客户角度体会同传悦耳舒适声音输入的重要性。

第四至第六部分涉及同传的内容与质量。具体而言，第四部分“意义完整，表述清晰（Meaningful and Clear）”从语句和语义层面提出了同传译员在目的语输出方面的要求，传译重点不在于接连不断地说，而在于用结构清晰、意义完整的目的语将讲话人的意图与意义传达清楚。第五部分“自我监控（Self-monitoring）”强调译员在同传过程中对自己目的语输出质量的自我监控，要求译员不能只将听的重点聚焦于所输入的源语，忽视译语输出，否则可能对译语中出现的表述错误、口误、不完整语句等全然不知，而应在输入与译出音量中寻求平衡点，时刻关注与监控译语表达中的质量。第六部分“内在一致性（Internal Consistency）”要求译员关注译语表达内容的一致性，避免前后自相矛盾，从而挫伤客户对译员的信任感。

第七部分为“听众（Audience）”。时刻关注听众，考虑听众的需求与感受，这是口译工作者应铭记的宗旨。在教室环境中，听众意识与重要性常被忽略或得不到凸显。鉴于此，在课堂训练过程中，可以指派学生充当纯粹的听众角色，不听源语，只听同传练习的译语表达，基于客户听众的视角，从声音悦耳性、意义完整性、结构的清晰性等方面倾听、感受与评价大家的同传练习效果。

2. 初级同传练习模块

初级同传练习模块共包括四项练习：稳步推进（Take it steady），畅所欲言（Saying it all），细节聚焦（Focus）与模拟会议（Mock conferences）。“稳步推进”练习以训练同声传译的基本技能为着眼点，主张学习者调低对初级阶段训练目标的期望值，最初的练习可以采取多种形式进行。例如，同伴借助图片描述信息，学生译员在译员厢看着同一图片进行视听同传练习；用之前做过交传训练的语料素材再次进行同传练习；在进入译员厢之前先就相关话题进行讨论，运用头脑风暴法思考相关话题中可能出现的词汇与观点，进而对接下来的同传内容进行预测与推理。同时，“稳步推进”练习还对同传质量自我评价的方法进行了介绍，如利用双轨录音软件记录源语与同传译语，分别用译语回放、源语与译语同时回放两种方式自我评价口译质量，然后从对比中发现问题，反思不足并加以改进。

“畅所欲言”练习是针对同传训练初期的一个共同问题而提出的。初涉同传，学生译员往往倾向于采用不间断的说话节奏，紧随源语发布的内容与节奏，“鹦鹉学舌般复制转换话语而非深入思考言语所承载的意义（parroting words rather than thinking about ideas）”。这从目的语听众的角度看是难以接受的。为克服这种“畅所欲言”的毛病，主讲人设计了一个专项练习方法。具体做法是，学员先听一段难度适中的语料，听的过程中用笔记记录其中的主要观点、线索结构与逻辑关联词，继而基于同样的语料素材用第二语言或第三语言进行发布，学生重复上述笔记记录的方式，最后再进入译员厢进行该语料的同传训练。该练习旨在强化学生译员对同传训练中意义分析重要性的认知，牢记“脑动先于嘴动（engage brain before mouth）”的准则。

“细节聚焦”练习旨在从细微层面评价译员口译质量，探寻双语转换陷阱中的蛛丝马迹，并为精简译语表达、反思译语问题、提高传译质量提供支撑。该项练习以译语质量评价为关注的焦点，评价的细则包括声音的悦耳性、语调的恰当性、节奏的舒适性、表述的连贯性、语气的坚定性与习惯的良好性。在评价主体上，学生译员需要征集来自学伴、同事、职业译员等多方的反馈意见，倾听不同的批评与意见，结合自身情况加以改进。在母语表述的精简性与多样性方面，主讲人建议使用对照改进的方式，将被源语“玷污（contaminated）”的语言进行重组，这种练习有助于挖掘自己译语表达中亦步亦趋传译的痕迹。主讲人还建议口译学习者通过这种“源语—母语”比对的方式，辨识和挖掘双语转换过程中的“假朋友”，逐步建立自己的双语转换对照清单，为避免重蹈覆辙提供参考。除此之外，视译练习也可穿插于同传的初级训练环节，这有助于提高学员自如的双语转换能力，逐步较少 B/C 语对母语表达带来的干扰。

“模拟会议”练习是同传训练初期综合性的演练方式。模拟会议需要班级同学的共同参与，具体操作步骤包括选定话题、准备议程、指派会议主持人、安排懂 B/C 语言的参会代表等。在会议开始前，大家需要做好各项准备工作，如相关议题的讨论与辩论，与议程相关内容的文献查找与研究工作。大家通过分工协作，以不同的角色和身份加入模拟会议，通过真实情境式参与的方式体验模拟会议的每一个细节，从不同角度观察和感受同传工作的直接性与间接性工作，并未后续高级同传的深入学习奠定基础。

3. 高级同传导论模块

高级同传导论模块包括七个子目录，如表 4-4 所示。该模块主要从语言因素、人员因素和资料因素三个方面讲述同声传译的相关技能。在语言因素方面，该模块归纳了复杂句式、信息超载与信息遗漏三种困难情境，并给出了具体的应对策略。在人员因素方面，同传译员一方面需要从功能角度分析发言者的讲话意图，另一方面则需要在任务执行过程中与同事建立协作关系。在资料因素方面，该模块从会议之前资料准备与会议之中资料应用两方面讲述了文档的应用技巧。

表 4-4　　高级同传导论模块的子目录

句子拆解（Break it up）	针对讲话中句式复杂、拐弯抹角的情形，采用萨拉米分解法将长句难句拆解为若干简短的小句
丢卒保车（What's important?）	在同声传译过程中，信息完整无缺是无法做到的，再优秀的同传译员也无法将所有细节信息尽善尽美地传译出来。在面对众多细节信息时，舍弃边缘性信息、保持主要关键信息是明智之举
应对信息遗漏（Handling omissions）	在同传过程中，如遇到信息遗漏的情形，不要惊慌，或许在接下来的部分还会有适时补救的机会
讲话意图分析（What's the aim?）	判断发言者的讲话意图对于同传译员至关重要。例如，有的发言者试图向观众阐明一项理论，译员则需用解释的口吻进行传递；若发言者重在陈述事实性信息，译员则需追求事实信息的准确性与连贯性；若发言者意在说服听众，译员则重点在于把相关的说服逻辑解释清楚
归纳提炼（Summarise）	如遇发言者语速过快，信息量太大，译员需要灵活采取归纳提炼式的传译策略
文档的应用（Use of documents）	进入译员厢之前获取会议讲稿或资料固然重要，但在实际使用过程中可能遭遇各种变化情形，如发言者采取跳读、摘读、随机添加内容等，这需要译员根据具体情形灵活处理，合理发挥文档资料的作用
团队协作（Teamwork）	同传译员常常是团队作战，因此彼此之间的协作非常重要。在译员厢内，相互协作的方式很多，如递纸条示意、操作技术工具、传递文档等

4. 高级同传练习模块

高级同传练习模块共包括七项练习，旨在从内容重组、语调使用、突发情形应对、逻辑衔接、心态调整等方面训练同传学员的综合技能。下面分别予以阐述。

第一项为“系统重组（Systematic Reformulation）”。不同语言在词类选择、句法结构、成分顺序等方面存在差异，这决定了同传中语言之间的转换不能采取亦步亦趋的方式，否则会陷入句式杂糅或逻辑不清等窘境。重组在同传中有多种表现形式，如译语起始点与源语不同步、译语词性的自由变化、译语主位述位分布形式的变异等。“系统重组”在技巧层面有两种训练方法。其一是音节最简法，即在同传过程中用最简单的音节表述相关的词、词组或句子意义。例如，在英语中，同传译员通常用 UN 代替 United Nations，用 EU 替代 European Union。再看下面的对话，“A：Have you received many replies to your questionnaires yet? B：The number of replies to our questionnaire so far received has not been very high.”针对 B 回复的传译，只需用“No”简化表达即可。其二是权重排列法，即从内容的重要性方面对话语意义进行次序排列，重要性的观点在前，次重点信息在后，如时间允许，再添加边缘性细节信息，这种技巧也成为萨拉米拆解法(The Salami Technique)，具体操作方法可参见图 4-5 中的源语→译语转化练习案例。

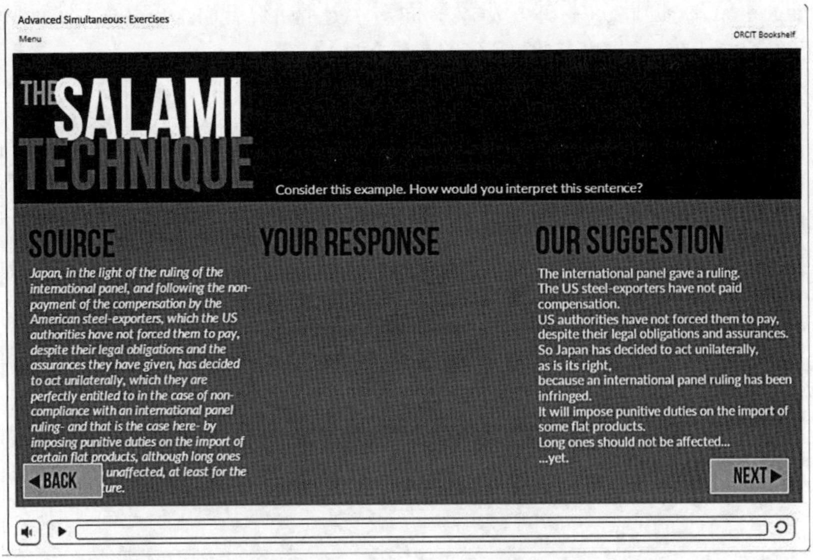

图 4-5　萨拉米拆解法案例

第二项为“双剑合璧（Two Gears）”，将重组（reformulation）与贴近（regurgitation）两种策略结合起来，根据具体情形灵活交替使用。如表 4-5 的案例所示，在仅有事实、数字、列举等信息时，可选用贴近策略；在事实性、描述性、假设性等信息同时出现时，两种策略可以综合运用。

表 4-5　**重组与贴近策略交替运用的案例**

Source	Interpretation
It affected 12% of under-5s, 8% of 6 to 18-year-olds, and 25% of the over-60s.	It affected 12% of under-5s, 8% of 6 to 18-year-olds, and 25% of the over-60s.
It can be quite interesting to examine the fluctuations in the distribution if you look at the age criterion and divide it up into age groups. It affected 12% of under-5s, 8% of 6 to 18-year-olds, and 25% of the over-60s.	Let's look at different age groups. 12% of under-5s, 8% of 6 to 18-year-olds, and 25% of the over-60s were affected.

第三项为“语调的策略性使用（Strategic Use of Intonation）”。在同传过程中，尤其是接力同传任务中，语言与非语言线索对意义的理解与表达非常关键。为了将讲话者的重点信息有效传递给目的语听众，策略性地运用语调进行强调是一个行之有效的方法。

第四项练习为“避免修补（Avoiding Repair）”。发言者风格各异，讲话内容变化莫测，其中的随机调整、口误、出奇表达等都可能给译员带来意想不到的挑战。在图 4-6 的案例中，讲话者开始时吐字不清，“im-/ e-migration”不断修改，译员对究竟是什么增长捉摸不定。直到听到“More people are leaving than entering the country.”才明白，增长的对象为“emigration”。据此，主讲人建议，面对上述情形，前面可以先用模糊化表达，这样可为后面陷入表达陷阱、继而修正译语留有余地。

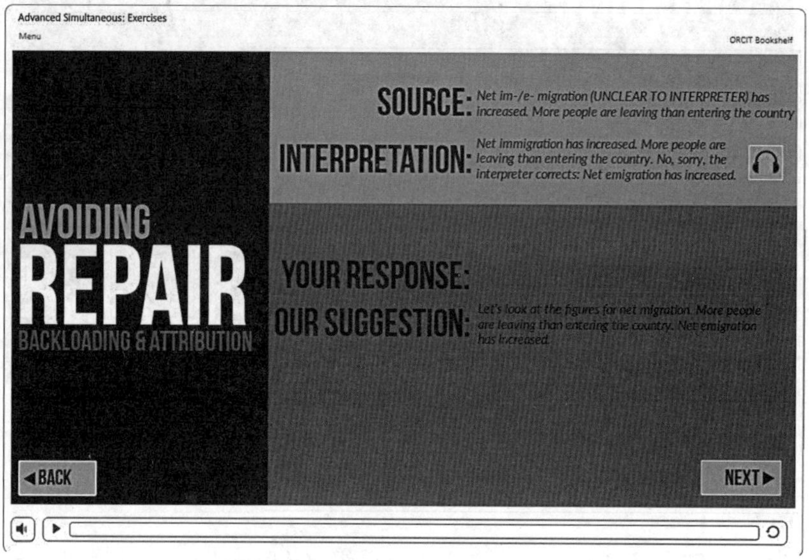

图 4-6　“避免修补（Avoiding Repair）”案例

第五项练习为“速度与信息密度（Speed & Density）”。高语速与强信息密度都是同传译员的现实障碍。面对高语速、高信息冗余的发言，译员可以采取归纳提炼的方式进行传译。但对于极端情形，如高语速、强信息密度且事先无文本资料，译员若眉毛胡子一把抓，可能最终译得精疲力竭，而译语也达不到有效交流的效果，这时可采取丢卒保车加上归纳提炼的方法加以应对，按重要性对讲话内容进行排序，精简传译。

第六项练习为“使用语标词/句（Using Fillers）”。发言者的发言有时毫无逻辑，所述内容颠三倒四，翻来覆去，不着重点。面对上述情形，同传译员在理清思路与要点之前，可以适当使用语标词/句来进行过渡，例如“Ladies and gentlemen: this is a very important issue.”“I'm glad we are all here together at this meeting today.”之类。这些语标词/句本身并不具有实际意义，但却有助于译员争取思考时间和增强传译的连续性。

第七项练习为“摆正心态（Putting our ambition into perspective）”。如前所述，同传译员在实际工作中会遇到来自讲话者的各种挑战，如方言、语速、信息冗余度、逻辑、连贯性等，不仅如此，听众也可能给译员提出过于苛刻的要求。同传并非一项尽善尽美的职业，它需要译员摆正心态，在各种挑战与危急情形中适时采取富有智慧的、灵活多变的应对策略，从而顺利地完成每一项传译任务。

三、ORCIT 的开发与应用简评

总的来说，ORCIT 资源在设计与开发理念上实现了多元整合。其一是讲解与练习的整合，导论模块侧重于基本知识与技能的讲解，练习模块则重在训练与提升各课程板块的各项技能与素养，二者前呼后应，构成一个有机整体。其二是理论与实践的整合。各技能要点既有条分缕析、观点鲜明的理论概况，也有基于对话、讨论、实战的情境式案例，二者互为补充、相得益彰。其三是课堂与职场的整合。在每个模块的资源中，既有基于口译课堂的训练环境，也有源自口译职场的真实案例，既有针对专项口译技能开发的定制化资源，也有模拟口译真实场景的实战性资源，二者的有机结合贯穿于讲解、示范、练习的全过程。其四是基础与进阶的整合。以交替传译资源为例，从无笔记交传到有笔记交传，从概念辨析到技能分解，从案例观摩到深入分析，从分项训练到综合演练，整个资源组织严密且进阶有序，符合口译学习的自然发展规律，有助于学习者由浅入深、循序渐进地掌握交替传译的系统技能。

自初创以来，ORCIT 资源一直在持续扩容，素材内容得到日益丰富与完善。同时，ORCIT 专设资源评价板块，重视与资源使用者之间的互动交流，结合各方的反馈意见，不断改进资源的内容布局与应用效果。总之，ORCIT 资源为国际口译教学界树立了标杆。在当前微课、慕课、金课、直播课等多种信息化课程资源建设如火如荼的背景下，我们也需要借鉴 ORCIT 的设计理念与实践经验，一方面根据需要选用其中有适用性的课程资源，另一方面可结合汉语和其他语种的情况与特点，开发更加契合我国口译教学实际情况的优质共享口译教学资源平台。

ORCIT 创建最初的使用群体主要为会议口译专业的研究生、教师与从业者，但从实际使用情况看，受益群体远超最初的预期，全球范围的口译学习者、教师、从业者都在以不同方式关注或应用该资源，语言学习者或教师也从其相关资源中获得知识与启发。就口译教学而言，ORCIT 的应用价值体现在多个方面。例如，学习者可以根据兴趣与学习需求，结合相关资源参与专题内容的学习，或利用其中的练习素材进行专项口译技能训练；教师可将其视为课堂教学的有益补充，如引入某项新技能之前建议学生先自学网站中的模块，继而在课堂中以专项练习为主，集中突破重点与薄弱环节，或就某段视频剪辑开展课堂集中讨论，即所谓的“翻转课堂”，也可从网站平台中选取练习模块作为课外拓展练习的素材；口译课程开发者可以参考 ORCIT 中结构清晰、组织有序、教学法优化的课程设计方案，为大纲的制定、课程的开发、内容的编排、教学法的选用等提供创新思路。

思考题：

1. ORCIT 的设计理念具有哪些特色？
2. 听辨与分析过程中的重要信息与次要信息分别包括哪些方面？
3. 口译笔记应遵循哪些基本原则？
4. 在同声传译中，如何应对发言者的方言、高语速、口误、逻辑性差等挑战？

第五单元　口 译 微 课

一、口译微课资源概况

（一）微课简史

微课（Microlecture）的概念雏形源自1993年美国北爱荷华大学的有机化学教授LeRoy A. McGrew提出的“60秒有机化学课程（A 60-Second Course in Organic Chemistry）”，其目的是让非本学科或非专业人士在这种非正式的教学场合中也能够了解和学习化学知识，并能将这种知识运用到其他学科领域。1995年，英国纳皮尔大学的T. P. Kee教授提出“一分钟演讲（The One Minute Lecture）”，认为学生在特定的领域中应具有掌握核心概念的能力，以应对快速发展的学科知识及交叉学科的融合。最早将微课概念应用于教学的是美国新墨西哥州圣胡安学院的高级教学设计师、学院在线服务经理David Penrose，于2009年秋首创一分钟课程，用于学生的在线课程学习。David Penrose认为微课是一种以建构主义为指导思想，以在线学习或移动学习为目的，基于简要明确的主题或关键教学内容，通过音视频录制的60秒课程（张一川、钱扬义，2013：26-33）。

（二）微课与同类资源的比较

在中国，胡铁生最早于2011年明确提出“微课”一词。他将微课的概念阐述为：按照新课程标准及教学实践要求，以教学视频为主要载体，反映教师在课堂教学过程中针对某个知识点或教学环节而开展教与学活动的各种教学资源组合。他指出，“微课”的核心内容是课堂教学视频（课例片段），同时还包括微资源部分，即该重点知识相关的教学设计、微课件、微教案、微练习、微测试、教学反思及学术反馈等教学支持资源（胡铁生，2011：61-65）。笔者在综合了杨永林等（2014）、康叶钦（2014）、王丽丽等（2015）观点的基础上，对微课、慕课（MOOC）、私播课（SPOC）的异同点进行了归纳（见表5-1）。

从表5-1可见，相较于慕课和SPOC，微课更具有其“微”妙之处。譬如，一节微课只针对单一知识点或单一技能要点，尤其是教学中的重难点内容，没有过多的铺垫和渲染，使得课程内容重点突出；微课的时长通常控制在5～8分钟，且最长不宜超过10分钟，比慕课和SPOC短。微课从本质上说是一种信息化的教学资源，这种教学资源在近几年的迅猛发展态势与信息技术的变革紧密关联，且有着鲜明的“微”时代标记，如微博、微信、微小说、微电影、视频博客、微电台等。关注和利用学习者的阅读习惯、获取信息的方式、注意力关注度等，有利于因势利导，通过创建微课实现微媒体与学习者的有效衔接。

表 5-1 **微课、慕课、SPOC 的比较**

维度	共同点	授课内容	时长和人数	制作成本
微课	以专门的教学主题和内容为核心而精心编制的高度浓缩化的教学视频；移动性、开放性强；以视频为主要媒介教学，内容多元化呈现，趣味性强；云端化线上共享免费观看学习视频；可暂停、回顾任何一个知识点，反复观看学习；有线上配套资源进行练习和测试等；不受时间、空间限制；课程评价多元化；改变传统课堂“干讲独练”现象	针对某一个知识点或技能要点，尤其是教学中的重难点教学内容	通常不超过 10 分钟；上课人数不受限制（学生/社会人员）	较于慕课和 SPOC，其成本较低（几千元到几万元不等）；1 人也可制作微课，更新快
慕课		涵盖超过一个知识点或技能要点，且有系统化成套的系列课程	几分钟到几十分钟不等；上课人数不受限制（学生/社会人员）	几万元到几十万元资金的支持；大规模团队式的人力投入；课程更新不易
SPOC		精细化管理的教学模式；传统课堂+在线课程学习结合	几分钟到几十分钟不等；合理控制学生上课数量（多为在校大学生）	可持续发展的低成本模式

（三）微课的价值和优势

与传统课堂相比，创建微课资源的价值和优势主要体现在五个方面。

其一，微课资源视频化的呈现方式有助于实现声音、图像、文字、图表、动画、影片剪辑等多种信息媒介的有机整合，从而为学习者提供多元化的信息输入渠道，使学习过程形象化、立体化和趣味化。

其二，一个微课对应一个知识点或技能点的创作原则使得学科知识与技能的讲解与学习变得精细化，而这同时又为自主学习提供了极大便利，因为学习者可以根据自身情况在微课平台中选择所需的微课项目。

其三，微课浓缩化的创建理念有助于过滤传统授课环节中的冗余信息与无关信息，通过优化的教学设计实现背景导入、知识讲解、技能分解、重点聚焦、难点剖析、练习拓展、自我测评、互动交流等各个环节的有机整合，从而高效简洁地呈现主题鲜明的教学内容。

其四，由于微课资源具有可复制性和广泛传播的特性，这就为优质教学资源的重复利用、共享和研究提供了便利条件，从而使微课资源的社会效益和价值得到充分体现。

其五，微课资源的开发还有助于实现教学模式的转变。近几年出现的“翻转课堂（Flipped classroom）”强调重塑教学中的师生角色，充分发挥学习者作为主动研究者、教师作为学习指导者和促进者的作用，倡导“课前学习+课堂探究”的教学模式，主题突出、内容精简、结构优化、短小精悍的微课视频在这种新型教学模式中正好可以发挥无可替代的作用。

(四) 微课的构成要素

微课的构成要素有宏观和微观之分。宏观的微课资源既包括核心的微课视频，也包括围绕微视频开发的配套性微教案、微练习、微课件、微反思、微点评和微反馈等生成性和扩展性资源（胡铁生等，2013）。微观的微课构成要素即指微课视频本身的组成部分，它通常由五个部分组成：（1）微课创建者的基本信息，如姓名、工作单位、职称、学历、创建时间和相关的版权信息等。（2）微课基本信息概要，如标题、隶属的课程名称、适用学习者对象、教学目标、核心教学内容、参考教材以及知识点的纵横关系简介等。（3）微课的导入部分，包括主讲人的寒暄语、选题的背景信息与意义等。（4）微课的主体部分，通过要点罗列、逻辑衔接、问题推进、技能分解、案例剖析等方式呈现课程的框架内容和操作程序；同时，以交叉融入或后续跟进的方式辅以短小精悍的辅助练习。（5）微课的结尾部分，包括归纳总结、课后拓展练习、致谢语、参考文献以及参与微课创建的合作者信息（如策划、编导、摄像、制作等）。

(五) 口译微课的兴起

口译微课在我国的兴起主要体现在两个方面。在研究领域，尽管口译微课的相关研究起步较晚，即从 2014 年初见端倪，但近五年的研究文献表明，该主题正受到越来越多的关注，且目前涉及的口译微课研究主题包括口译微课的设计、口译微课教学法、基于口译微课的教学模式、口译微课与翻转课堂、口译微课的实施方法等方面。同时，口译微课在实践领域的探索也日益丰富，这从国内的两大赛事可以窥见一斑，即由教育部全国高校教师网络培训中心主办的“全国高校微课教学比赛（National Universities Micro-Teaching Competition）”和由中国高等教育学会、高等教育出版社联合主办的“中国外语微课大赛（Micro-Course Contest of Foreign Languages in China）”。两大赛事中的口译微课作品达数百件，主题涵盖数字口译、口译笔记、口译记忆、公众演讲等方面。本单元第二部分的案例分析均取材于上述两大赛事。

二、典型案例分析

(一) “英汉口译——听辩信息”微课案例

第一则案例为“中国外语微课大赛”2018 年度一等奖作品，名称为“英汉口译——听辨信息”，时长为 6 分 17 秒，设计者为上海师范大学的李丹老师。该微课属于英汉口译基础课程，其教学对象为大学英语本科学生，相关知识点为辨别语意及逻辑。除核心微课视频外，相关配套资源还包括教学设计、PPT 课件、微练习及答案、评价交流等。

从宏观设计思路上看，该微课视频遵循提出问题、分析问题、解决问题的常规逻辑思路。在视频开始部分，设计者创设问题情境，以口译员为众人所称赞的高超听力能力为导语，提出“口译员如何加工信息”的核心问题。在分析问题部分，设计者综合应用对比、阐释、类比等多种方法，多角度、多层次剖析口译员听辨信息的过程与要领。其中，对比法体现在揭示语言听力训练与口译员听辨训练的差异。主讲人指出，在传统的语言课堂中，学习者的听力训练主要聚焦于词与短语，练习形式则表现为填空与多项选择，而这均属于浅层次的语言听力训练，与口译员聚焦于意义的听辨训练有着本质区别。为凸显二者之间的差异，主讲人用谐趣的手法设计了一个动画实例，先要求卡通人物 Tom 完成一道听力填空题，Tom 完成出色，但在接下来的意义理解中，卡通人物无法应对，如图 5-1 所示。这个实例形象地表明，传统听力教学往往局限于词音与词形，而对于词义重视不足。对于口译员而言，不仅需要关注具体语境中的词语意义，更需要关注超越词句范畴的话语意义。

图 5-1　语言听力练习与口译听辨训练的对比

接下来，主讲人通过多种方法阐释了口译员加工听力信息的过程，他们先通过声波形式输入信息，继而通过辨认与分析识别所听词汇，并最终确定话语的意义。为将这一复杂抽象的过程描述清楚，主讲人借助动画给出了一个生动的类比，她将词比拟为树叶，意义则视为整棵大树，只有将零散的词汇有机整合在一起才有助于构筑完整的意义之树。

在解决问题部分，主讲人重点介绍了听词取义的操作方法。如何通过听辨获取精准、完整的意义呢？李丹老师通过案例演示的方式讲述了两个关键步骤，一是识别语义单元，二是把握话语中的逻辑。语义单元在句子结构中常以词簇的形式存在，它对于口译员快速获取讲话人的主要观点与信息非常重要。为帮助学习者建立对“语义单元”这一抽象概念的直观认识，主讲人通过一个简短案例进行了演示，其转换过程如表 5-2 所示。

口译员在信息听辨与加工过程中的另一个关键步骤是把握话语中的逻辑。在英语中，句子之间和句子内部的逻辑关系通常以连词的形式出现，比如 but，though，in addition 等。因此，在听辨信息中对连词给予重点关注非常必要。为强化这一认识，主讲人编制了一个连词替换练习，要求学员将“They insist on staying at home although the weather today is fine.”一句中的“although”替换为“unless”，这一替换让话语逻辑意义骤然转向。

表 5-2　　**语义单元的识别案例**

语义单元识别之前	语义单元识别之后
Once upon a time there was a lovely little girl by the name of Little Red Riding Hood. One fine day she decided to go and visit her poor dear old grandmother, who lay sick in bed.	Once upon a time // there was // a lovely little girl // by the name of // Little Red Riding Hood. // One fine day // she decided // to go and visit her // poor dear old grandmother, // who lay sick in bed. //

该微课作品的教学设计共包含 11 个部分：基本信息、教学理念、教学背景、教学目标、教学内容、教学重点和难点、教学切入点和教学方法、教学过程、教学活动、教学总结与参考文献。其中，教学重点和难点归纳了三点：了解口译信息听辨与语言基础教学中听力训练的不同点；学会如何分辨语义单元，把握单元之间的逻辑关系；掌握如何通过源语字词有效捕捉语义的方法。从该微课视频的设计思路来看，上面的教学重点与难点分别在分析问题与解决问题两个主要环节得到了有效体现。在教学过程的具体实施中，设计者主张采用混合式教学模式，其中线上与线下教学时间的比例约为 1∶5，并建议教师要求学生在课前主动研习线上视频课程，再通过线下教学检验、巩固和转化线上知识，评估学生的成效与进展。

该作品的 PPT 课件与微课视频相对应，包括情境导入、问题提出、概念辨析、案例剖析、要点归纳等部分。配套的微练习共两项：第一项要求识别语段中的语义单元，第二项要求辨识语句中的逻辑连词，两项练习均提供参考答案。

在该微课作品的评价交流板块中，评审专家、微课作者与用户可以从各自角度发表对作品的看法与评价。如图 5-2 所示，评审专家从选题、教学目标、内容安排、教学设计、难易程度、结构完整性、语言表述、影音质量、是否配备练习及答案、是否有助于激发学习的积极性等多方面对作品进行了综合评价。

综上所述可以看出，该口译微课围绕英汉口译听辨信息这一主题展开，教学目标明确，教学重点突出，教学设计思路明晰，资源内容结构完整。在呈现形式上，主讲人逻辑清晰、节奏紧凑、衔接自然、声情并茂，视频界面全程配备同步讲解字幕，非常便于学习者进行自学。而且，视频讲解中穿插应用了示意图、卡通人物、动画、背景配乐等多种元素，将抽象的概念与复杂的认知过程以生动形象的方式加以呈现，深入浅出，富有趣味性。诚然，微课视频由于受时间与空间等因素限制，对相关内容的表达与呈现也不可能尽善尽美，需要口译教师与学生结合具体的教学情境加以应用。例如，对于话语逻辑的把握，本作品强调的是英语中连词的使用与识别，而在汉语中，话语逻辑的体现形式要更为隐蔽和复杂，需要结合具体案例进行深入探究与训练。

专家评审意见
[1 楼] 决赛评审专家-评审于：2018/10/15　16:36:10
选题新颖、重点突出；内容安排合理、逻辑性强、难易适当，符合学生认知规律；结构完整，具有相对的独立性，配有练习及答案；有较强的影音同步性和流畅性，视频时长适当，语音流畅，声画和谐。
[2 楼] 决赛评审专家——评审于：2018/10/15　9:31:15
教学目标明确，教学采用动画对话的形式，能调动学生学习的积极性，能增强学生的投入；教师发音标准，部分语速稍慢；视频制作精良，教学效果好。
[3 楼] 决赛评审专家——评审于：2018/10/15　9:30:14
教学目标明确，教学采用动画对话的形式，能调动学生学习的积极性，能增强学生的投入；教师发音标准，部分语速稍慢；视频制作精良，教学效果好。
[4 楼] 决赛评审专家——评审于：2018/10/13　20:29:37
选题为教学重点；教学目标明确，教学采用动画对话的形式，能调动学生学习的积极性，能增强学生的投入；教师发音标准，部分语速稍慢；视频制作精良，教学效果好。
[5 楼] 决赛评审专家——评审于：2018/10/11　5:18:34
选题有价值，为学生所需；教学目标明确，教学设计新颖；动画里面的对话设计可以很好调动学生学习的积极性，体现了“以学生为中心”的教学理念；发音标准，部分表达语速稍慢；视频制作精良，教学效果好。

图 5-2　专家评审意见截图

（二）“笔记中的符号使用”微课案例

第二则口译微课案例取自“全国高校微课教学比赛”平台，是 2015 年第二届全国高校微课教学比赛一等奖作品，主讲人为南京理工大学的杨蔚老师。该作品时长 11 分 10 秒，名称为“笔记中的符号使用”，所属课程为联络口译，授课对象为本科英语专业学生。

该微课视频隶属于口译笔记单元，主题聚焦于笔记中的符号使用。从视频内容的呈现思路看，主要从 why（使用符号的原因）、what（使用符号的种类）、how（使用符号的方法原则）三个方面依次展开。

视频的开篇以一名职业口译员真实工作现场的笔记记录过程作为导入，并将观察重点聚焦于视频片段中感叹号、问号、下画线等符号的运用。在此基础上，主讲人对其中符号的应用实效进行简评：使用符号可以使口译笔记达到快速记录、简洁呈现、易于理解的效果。由此，主讲人引出本微课的主题，并指出接下来将从原因、种类与原则三个方面讲解笔记符号的相关内容。

有关口译笔记中使用符号的原因，主讲人归纳为两个方面：一是与文字相比，符号的表达具有相对优势；二是符号代表的是概念，而概念可以用不同的语言与词汇来实现。关于第一点，主讲人借用生活中一个简单的实例加以说明。在“←出口（EXIT）”这个案例中，左向箭头比用文字表达“出口向左”更为简洁、易懂、明了。第二个原因相对复杂，主讲人设计了下面三个例句进行说明。口译员在做笔记时，将三个例句中的“满意度”“很高兴”和“be delighted to”都用笑脸符号进行表示。这一组对比案例表明，符号在本质上表达的是一种概念或意义，而相同或相似的概念与意义可以用不同的语言形式再现，这是口译笔记中使用符号的另一个重要原因。

例句 1. 两年来，中国经济高速增长，但是，低收入群体的生活满意度却在下降。

例句 2. 很高兴看到有这么多学生对外太空生存的讲座感兴趣。

例句 3. Here I'd be delighted to introduce our guests in brief.

在阐明了使用符号的原因之后，微课视频转入第二项内容，即口译笔记中符号的种类。主讲人先指出，符号成千上万，但口译笔记中究竟使用哪些符号则取决于译者个人的习惯。尽管口译员的笔记符号系统具有个体性和差异性，但这并不妨碍口译学习者从前人的经验中获取启迪与灵感。为此，主讲人呈现了一则口译文字材料与口译员笔记的对照案例，如图 5-3 所示。

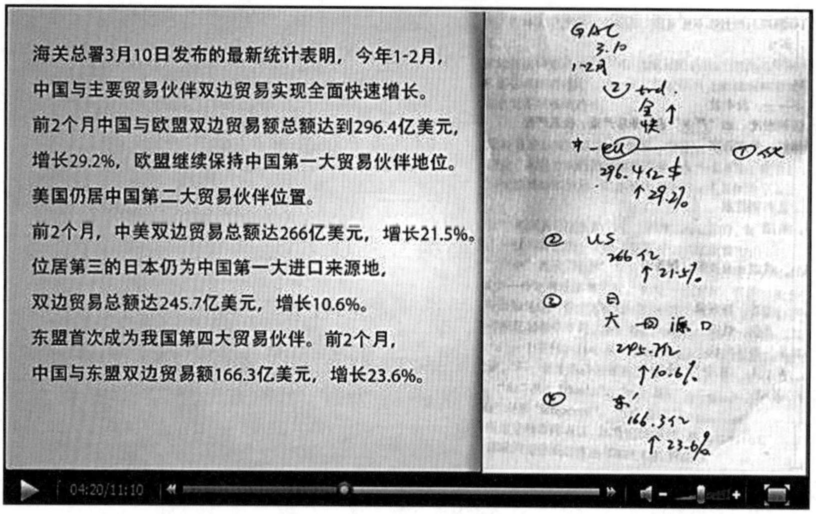

图 5-3　口译文字材料与口译员笔记对照案例

主讲人以该案例为依托，通过逐项分析的方式归纳出其中运用符号的七个种类，如表 5-3 所示。在对每个种类符号的讲解中，主讲人既着眼于案例本身，又通过举一反三的方式引证案例之外的同类符号，而且还结合英语与汉语的特点对相关案例展开阐述。以缩写语简写为例，英文单词的简写常可以取前 3～4 个字母，或省略元音、只保留辅音，汉字则可以利用其象形的特点，用偏旁部首表示整个文字。

表 5-3　　**微课案例中口译笔记符号的种类**

符号种类	本案例中的实例	举一反三（本案例之外的例子）
首字母缩略	“海关总署”缩略为 GAC	“改革开放”缩略为 RO
标点符号	3. 10 表示 3 月 10 日	？表示问题、疑问、question 及 issue，！表示非常、极其，…表示很多、诸如此类，等等
象形符号	半圆形上方标注 2 表示双边	☺表示高兴、glad、pleasure 等，□表示国家、一国、country 与 nation，ḫ 表示主席与 chairperson
缩写语简写	全（全面），快（快速），中（中国），火（伙伴），trd（trade）	廴表示建设、建筑、building 等，⺍表示学习、学校、学生、school 等；edu 表示 education，hsty 表示 history 等
箭头符号	↑增长，增加	↓下降、减少，←向左，→向右
数学符号	%（百分比）	+加，—减，∵ 因为，∴ 所以
货币符号	$（美元）	¥人民币，€ 欧元，₩韩元

在有关笔记符号使用的方法原则部分，主讲人提出三项原则：符号的呈现应清晰明确，对符号的解读不存在歧义；不同的符号可以表达相同的概念，译者应在实践中逐步建立适合自身的个性化符号系统；符号应易于快速书写，尽量不超过三笔。

除视频外，该口译微课的配套资源还包括教学设计方案、PPT 课件与课后练习。教学设计方案由基本信息、教学背景、微课设计指导思想、教学设计等内容组成。其中，微课设计指导思想包括四个方面。首先，在教学应用方面，微课视频可用于课前预习与课后复习环节，也可用于指导相关知识与技能的自主学习。其次，在授课模式方面，主张运用翻转课堂的教学模式，微课视频的学习重在预习与掌握笔记符号的基本知识点，课堂教学则侧重于笔记符号的实战训练，这将有助于高效利用课堂时间，提高教学效率与效果。再次，在微课的内容设计方面，力求将学生的生活经验、知识重点与技能要点有机整合，同时借助各种信息化技术手段实现听觉与视觉信息的最佳呈现，激发学习兴趣。最后，在师生角色的塑造方面，尽量消解教师形象，充分尊重学习者的主体地位，发挥其主观能动性。在 PPT 课件中，除了展示视频中的内容与思路外，还提供了与口译笔记符号相关的教材、视频与网络素材等资源。课后练习包括一段英文和中文的口译笔记练习，并提示注意其中符号的使用。

在平台的评价交流板块中，大家可以浏览与该口译微课相关的评审专家意见、作者回复、同行教师及学生评价等信息。其中，评审专家对该微课作品的肯定性意见主要包括：内容充实，思路清晰；教学重点与难点突出，用例典型，有代表性；语速适中，讲解细致；设计精巧，画面清晰。有待改进的主要有两点，一是建议为微课视频配备字幕，二是增加互动环节。

（三）“英汉视译三步骤”微课案例

第三则案例为“中国外语微课大赛”2016 年度优秀奖作品，名称为“英汉视译三步骤（Three Basic Steps in English-Chinese Sight Interpreting）”，视频长度为 8 分钟，设计者为湖北师范大学万丽老师。该微课所属课程为英汉口译，教学对象为英语专业三年级学生。除核心微课视频外，相关配套资源还包括教学设计方案、PPT 课件、微练习及答案、评价交流等。

该微课的教学目标包括三个方面：熟练掌握英语长句的意群切分技巧；能够遵循顺句驱动原则组织语言；学会话语重组的基本技巧，如通过添加主语、谓语等手段将信息片段衔接成语法规范、语义完整的译语。

该微课视频主题聚焦，节奏紧凑，开篇直接引出主题，即英汉视译三步骤。主讲人先简述“视译（Sight Interpreting）”的基本概念，继而从职业和教学两个角度阐明视译的重要性。万老师指出，视译不仅是口译行业的一种职业实践形式，而且是课堂中的有效教学手段，有助于锻炼学生快速分析源文本与信息转化的能力，也有助于提升语言表达的灵活性，同时还有助于避免翻译中逐词对应的行为。

继而，主讲人引入该微课的核心主题，即视译的三个基本步骤：意群切分（segmentation）、顺句驱动（syntactic linearity）和话语重组（reconstructing natural utterances）。在对较长句子进行视译时，口译员习惯于先对句子进行意群切分，例如，对较小的意义单位用“/”隔开，句末则用“//”隔开，这样做的目的在于超越源语的表层结构，准确理解每个意群的话语意义。继意群切分之后，第二步进入顺句驱动，译员需要在维持源语基本顺序的情况下，对其进行顺势而为的信息加工。主讲人以表 5-4 中的两个译文为例，对顺句驱动进行了说明。尽管视译版不如笔译版听起来自然，但对口译员而言，这种顺句驱动的方式更利于以快速、高效、流畅的方式进行双语转换。

表 5-4　**顺句驱动译文比较**

源　　语	笔译与视译译文比较
It is estimated that/more than 50,000 Chinese people /work in Kenya now, / in addition to thousands of Chinese tourists. //	笔译：据估计，除几千名中国游客外，还有五万多名中国人在肯尼亚工作。
	视译：据估计，有五万多名中国人在肯尼亚工作，除此之外，还有几千名游客。

在讲解最具挑战性的话语重组步骤过程中，设计者先阐明了重组话语的目标，即在源语话语意群切分和顺句驱动的基础上，重组语法正确、意义完整、逻辑合理的目的语话语。进而，设计者从英汉两种语言句式结构差异的角度阐述了话语重组的常见方法，如添加主语或谓语，将短语升格为句子，把介词结构转换为动词词组等，如表 5-5 中的案例所示。

表 5-5　**话语重组的常见方法**

方法	源　　语	译　　语
添加主/谓语	And work is already underway to transfer the technology to wheat and barley, other staple foods for billions of people around the world.	这项工作已经开始将技术应用到小麦和大麦。小麦和大麦也是全世界几十亿人的主食。

续表

方法	源语	译语
短语升格为短句	After the founding of the People's Republic of China in 1949 the Chinese government put the emphasis of medical work on rural health services, disease prevention and health care, and promotion of traditional Chinese medicine.	自中华人民共和国于1949年成立以来，中国政府十分重视农村公共医疗卫生服务、疾病预防、卫生保健工作，也十分重视发展传统中医。
介词结构转换为动词	Finished industrial products, instead of agricultural, sideline, and mineral products, have become the major exports.	工业制成品取代了农副产品、矿产品，成为主要出口产品。
介词结构升格为短句	Investment in the food manufacturing and processing industries remained high during the period, with the growth rate exceeding 30 percent in liquid, drink and tea sectors.	食品生产和加工工业方面的投资在此期间仍然很高，增长率超过30%，主要在酒水、饮料、茶叶等行业。

在话语重组的设计部分，主讲人采取归纳与演绎相结合的方法，对话语重组的技巧和适用语境进行了深入浅出的阐述。以介词为例，在图5-4的案例中，左图先以图解的方式向学习者直观呈现了英汉双语中介词词组与动词词组的分布情况，并归纳了英译汉过程中常见的语言转换技巧，右图则以英汉话语语境对照和凸显的方式展示了从源语中的介词词组到目的语中动词词组的话语重组技巧。

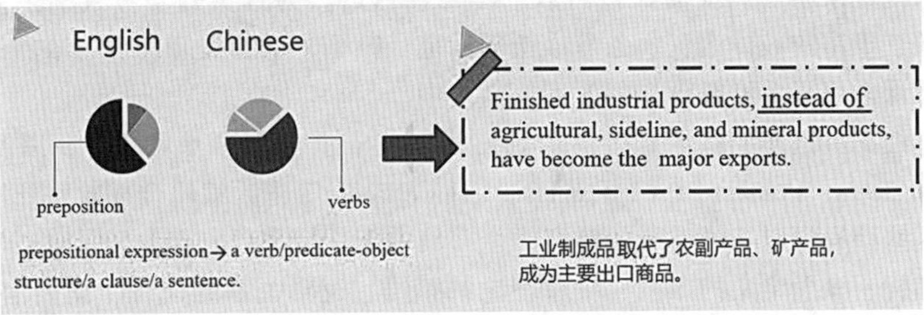

图5-4　英汉视译三步骤

在该微课视频的最后，主讲人还提供了四组练习，并通过源语与译语先后呈现、斜线标示、高亮显示等方法巩固视译相关的意群切分、顺句驱动和话语重组技能。在该微课教案的教学总结部分，主讲人从素材选择与教学要点两方面对视译教学进行了总结。其中，对于素材的选择，主讲人建议在视译的初级训练阶段，宜使用长度和专业性合适的语料，题材可多样化，逻辑应清晰明了；对于教学策略，主讲人强调以培养学习者的语言功能意识与语篇意识为重点，将视译阅读与英语阅读学习加以区分，把握教学中的速度原则、准确性原则与语篇理解原则。

评审专家对该微课整体上给予了较好评价，如教学目标明确、内容组织合理、授课思路清晰、重点与难度突出、教师发音标准、语速适中、画面清晰、构图合理等。有待改进的主要是技术方面的瑕疵，即录音环境条件与后期降噪处理需要加强。

三、口译微课的开发与应用

（一）口译微课的创建场景

口译微课的创建场景主要包括现场录制、纯工具制作和兼容创作三种类型，主要的差别在于主讲人是否实景出镜以及出镜的比例（见图 5-5）。这三种创建场景各具优势。

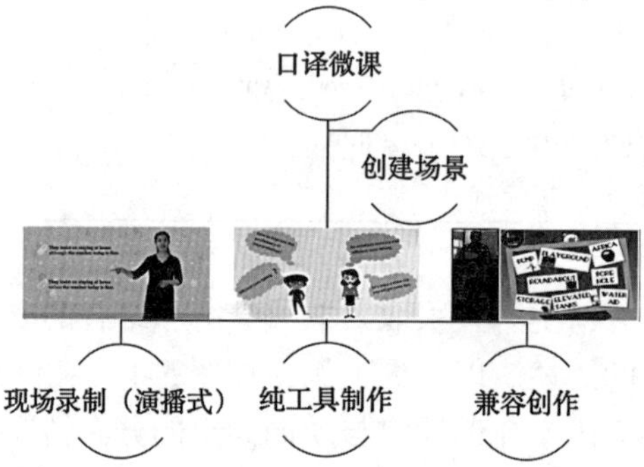

图 5-5　口译微课的创建场景类型

其一，现场录制（即演播式）可以为学习者营造较为真实的学习氛围，主讲人声情并茂的讲解、丰富的肢体语言、条分缕析的示范、循循善诱的提问和现场浓烈的学习氛围都足以令微课学习者沉浸在现场的学习气氛之中。

其二，纯工具制作的微课是指借助 Camtasia、Snagit 等屏幕录像软件，以及 Articulate 360、After Effects、Premiere Pro、Camtasia、PowerPoint 等视频编辑合成软件开发制作的视频课程，这些课程可以将学习者的注意力全部集中于所授课程内容上，同时，学习者对关键信息的捕捉、概念定义的审视、抽象理论的感悟、逻辑关系的梳理、图表信息的观察、操作过程的体验、地理空间的把握等会更清晰明了。

其三，兼容性创建场景则汇聚了前两者的优势，力求以最佳的呈现方式为学习者带来最有效的学习体验。

（二）口译微课的开发与应用流程

我们可以利用 ADDIE 模型辅助口译微课的设计与开发。ADDIE 模型是对教学设计理论的抽象描述，包含分析（Analysis）、设计（Design）、开发（Development）、实施（Implementation）和评估（Evaluation）五个环节（Ozdilek & Robeck，2009）。口译微课的开发和应用可参考以下流程（见图 5-6）。

首先，在前端分析阶段，开发者需要在口译课程教学目标及教学实践要求下，对教学

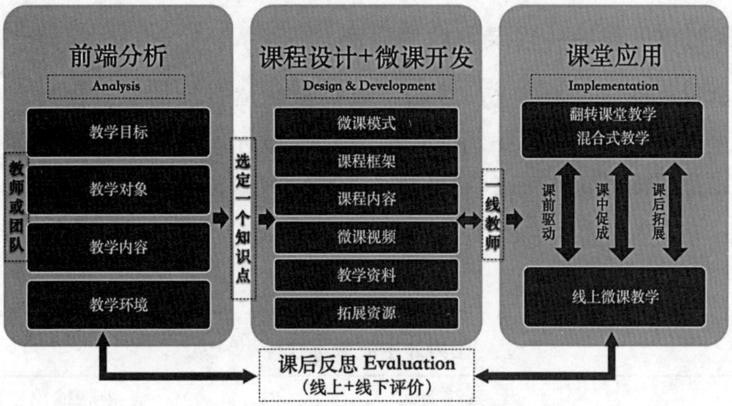

图 5-6 口译微课的开发与应用流程

目标和需求、教学对象、教学内容和教学环境进行分析，最终选定某一个特定的知识点或重难点作为微课的核心主题，并广泛收集相应的教学素材和资源（如口译现场实录视频、图片、口译文稿等）。

在课程设计阶段，开发者需要根据选定的微课主题（知识点）设计口译微课场景的模式（教学形式与教学风格）及课程框架，明确课程内容、学习过程和策略（课程时长控制在 5~10 分钟），设计课程学习评价和标准等，最终形成微课教案，并制作课程分镜头脚本。

课程开发阶段主要包括三项任务：（1）课程拍摄团队或教师本人根据课程分镜头脚本，使用摄影设备在摄影棚或实景录制。（2）使用技术软件工具，对课程视频进行后期效果制作（剪辑、加工、色彩优化、文字编辑、添加动画、3D 特效等）。（3）制作教学拓展性资源（如电子课件、课后练习、课后反思、反馈及点评等）。

在实施阶段，可充分运用翻转课堂教学理念，将线上口译微课资源应用到实际的课堂教学中，利用口译微课进行技能点或知识点的课前自主学习；课上进行合作式和探究式教学，包括师生讨论、小组协作、口译实操演练、学习成果汇报等；课后拓展，如复习、答疑与反思，用以巩固和内化相关知识与技能。

在评估阶段，可通过追踪学习者的学习过程和学习成果，将相关信息及时反馈给学习者，便于帮助其改进学习方法和策略；同时分析微课资源应用于教学的效果，为后续修正完善微课资源提供依据。

口译微课可作为面授式口译课堂教学的延伸与扩展，特别在翻转课堂教学改革中，口译微课可以应用于口译课堂的课前驱动、课中促成及课后扩展等部分，教师在实体课堂可更多关注于学习者的口译技能训练与实战。口译微课的应用丰富了传统课堂教学的形式和内容，为口译学习者提供了更为丰富化和精细化的优质学习资源，并在课堂教学与课外自主训练之间建立了有机衔接。就其外在效度而言，在线口译微课有助于让优质的口译教学资源在全国乃至全球范围进行传播，口译教师既可以通过移植的方式将相关微课资源嵌入自己的课堂，也可以从相关口译微课的设计中获得灵感与启发，从而为探索适合具体口译课堂教学情境的路径提供借鉴。

（三）口译微课开发——以录屏软件为例

录屏软件可将电脑或智能设备（手机、平板电脑等）界面上显示的关于口译课程中某一知识点或重难点的 PowerPoint、Keynote 或 PDF 演示文稿录制成动态的短视频。在此基础上，可利用视频编辑软件将之与其他相关资源整合为口译微课的核心视频资源。录屏软件种类众多，表 5-6 列举了主流录屏软件及相关信息，本节主要介绍 Snagit 录屏软件的基本信息及操作方法。

表 5-6　　**国内外主流录屏软件**

软件名称	系统兼容	视频输出格式
Snagit	Windows/MacOS	MPEG-4、GIF 动画、主流图片格式
Camtasia Studio	Windows /MacOS	GIF 动画、多种主流视频格式
Captura	Windows	GIF 动画、多种主流视频格式
Obs-studio	Windows/MacOS/Linux	多种主流视频格式
PowerPoint	Windows/MacOS	MPEG-4、WMV 视频格式
ScreenToGif	Windows/MacOS	GIF 动画、多种主流视频格式
ApowerREC	Windows/MacOS/Android	多种主流视频格式

同其他录屏软件相比，Snagit 有三个特点：（1）屏幕捕捉的种类多：不仅可以捕捉静止的图像，还可以捕获动态的图像和声音，另外还可以在选中的范围内只获取该页面显示的文本。（2）屏幕捕捉范围灵活：可以选择整个屏幕，某个静止或活动窗口，也可以自己随意选择捕捉内容。（3）具备图形处理功能：利用它的过滤功能可以将图形的颜色进行简单处理，也可对图形进行大小调节。

在使用 Snagit 软件录制屏幕过程中，无须下载安装任何附加软件，便可在软件操作面板轻松设置录制屏幕时的声音、摄像头等功能（见图 5-7 上方截图）。设置完成后，点击工具栏红色 Capture 按钮，进入到全屏显示界面，用软件自带的橙色瞄准器（orange crosshairs）选取录制页面的范围。同时，也可选择按钮“系统音频”  或“扩音器音频”  设置是否同步录制来自系统音频（system audio）或麦克风音频（microphone audio）。还可通过 webcam 按钮设置是否允许在录屏过程中使用屏幕上的网络摄像。之后，点击屏幕下方的红色按钮 ，开始屏幕录制（见图 5-7 截图）。

在使用 Snagit 录制屏幕伊始，会出现 3 秒钟倒计时，提示用户屏幕录制即将开始（见图 5-7 右下方截图）。在录制过程中，可以全方位录制用户选取界面中所有出现的对象，包含用户操作鼠标的运动轨迹，浏览器的页面跳转，或文稿、视频、图片的演示过程。用户可以点击暂停按钮  暂停录制，而后可点击重启录制按钮  恢复屏幕录制，也可以点击关闭按钮  取消录制。

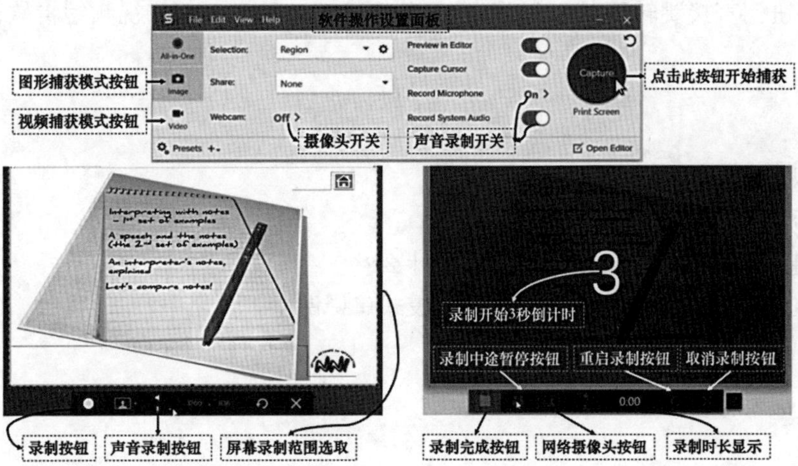

图 5-7　Snagit 录屏功能示意图

在录屏完成后，可以点击完成按钮 ■ 保存该视频。Snagit 会自动跳转到 Snagit Editor 视频编辑器。用户可以在编辑器中预览视频，利用进度条中的红、绿色箭头对视频定位，点击 cut 按钮剪切不需要的视频片段。在编辑器上方工具栏，可对视频进行简易编辑，如为视频添加箭头、文字、对话框、形状、水印以及填色等（见图 5-8）。在视频预览过程中，还可以点击进度条右侧的 GIF 和 PNG 图标，将视频片段保存为 GIF 动画或 PNG 图片。

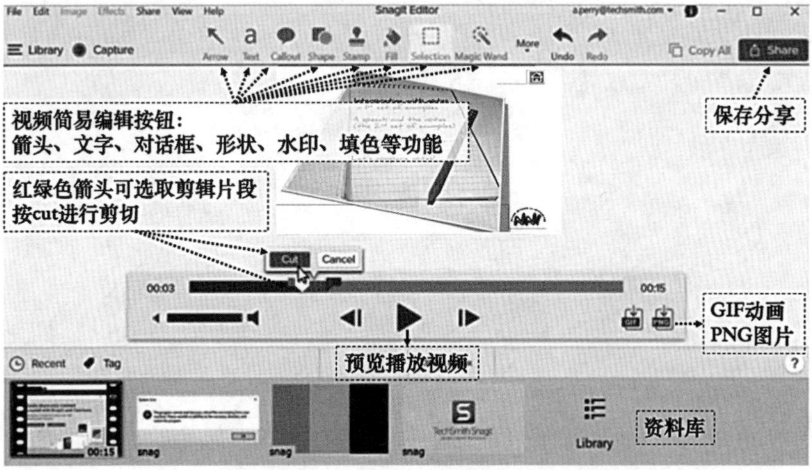

图 5-8　Snagit Editor 编辑界面示意图

在完成编辑之后，可以点击右上方的 Share 按钮，对视频进行保存分享。用户可以点击 File 自定义设置录制视频的质量、分辨率和帧数 FPS，并进行本地文件储存，视频输出格式为 MPEG-4；也可以云储存至 TechSmith 公司旗下的 Screencast. com 服务器；亦可点击 Camtasia 按钮，直接跳转至 TechSmith 公司旗下的 Camtasia Studio 视频编辑软件进一步加工视频。

思考题：

1. 微课包括哪些构成要素？
2. 优秀口译微课作品应具备哪些条件？
3. 创建口译微课的主要场景和流程是什么？
4. 如何将口译微课资源有效应用到面授式口译课堂教学之中？

第六单元　口译慕课

一、资源概况

本单元首先简要介绍慕课，包括慕课的发展历史、慕课与传统课程的区别、慕课的优点、慕课对高等教育的影响以及国内主要慕课平台等；然后，介绍口译慕课的基本情况。

（一）慕课简介

慕课是“Massive Open Online Course”首字母缩写 MOOC 的音译，意为“大规模在线开放课程”，其概念最早于 2008 年由加拿大学者 Alexander Brian 和 Dave Cormier 提出，并用于描述 George Siemens 和 Stephen Downes 于 2008 年 9 月在加拿大马尼托巴大学为 25 名学生开设的学分课程《连通主义和连通知识》（Connectivism and Connective Knowledge, CCK08），该课程在开放网络中吸引了超过 2200 人注册学习，是全球首门慕课。

慕课又称为“云课程”，是典型的网络化课程，是“互联网+教育”的产物，网络技术和宽带的普及，尤其是社交网络的发展，为原本被地域分隔的学习者提供了交流平台。随着信息终端发展的智能化、小型化、大众化、移动化，学习者只需在网络环境下，借助一定的电子设备，如电脑、智能手机或平板电脑等就可以随时随地开展慕课学习，因此，慕课成了一种广受欢迎的新型知识获取渠道、学习模式和学习途径（王颖等，2013）。

2013 年是中国的慕课元年，当时国内知名大学或加入 edX 和 Coursera 等国际慕课平台，或自建慕课平台，或成立慕课联盟（郭英剑，2014；吴维仲等，2015），慕课和慕课研究开始起步并迅猛发展。截至 2019 年 4 月，全国各个慕课平台开设的各类慕课已超过 12500 门，涵盖了几乎所有学科门类（2019 年 4 月 9 日中国慕课大会）。

MOOC 的四个字母分别代表了慕课的四个典型特征，即大规模、开放性、网络化和课程。慕课与传统课堂的差异主要体现在以下几方面（见表 6-1）：

表 6-1　　慕课与传统课堂的比较

对比项	慕课	传统课堂
授课人数	不受限制	受限制
课时长度	以微课程为主，几分钟到几十分钟不等	40~50 分钟

续表

对比项	慕课	传统课堂
学习时空	不受时空限制	受课堂时间/空间/地域限制
课程呈现	短视频播放，可反复观看	教师授课，一次性完成
交互方式	多维度，多层面互动	面对面交流，在场感强
课程评价	系统、同伴和教师评价	教师评价为主

与实体课堂相比，慕课的优势主要体现为四点。第一，不受实体课堂的门槛、时空和规模限制，学习更加灵活，学习者只要成功注册，就可以随时随地学习。第二，具有名校、名师、名课效应，授课效果更好。第三，以学生为中心，改变传统实体课堂以知识灌输为主的教学模式，学生通过自主学习，与其他学生和教师互动交流而获得知识，教师主要是发挥启发和引导的作用。第四，慕课在教学设计上由播放视频、提问、练习、小组学习等环节组成，更符合学习科学的规律和要求，学习更加有效（张男星、饶燕婷，2014：10）。

慕课被认为是教育史上的“一场海啸”“一次教育风暴”“500 年来高等教育领域最为深刻的技术变革”（陈肖庚、王顶明，2013：5）。慕课对高等教育的积极影响主要体现在三个方面。第一，教育资源的极大丰富和共享，越来越多的人有机会接受优质高等教育，“能够切实解决校与校之间、东西部之间发展不平衡与不均衡的问题”（翟振元，2017）。第二，慕课是高校教学方法和教育模式的一次大变革和创新。第三，慕课有助于高等教育的国际化。但慕课也给高等教育带来挑战，如容易形成“强校愈强，弱校愈弱”的局面（王文礼，2013：55-56）；正式学习与非正式学习的衔接、不同教育模式竞争的矛盾（陆昉，2017）等。

国内比较著名的包含外语类课程的慕课学习平台包括爱课程、中国大学 MOOC、学堂在线、好大学在线、华文慕课、慕课中国、慕课网、超星慕课、中国高校外语慕课平台 UMOOCs、全国地方高校 UOOC（优客）联盟、智慧树、顶你学堂、网易云课堂等。

（二）口译慕课

口译慕课指在慕课平台上开设的各类口译课程。根据课程难度，口译慕课可分为入门级、中级和高级等。入门级口译慕课面向具有一定外语基础、希望了解口译并掌握一定基本口译技巧的初学者，经过一段时间学习后，学习者可以胜任一些简单的陪同口译或会话口译；中级口译慕课面向本族语和外语能力较强、且已接受过一定口译训练的学习者，通过多种题材、体裁的口译活动，重点提高学生的口译实战能力，学习结束后可以胜任具有一定专业水平的口译活动；高级口译面向口译方向的本科四年级学生或硕士研究生，通过各类真实的口译活动，使学习者向职业译员发展。根据课程内容，口译慕课可分为普通口译和专题口译，现有口译慕课多为普通口译，专注于某一领域的专题口译慕课尚不多见。根据口译模式，口译慕课可分为会话口译、联络口译、交替传译、耳语口译、同声传译等，目前国内的口译慕课以交替传译为主，其他形式的口译慕课尚未上线。从涉及的语种看，国内口译慕课以英汉语对为主，其他语对非常稀缺。

口译慕课的课程活动一般包括：观看课程视频、参加课后单元测试、课堂讨论区讨论、同伴互评作业和期末考试等活动。总评成绩达到60分及以上但未达到85分者可获课程合格证书，达到85分或以上者可获课程优秀证书。

口译慕课既有一般慕课的普遍特征，又有其学科自身的特征。首先，口译慕课既注重口译技巧讲解和演示，又注重学习者的实操练习。每个课程片段专注于一个口译技巧或问题，既有教师的集中讲解，也有学生实操的机会。其次，教学团队由具有丰富口译实战经验和口译教学经验的一线口译教师担任，他们无论是对口译教学还是对口译实践均有深刻而独到的见解，具有很好的示范作用。

口译慕课是在慕课大发展的时代背景下诞生并发展起来的，将给全国乃至更大范围的口译教学和实践带来革命性变化。第一，由于慕课具有大规模、开放性、网络化等特征，口译慕课将给广大口译专业学生和口译爱好者带来便捷和个性化的学习机会，使他们可以随时随地选择适合自己的内容进行学习。第二，口译慕课可以有效缩短地区、城乡和校际在口译教师和口译教学质量方面的差距。通过观摩名校、名师、名课，其他口译教师可以学习授课教师先进的教学理念、教学方法和教学手段，不断提升自己的职业能力，从而解决部分MTI院校口译师资短缺或口译师资质量不高的问题。第三，慕课的资源共享特征使口译学习者和口译教师均可共享口译慕课资源，避免资源建设与应用中的重复性劳动。第四，口译慕课的教学内容来自鲜活的口译实践，具有高度的真实性，有利于学习者熟悉真正的口译活动。第五，慕课强大的交互功能使学习者能够与教师和其他学习者便捷地进行交流与协作，提高学习效果。

与其他专业的慕课相比，口译慕课起步较晚，截至2019年4月，国内慕课平台上口译慕课数量和类型仍非常有限，仅有11门课程（见表6-2），其中《翻译导论》《职场口笔译》《实用日语翻译》和《商务英语翻译技巧》4门课是口笔译综合课程。共有10所开课院校，其中广东外语外贸大学（简称广外）是唯一开设过两门口译慕课的院校，其他院校均只有1门口译慕课。院校类型包括综合院校、师范院校、外语院校和高职高专等。

表6-2　**国内主要慕课平台上的口译慕课资源**

慕课平台	课程数量	课程名称	开课单位
中国大学MOOC/爱课程	6	英汉口译	上海师范大学
		英语口译	南京师范大学
		交替传译	广东外语外贸大学
		翻译导论	中南大学
		职场口笔译	福建师范大学与译国译民
		商务英语翻译技巧	江西外语外贸职业学院

续表

慕课平台	课程数量	课程名称	开课单位
超星慕课	3	外事口译工作谈	广东外语外贸大学
		英语口译	常州旅游商贸高等职业技术学院
		实用日语翻译	广东女子职业技术学院
学堂在线	1	英语口译	西安工程大学
中国高校外语慕课平台（UMOOCs）	1	交替传译：进阶	北京第二外国语学院

二、典型案例分析

本单元介绍三门较典型的口译慕课，分别是：爱课程和中国大学 MOOC 平台上广东外语外贸大学的“交替传译”，上海师范大学的“英汉口译”，以及中国高校外语慕课平台（UMOOCs）上北京第二外国语学院的“交替传译：进阶”。

“交替传译”和“英汉口译”的主页包括开课信息、授课团队、课程目标、课程大纲、预备知识、证书要求、参考资料、常见问题和课程评价等内容；学习界面包括公告、评分标准、课件、测验与作业、考试、讨论区、课程分享和扫码下载 APP 等项目。“交替传译：进阶”的主页包括开课信息、教学团队、课程概述、课程介绍、课程目标、适合人群和评分标准等。

（一）广东外语外贸大学的“交替传译”

广东外语外贸大学是全国第一个成立翻译系的院校，是联合国指定的三所中国合作院校之一，是国际大学翻译学院联合会（Conférence Internationale permanente dInstituts Universitaires de Traducteurs et Interprètes，简称 CIUTI）成员，也是世界翻译教育联盟（World Interpreter and Translator Training Association，WITTA）的秘书处所在单位，拥有国家级精品课程“口译系列课程”和国家级教学团队“口译教学团队”。经过多年的探索，广外口译教学已经形成了独具特色的“广外模式”，在全国享有很高的声誉和影响力，其教学特色是“以理论研究成果为支撑，以系统教学理念为指导，以成套教材为辅助，以系列教学方案为体现，打造出完整的口译教学体系”（詹成，2016：80）。

“交替传译”课程由该校高级翻译学院口译系教师设计、开发和讲授，课程于 2018 年 2 月首次开课，由两位教师主讲，2018 年累计开课三次。2019 年 4 月 1 日起，该课程第四次开课，授课教师从前三轮的 2 人增加到 5 人，全部是高级翻译学院口译教学团队的核心成员，拥有非常丰富的口译教学和实战经验。截至 2019 年 6 月中旬，累计报名人数达到 11258 人，位居口译类慕课榜首。

“交替传译”慕课既面向高校翻译专业的本科生和硕士生，也面向致力于掌握专业口译技能且语言功底好的社会人士。此外，该课程与该校高级翻译学院口译专业课程对接，修读线下口译课程的学生必须同时修读该门慕课。

“交替传译”是口译教学“广外模式”的核心课程，专注于交替传译认知技能的训练，通过原理讲解和实操练习，帮助学习者掌握各项子技能，完成各项交传任务。该课程结合最新发布的《中国英语能力等级量表——口译能力量表》，为学习者提供科学的测量工具，有效监控学习效果与进度。

改版后的课程内容分为5大模块，涵盖听辨、记忆、笔记、表达、评估5大核心技能。该课程包括15个单元，分别是课程概述、多任务处理、信息分层、记忆扩容、记忆提取、笔记概述、关键信息记录、笔记布局、笔记中的缩写与符号、意义传递、表达策略、数字口译、口译能力发展路径、口译测评方法和口译能力评估方法示例等，共计47个教学视频。单元教学视频包含原理讲解和技能示范，由主讲教师和学生助教共同呈现。除第一单元“课程概述”外，其余每个单元包括教学视频、学习（练习）材料及讨论话题。新版课程更加重视课后练习与互动讨论。课程内容每周更新，一周完成一个单元的教学内容。交替传译各项子技能环环相扣，熟练掌握前一单元的技巧是进阶至下一单元的基础。

该课程总分为100分，由四部分组成。（1）课后单元测验（30%）。包括6次单元测验，每次5分，共30分。（2）课堂讨论（10%）。要求在“课堂交流区”回复教师讨论帖或完成讨论帖中的问题，平均每讲1次，总次数不少于10次。回复内容要有原创性，严禁抄袭他人的回复内容。（3）同伴互评作业（30%）。共3次，每次10分，共30分，每次必须完成5次或以上的同伴作业互评。（4）期末测试（30%）。1次，总共30分。课程结束后，学生参加课程的期末考试。

每次测验与作业有三次尝试机会，取最高分作为最终成绩。学习者必须先勾选学术诚信声明后方可开始测验。如学习者错过测验提交截止时间，测试题目仅可作为自我学习检验，提交的结果无法获得学分。客观题包括判断题、单选题、多选题和填空题等。总评成绩达到60分但未达到85分者，可以获得该课程的合格证书，总评成绩达到85分及以上者，可以获得该课程的优秀证书。

“交替传译”特色鲜明，具有很强的示范作用，其示范效应可从团队师资、课程内容、学习者互动与流程监管四个方面予以考察。首先，在团队师资方面，授课教师阵容强大，全部来自国家级口译教学团队，均具有丰富的口译实践和教学经验以及较强的口译教学研究能力，教学注重理论与实践的结合。同时，该课程彰显广外特色，如第一章简介中有高级翻译学院创始院长、全国翻译专业学位研究生教育指导委员会副主任委员仲伟合教授寄语，资深口译专家、原广外口译教学团队核心成员詹成和贾兰兰老师以及部分优秀毕业生讲述口译的亲身体会。

其次，在课程内容方面，素材编排由浅入深，讲解重点突出，详略得当。学习者经过完整的课程学习之后，能较全面了解交替传译概貌以及基本技巧，为进一步深入学习打好基础。教学内容真实性强，包含很多真实的口译活动片段和音、视频学习资料。授课形式生动活泼，除了教师主讲、还邀请学生参与教学互动，课程现场感强；重要内容用动画或图表形式展示（见图 6-1）；每个技巧的讲解都有具体的示例加以说明。此外，课程训练的技巧具有可迁移性，即课程训练之技巧不仅能应用于口译活动本身，亦能用于其他语言活动，该课程既可视为口译入门课程，亦可作为基础的语言思维训练。

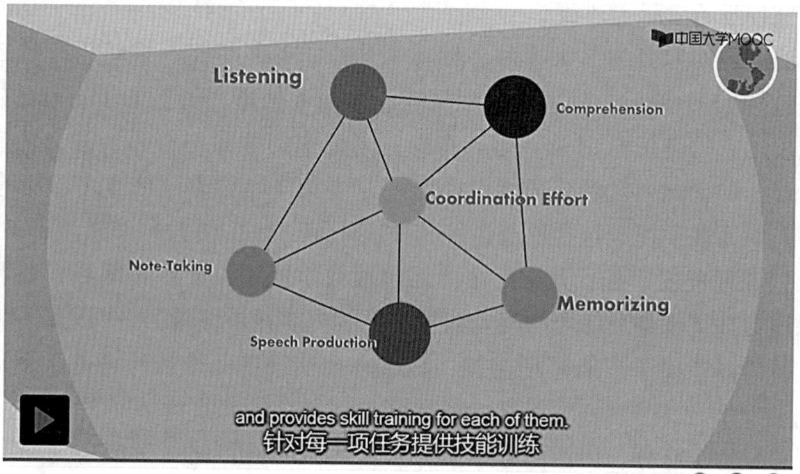

图 6-1　“交替传译”上课场景

再次，在与学习者互动方面，课程界面非常友好，充分考虑学习者的需求。课程开始前，授课教师要求学习者填写课程摸底问卷，预先了解学习者的学习动机和前期基础，包括听力、口语和口译能力的自我评价等，以便授课教师把握学习者水平，掌握学习动向，有针对性地为学习者提供课程内容和练习材料。学习者如有关于课程的疑问，可以在讨论区发帖，授课教师或助教会进行解答。在视频开头授课教师会回顾上一视频的主要内容，视频结束会总结本节视频主要内容并提醒下次课的话题。所有内容配有中英文字幕。每个单元都有课程开课公告，内容包括开课时间、上一单元课程内容回顾、本单元的主要内容和对学习者的要求等；课程内容按每周一单元的进度更新，如有单元测试，公告会提醒学习者提交的截止时间；课程练习的信息在公告中发布，包括发布时间、截止提交时间、互评开始及结束时间、成绩公布时间等。

最后，在流程监管方面，课程明确要求，每位学习者每次作业必须完成 5 份或 5 份以上的作业互评，未完成互评者仅能得到实际练习得分的 50%。此外，在技能训练的关键章节，如笔记概述、关键信息记录、笔记布局、笔记中的缩写与符号等，设计者在授课过程中加入了问题环节，学习者只有提交了问题的答案才能继续学习，能较好地督促学习者认真听讲。

（二）上海师范大学的“英汉口译”

上海师范大学的“英汉口译”于 2019 年 3 月 7 日至 7 月 14 日在中国大学 MOOC 平台

第二次开课，由李丹老师 1 人单独授课，教师同样具有丰富的口译实践和教学经验。截至 2019 年 6 月中旬，累计报名人数达到 11712 人。

“英汉口译”是面向非英语专业学生开设的拓展课程，也适用于口译爱好者，是一门实用的口译入门课程，要求学生具备较高的英语水平。

该课程的教学目标包括两个方面。第一方面为口译技巧。通过循序渐进的训练，学生掌握口译听辨技巧和分析理解能力，将认知信息纳入理解环节；提高瞬时记忆、短时记忆和长时记忆能力；熟练使用笔记；了解基本信息处理技巧和临场应变能力。第二方面为实践能力。掌握政治、经济、生活、文化等领域的词汇并熟练使用；借助词典、网络或参考资料查询知识点，进行充分准备后进行听译，信息输出内容至少达到百分之七十的完整度；口译练习后可以根据已掌握的口译理论和技巧阅读口译讲评，并相互提出有效的反馈意见，最终达到自学和自我提高的目标。

在开课之初授课教师为学生提供诸多听力训练资源，并要求学生每天精听和朗读英语各 10 分钟。

课程内容包括 5 大板块，分别是口译起源与简介、口译听辨、记忆训练、译语产出和交际功能，共 19 个课时。该课程以交替传译为主要授课内容，以教师讲解为主。第一章介绍口译相关知识，如口译的起源和历史、口译的基本种类、口译过程、口译职业准则等。第二章介绍口译听辨，包括如何捕捉有用信息、如何进行语义预测和应对干扰等。第三章为口译训练，包括口译记忆特点、脑记训练、笔记训练、英汉数字口译和汉英数字口译。第四章为译语产出，包括语言转换之流畅度训练、语言转换之仪态训练、语言转转之长句处理、语言转换之诗词、语言转换之图文处理。第五章为交际功能，包括跨文化交际能力和译员的多重角色。

在该课程的考核方案中，平时成绩占 20%，期末考试占 80%，平时成绩包括测验成绩和讨论区参与度；期末考试包括两段英译中和两段中译英。整个课程包括三次单元测验，每次 30 分钟，学生有 1~2 次尝试机会，取高分作为测验成绩。学生需勾选学术诚信声明方可开始进行测验。每次测验包含 10 道题，第一次测验全部是单选题，第二次测验全部是填空题，第三次测验全部是判断题。讨论区包含三个板块，分别是教师答疑区、课堂交流区和综合讨论区，学习者在讨论区的参与度构成平时成绩的一部分。期末考试信息发布后，学习者必须在一个月的期限内完成测试，学习者在考试开始前必须勾选学术诚信声明（见图 6-2）才能开始答题，测试时间 120 分钟，只有一次尝试机会，一旦开始就不能中途退出。期末考试题目以MP3的形式出现，考试时需先下载音频文件，在规定时间内进行交替传译并将译文书写成文字上传。这种答题形式不同于传统的口译考试和现实的口译实践。

该课程的特点包括六个方面。第一，授课教师语速较慢，比较适合口译初学者和非翻译专业学生。第二，教师单人授课，风格较统一，学生更容易适应。第三，教师的讲稿配有英文字幕，并借助动画效果（见图 6-3）和动漫人物（见图 6-4）增强授课效果。第四，课程以教师讲解为主，注重对口译活动的总体介绍，学生有一定的实操机会，但不太多，

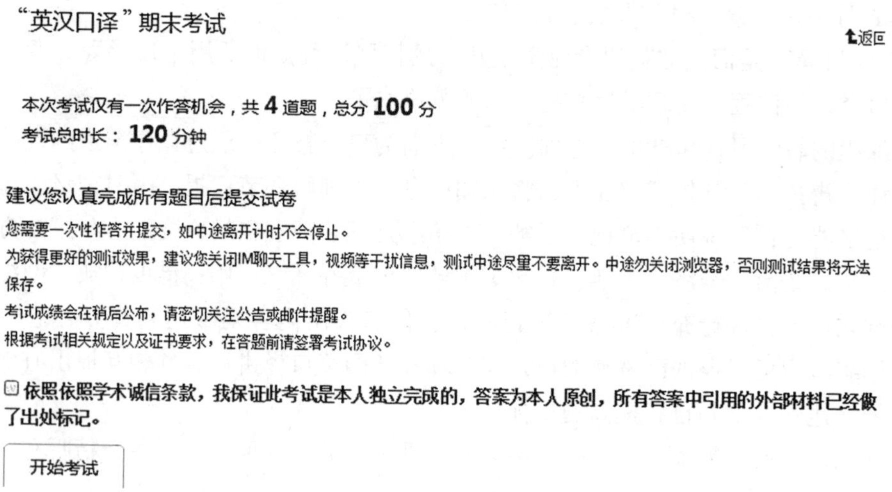

图 6-2　“英汉口译”期末考试登录界面

更适合想了解口译基本特征的学习者。第五，课程带有连续性，教师在大部分课时开始时会简单回顾上次课的主要内容，帮助学习者迅速进入状态。第六，教师参与了讨论区的大部分讨论，及时解答学习者疑问，表扬他们的独到见解，鼓励不太自信的学习者，具有较强的亲和力。

图 6-3　“英汉口译”上课场景 1

（三）北京第二外国语学院的“交替传译：进阶”

北京第二外国语学院的“交替传译：进阶”于 2019 年 3 月 22 日至 6 月 16 日首次在

图 6-4 “英汉口译”上课场景 2

中国高校外语慕课平台上开课，结课时累计报名人数 769 人。这是一门以实战口译为主的课程，通过系统讲解实战口译中的难点、译前准备等环节，让学生了解从译前准备到译后分析的全过程以及实战口译技巧。

该课程的授课对象既包括翻译专业本科生和研究生，也包括其他的口译爱好者。其教学目标包括：学会实战口译的译前准备基本步骤；体验交替传译现场实战场景；通过实战教学案例深度剖析口译过程中存在的问题。

该课程共 10 周 19 课时，内容包括：数字口译/口译中的跨文化意识；口译译前准备及实例；口译应对策略/如何设计专题口译教学；口译实战与点评，具体包括教育专题、经济专题、人工智能专题的英汉和汉英口译；复习总结/期末考试案例等。该课程的目标对象还包括口译教师，而且有专门的章节介绍如何设计专题口译教学，包括教师如何选择或创建教学材料，如何引导学生准备背景知识，教师通过上课开头的问答环节，能够掌握学生对相关话题的了解情况，并及时给予反馈。与此同时，同伴反馈和专家反馈对学生也同样重要。

在考核方案中，该课程的最终成绩由四部分构成：(1) 作业 30%。(2) 期中/期末考试 30%。(3) 视频课时 30%。(4) 课程总结 10%。总分达到 60 分为合格。每个教学视频后面都附有与授课主题相关的作业，形式多样，有需要进行口译的音频文件，也有 PDF 文件，学习者可以在线查看或下载作业材料，将自己的现场口译练习录成音频文件或按要求完成的其他文件格式的作业，然后上传提交，如译前准备单元要求学习者上传自己的译前准备过程和整理的词汇表。学习者还可以在作业的文本输入区总结本次练习中自己发现的问题。

该课程的特点体现在四个方面。第一，该课程是交替传译的进阶篇，教学视频没有课程简介，直接切入具体话题，基本技巧的讲解相对简单，大部分课时是口译实战与点评。第二，选取真实会议演讲片段，根据学生现场口译表现给出针对性点评与反馈，总结学生经常出现的问题。第三，教学团队由中外教师共 3 人组成，1 名中国教师负责课程主讲，1 名英语本族语者负责点评学习者的口译实战表现，为学生提供更地道的表达，1 名助教协助教学。第四，教师使用正常语速进行教学，且没有配备任何字幕，对听辨能力较弱的学习者会有一定难度。

（四）“交替传译”“英汉口译”与“交替传译：进阶”比较

从上面三个典型案例的介绍和分析可以看出，口译慕课涉及多个要素，其设计理念与开发模式也别具一格。为直观呈现上述案例的差异性，我们做出如下归纳和对比（见表 6-3）。

表 6-3　**三门口译慕课比较**

项目	“交替传译”	“英汉口译”	“交替传译：进阶”
开课院校	广东外语外贸大学	上海师范大学	北京第二外国语学院
口译形式	交替传译	交替传译	交替传译
教学团队	5 人	1 人	3 人
是否有外教参与	否	否	是
是否有学生互动	有	无	无
授课对象	翻译专业本科生或研究生；口译爱好者	非英语专业学生；口译爱好者	翻译专业本科生或研究生；口译爱好者
教学目标	学习者能掌握交替传译的听辨、记忆、笔记、表达及评估 5 大核心技能。能完成一般主题的联络口译和有笔记的短交传任务	口译技巧和实践能力	学会实战口译的译前准备基本步骤；体验交替传译现场实战场景；通过实战教学案例深度剖析口译过程中存在的问题
内容编排	按技巧	按技巧	按专题内容
内容板块	听辨、记忆、笔记、表达、评估	口译起源与简介、口译听辨、记忆训练、译语产出和交际功能	数字口译/口译中的跨文化意识；口译译前准备及实例；口译应对策略/如何设计专题口译教学；口译实战与点评
作业形式	主客观题兼具	客观题为主	主观题为主
测验/作业	6 次	3 次	每周 1 次
作业同伴互评	3 次，每次不少于 5 份	无	无
成绩构成	平时成绩 70%；期末考试 30%	平时成绩 20%；期末考试 80%	作业 30%；期中/期末考试 30%；视频课时 30%；课程总结 10%

续表

项目	“交替传译”	“英汉口译”	“交替传译：进阶”
字幕	中英双语	英文	无
授课教师语速	正常语速	慢速	正常语速
教学材料呈现方式	真实的音视频	教师朗读	教师朗读/真实的音视频

三、口译慕课的开发与应用

口译慕课的开发是口译慕课应用的前提，口译慕课应用是对口译慕课开发的检验，两者相辅相成。

(一) 口译慕课的开发

慕课的开发与推广需要以强大的平台研发技术、数据挖掘技术、网络交互技术为支撑，同时辅之以科学的教案教法。慕课要达到良好的教学效果，需要教师在授课内容选择、课前在线指导、课堂教学组织、课后答疑、论坛管理、课程考试等所有环节进行全新设计，组建课程团队全程参与（卫志民，2015：81）。

口译慕课的开发可以参考以下步骤：第一步，明确口译慕课的背景和意义；第二步，制定口译慕课的开发目标；第三步，广泛调研和论证口译慕课，收集“教学资源”；第四步，设计课程框架和明确课程内容；第五步，完成样课制作；第六步，围绕样课开展调研和研讨；第七步，完善课程总体设计和开发（张殿恩，2015：92）。

借鉴其他慕课的设计原则（如张殿恩，2015：92-95），口译慕课的设计和实践原则应包括：(1）功能完善的慕课平台，良好的慕课平台应支持四个板块的功能：有效输入、人机交互、翻转课堂和过程管理。(2）明确的授课对象，授课对象定位是慕课设计和实践的重要依据之一。(3）精选的师资团队，口译慕课师资团队必须具备丰富的口译教学和实践经验和良好的现代教育技术理念。(4）完整的课程设计，现有的口译课程以单一课程为主，尚未形成完整的口译课程体系，应根据翻译专业本科和翻译硕士专业学位的课程设置要求，不断丰富现有口译慕课，逐渐形成完整的课程体系。(5）真实有效的口译材料，作为课堂讲解和课后训练的口译材料必须来自真实的口译活动或模拟真实的口译活动，才能有效训练学生的各项口译能力。(6）快捷贴心的服务，在课程设计和呈现方面以学习者为中心，为学习者着想，尽量做到用户友好。

国内现有的口译慕课种类和总量均非常有限，不利于翻译学科的长远发展。目前比较切实可行的课程开发思路是利用国内外已有的慕课平台，整合高校内外部教学资源，联合相关企业共同参与课程开发，企业方面可以发挥技术和资金方面的优势，而高校则可以发挥教学和研究优势，彼此实现优势互补和互利双赢。具体举措包括：成立全国或区域性的“口译慕课联盟”，联盟单位共享口译慕课资源，共同参与口译慕课的开发和运营；成立口译慕课教学团队，团队成员来自高校和企业，分工负责口译慕课的各个领域，如课程设计和实施、系统维护、在线答疑、学习者评价等；开展学习者需求调研，了解学习者口译慕课的学习动机和学习需求，从而设计出更多能满足不同学习者需求的口译慕课。

（二）口译慕课的应用

口译慕课在高校口译教学中的应用主要体现在四个方面。其一，实现优质教学资源共享，口译慕课本身以及所提供的口译训练材料和外部资源链接极大地丰富了口译教学资源，为口译学习者和口译教师节省了大量时间，有助于提高教学效率。其二，为开展翻转课堂教学提供教学视频，口译慕课对口译技巧的讲解可以为线下教学节省知识传授的时间，使线下课堂能够专注于技巧的训练和提升。其三，提供优秀口译教学和实践范例。由于其具有名校、名师、名课效应，口译慕课可以成为口译教师和口译学习者模仿的榜样。其四，口译慕课可以成为高校翻译专业或外语专业学生必修课或选修课的有机组成部分，对修读口译慕课并通过课程考核的学生，可以承认其学分，减免相关线下课程的课时学习或考核。但同时应当看到，目前我国口译慕课建设尚处于起步阶段，口译慕课尚不能完全取代传统的口译实体课堂教学，口译慕课与口译实体课堂教学可以相互促进、互为补充。

思考题：

1. 口译慕课的发展现状如何？尚存在哪些不足？未来该如何发展？
2. 与传统课堂相比，口译慕课有哪些不同和优势？
3. 结合本单元介绍的三个案例，谈谈口译慕课的设计应考虑哪些因素？

第七单元　口译考证资源

本单元先从基本概念出发，说明口译考证与口译测试之间的关系，介绍口译考证产生的背景，简述我国口译考证的发展历程，阐述口译考证的教学价值，并归纳国内外相关口译考证资源。继而，在典型案例部分，通过国外与国内四个典型案例的介绍与分析展示口译考证资源的内容、形式与特色。最后，结合目前口译考证资源建设的现状与问题，为我国未来相关资源的开发与应用提供若干建议。

一、口译考证资源概况

（一）口译考证与口译测试的关系

“测试（testing）是一种特殊测量技术，以获取量化（由数字体现）的信息为目的，该信息反映应试者所掌握的某一方面的知识或能力的程度。”（王振亚，2009：1）“考试（test）是为引导出应试者行为或反应而事先设计的一系列问题或任务……考试是测试的一种形式和组成部分。”（杨冬敏，2014：24）测试是每个学科、每个课程甚至每个单元教学的重要组成部分，具体到翻译学科，相关测试主要包括笔译测试和口译测试。“笔译测试（translation testing）是采用各种测试工具测量考生笔译能力的过程。”（杨冬敏，2014：24）参考该定义，可将口译测试定义为采用各种测试工具测量考生口译能力的过程。“根据不同的测试目的，口译测试可大致分为课程/成绩测试、水平测试、诊断测试、潜能测试和编班测试。”（冯建中，2005：55）其中，各种口译资格证书考试属于水平测试的范畴。换言之，口译资格证书考试（简称口译考证）是口译测试的一种表现形式。

（二）口译考证的产生背景

口译考证的产生主要包括社会背景、职业背景和教育背景。首先，就社会背景而言，各国之间政治、经济、文化、军事、外交等领域的广泛交流使得口译人才成为需求日盛的职业群体。对于企事业单位或个人，口译服务的需求和满足都离不开规范可靠的口译考证评价机制，而这个机制的建立正是口译考证产生和发展的社会需求诱因。

其次，就职业背景而言，口译考证的产生符合口译职业化发展的需要。“随着市场对具有专业翻译技能译员的需求增加，翻译在20世纪初发展成为一种职业，并在“二战”之后迅速地被职业化。”（黄德先、杜小军，2010：73）翻译资格认证是翻译职业化的一大保障，对译员的资质认定把职业化与非职业化翻译区分开来。随着口译职业的成熟与壮大，口译考证的建立和完善也势在必行。

再次，就教育背景而言，口译考证还符合口译教学发展的需要。柯平、鲍川运（2002a，2002b，2002c）曾就世界各地高校的口笔译专业和翻译研究机构进行统计分析，发现亚洲、非洲、美洲、欧洲、大洋洲等各大高校纷纷在20世纪开设翻译专业，实施翻译教学。翻译教学的日臻成熟催生了各类翻译测试和证书考试，以检测和巩固教学成果，促进口译教学事业的繁荣与发展。

（三）我国口译考证的发展历程

就起源而言，我国口译考证的发轫晚于国外，但我国口译考证的发展规模和进程却是相当可观的。根据黄敏、刘军平（2017）的统计，我国口译考证的发展经历了起步、发展、繁荣和调整四个阶段。(1) 起步阶段以1995年上海率先推行的“外语口译岗位资格证书考试”为标志，其显著特征是仍以语言能力测试为主要取向（黄敏，2005）。(2) 发展阶段先后出现了“英语翻译证书考试”（后更名为“全国外语翻译证书考试”）“英语口译资格证书考试”“全国翻译专业资格（水平）考试”“全国商务英语翻译考试”等涵盖性或定向性口译资格考证，其突出特征是情景化与专业化要素在考证中有所体现。(3) 繁荣阶段与翻译本科专业及翻译硕士专业学位的设立与发展紧密相连，其最大亮点是“全国翻译专业资格（水平）考试（CATTI）”的快速发展，且考证的规范化和职业化特征日益显著。(4) 调整阶段出现了固有考证体系在数量、内容、形式等方面的多样化变革，培训机制的探索、专业领域的细分和技术手段的运用成为这一时期口译考证的三大突出特点。

（四）口译考证的教学价值

口译考证是衔接社会需求、职业发展、人才培养与选拔的重要标尺，口译考证的教学价值体现在三个方面。

首先，口译考证有助于检测口译教学效果。冯建中（2005：57）指出，“口译教学是口译测试的基础，口译测试是对口译教学的检测手段，口译测试服务于口译教学”。作为口译测试的重要表现形式，口译考证有助于检验各个阶段与层次的口译教学效果，从而为口译教学主体优化教学内容与策略提供决策依据。

其次，口译考证有助于建立口译教学与口译职场及社会需求之间的横向联系。一方面，口译考证优胜劣汰的选拔机制为口译教学无形中设立了层次化的人才选拔规范，随着这种规范影响力和认可度的提升，口译职场和用人单位势必以此为依据，作为口译人才选拔的重要参考。另一方面，口译职场及社会需求的时代变化会在口译考证中动态化体现，而口译教学也需要与时俱进，及时调整和变革相关的教学目标、内容与形式。

再次，对不同口译考证体系的研究与对比有助于口译教学模式、内容与方式的变革。例如，英国皇家特许语言家学会翻译资格证书考试中的口译考试采用口笔译结合的考试形式，综合考查口译员的口笔译能力，注重译员的全面发展。国内的上海外语口译证书考试与之有异曲同工之妙，由口笔试两部分组成。报考考生只有通过笔试（包括听力、阅读和翻译）才有资格参加口试。这启示我们在口译教学中应改变以往偏废笔译的教学思路，协调好口笔译课程的比重，发挥笔译学习对口译教学的促进作用。

（五）国内外口译考证资源概况

下面按国家/地区、考试名称、组织机构、报名条件和相关备注信息归纳国内外相关口译考证资源，如表7-1和表7-2所示。

表7-1　　**国外部分口译考证资源**

国家/地区	考试名称	组织机构	报考条件	备注
加拿大	CTTIC口译资格考试	加拿大笔译、术语及口译协会（CTTIC）	CTTIC会员组织（包括ATIA，STIBC，ATIM，CTINB，ATINS，ATIO和ATIS）的会员	法庭口译 社区口译 医疗口译 会议口译
澳大利亚	NAATI口译资格认证考试	澳大利亚口笔译资格认证机构（NAATI）	通过NAATI组织的语言能力测试、职业道德测试和跨文化能力测试	准口译员、口译员、专家口译员与会议口译员认证
欧洲	“欧洲会议口译硕士（EMCI）”口译测试	欧盟口译服务总司、欧洲议会口译司等机构	拥有本科学位	能力倾向考试 证书考试 毕业考试
英国	英国皇家特许语言家学会口译资格证书考试	英国皇家特许语言家学会（CIOL）	语言学会教育基金会（IoLET）会员；公共事务口译证书考试报考年龄为19岁及以上	公共事务口译 警局口译
南非	南非翻译协会口译资格口试	南非翻译协会（SATI）	缴费3个月以上的协会会员；中学以上的语言从业资格且在相关学科领域有2年的语言工作实践、相关学科领域5年的语言工作实践、已获得协会认证、国际译联会员协会的会员或获其认证（以上四个条件符合其一即可）	常规翻译 公证翻译 语言编辑 同声传译 术语

表7-2　　**国内部分口译考证资源**

考试名称	组织机构	报考条件	备注
上海市外语口译岗位资格证书（SIA）	上海外国语大学	18周岁以下中小学生不得报名参加	上海有超过60%的三资企业将中高级口译证书列为求职必需的外语类证书（梁东琪，2003）

续表

考试名称	组织机构	报考条件	备注
国际人才英语考试（ETIC）	北京外国语大学中国外语测评中心	高校学生及社会人士	该考试侧重评价、认定考生在各类国际交流活动中的英语沟通能力，为用人单位提供参考依据
厦门英语口译资格证书考试（EIC）	厦门大学口笔译资格证书考试中心	高校学生及社会人士	厦门大学向用人单位推荐证书持有者，其相关资料将存入厦门市企业经营管理人才评价推荐中心人才库
全国翻译专业资格（水平）考试（CATTI）	中国外文出版发行事业局	三级、二级考试无报考条件 一级报考需通过二级考试	取得各级别证书并符合翻译专业职务任职条件的人员，用人单位可根据需要聘任相应职务
商务英语翻译证书考试（ETTBL）	中国商业联合会	高校在校生与在职人员可报考初级、中级，高级有门槛限制	该考试是我国自行组织的唯一系统的商务英语翻译专业考试，认证突出专业性与实用性
联合国语言人才培训体系认证考试（UNLPP）	中国对外翻译有限公司和联合国训练研究所	不分年龄、学历、国籍、身份，具备一定外语水平均可报考	该考试侧重国际交流合作涉及的语言相关资格、职业、技术等项目的培训和认证
中国翻译协会语言服务能力评估（LSCAT）	中国翻译协会	一阶段实训测评不设门槛；二阶段报考需通过一阶段；MTI 研究生及部分大赛获奖者可直接报考	凡通过 LSCAT 二阶段口译实训测评的学生，其信息可直接录入中国翻译协会 LSCAT 人才库，并有机会获得带薪实习以及推荐就业的机会
台湾地区“教育部”中英文翻译能力检定考试	台湾地区“教育部”	年满 18 岁	英语听力测验 短逐步口译 长逐步口译

二、典型案例分析

（一）NAATI 翻译资格认证考试

1. 简介

澳大利亚以文化多样性和语言多样性闻名。据澳大利亚数据局（Australian Bureau of

Statistics）公布的最新统计数据，澳大利亚总人口约 2518 万，其中 29%的人口为海外移民。21%澳大利亚人的母语不是英语，全国使用的语言超过 300 种。这使得澳大利亚不可避免地面临大量移民带来的语言沟通问题。吸收大量移民后，如何保持社会的稳定、促进各种文化的交流融合、利用大批移民更好促进国家经济的发展，是澳大利亚政府面临的一大难题。

此外，20 世纪翻译职业化发展迅速，全球范围内从事口笔译工作的人员越来越多。在此背景下，如何更好地规范翻译行业、确保职业化译者的专业素质，也是澳大利亚政府面临的一大挑战。

在此背景下，澳大利亚政府于 1977 年成立了国家口笔译资格认证机构（National Accreditation Authority for Translators and Interpreters，NAATI），同年开设了由 NAATI 主办的翻译资格认证考试（以下简称为 NAATI 认证考试）。

NAATI 是澳大利亚唯一的翻译职业资格认证的官方机构，其权威性不言而喻。经过四十多年的发展，NAATI 认证考试的认可度和影响力越来越高。NAATI 翻译资格证书含金量高，为译员的专业能力提供权威证明，受到社会的广泛认可。对想在澳大利亚从事口笔译职业的人士而言，NAATI 认证考试是推动其职业发展的一个重要平台。同时，根据澳大利亚移民法，通过 NAATI 认证考试的考生可获得 5 分的移民加分。

2. NAATI 口译认证考试

本小节将对 NAATI 考试的报名、种类、评分标准、认证体系、考试特色、考试资源等情况进行介绍。

（1）考试报名

考生需经 NAATI 官网填写考试报名表，在线进行 NAATI 认证考试报名（https：//www. naati. com. au/MyNaati/Apply/certification），报名页面见图 7-1。报考考生需在报名表后上传本人的身份信息等文件，具体要求参见如下网址：https：//www. naati. com. au//resources/forms-fees/preparing-application-evidence/，考试报名流程见图 7-2。

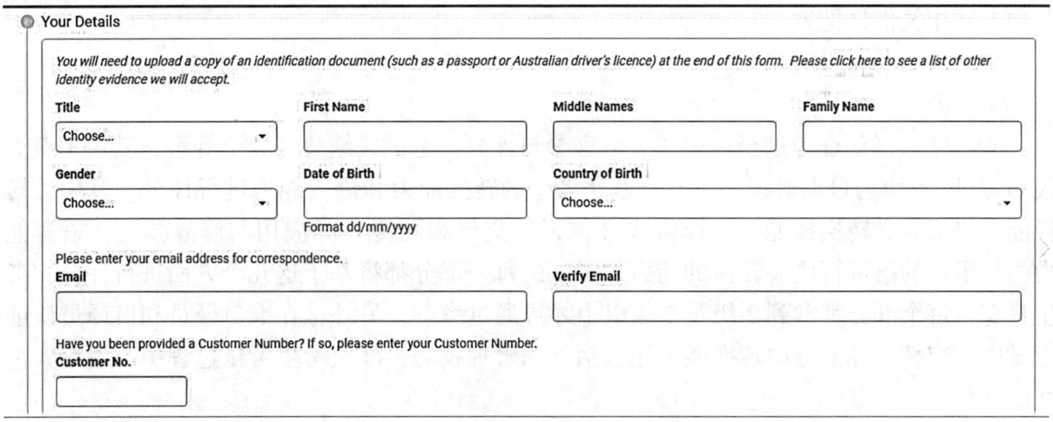
Your Details

You will need to upload a copy of an identification document (such as a passport or Australian driver's licence) at the end of this form. Please click here to see a list of other identity evidence we will accept.

Title: Choose...
First Name
Middle Names
Family Name

Gender: Choose...
Date of Birth — Format dd/mm/yyyy
Country of Birth: Choose...

Please enter your email address for correspondence.
Email
Verify Email

Have you been provided a Customer Number? If so, please enter your Customer Number.
Customer No.

图 7-1　NAATI 官网考试报名页面图

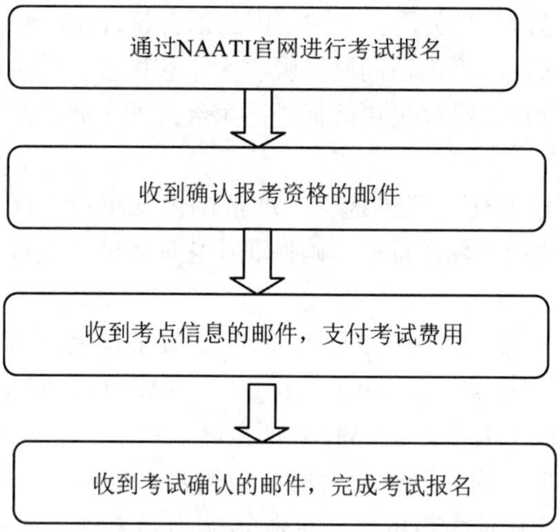

图 7-2　NAATI 考试报名流程

（2）考试语种与考试种类

①考试语种

NAATI 口译认证考试的语种共有 14 种，分别是普通话、粤语、阿拉伯语、法语、德语、西班牙语、意大利语、希腊语、哈扎拉语、韩语、日语、越南语、印度尼西亚语和土耳其语。NAATI 认证考试秉承国际化视野，吸引了各个国家的考生报考，在全球范围的影响力不断提升。

②考试种类

NAATI 口译认证共设有 5 个专门的认证考试，认证等级分别是准口译员认证（Certified Provisional Interpreter）、口译员认证（Certified Interpreter）、专家口译员（健康方向）认证（Certified Specialist Health Interpreter）、专家口译员（法律方向）认证（Certified Specialist Legal Interpreter）和会议口译员认证（Certified Conference Interpreter）。各项考试相关信息见表 7-3。

（3）评分标准及补考

①评分

NAATI 口译认证考试至少由 2 名考官参与评分，考试成绩分为 5 个等级，其中 1 级为最高等级，5 级为最低等级。考官将基于考生的转换能力和语言能力进行评分。其中，转换能力包括语义转换技能、口译模式（视译、交传和同传）的应用与修辞技巧，语言能力指使用目的语进行语义转换的能力。考试的每一部分都将基于这几个方面进行评分，考生只有在每个部分都拿到 2 级及 2 级以上才可通过考试。另外，在准口译员和口译员认证考试中，交替传译部分的转换能力还包括互动管理技巧，涉及考生考试过程中与发言人之间的互动。

表 7-3　　**NAATI 口译考试基本信息表**

考试类别	考试内容	时长	备　注
准口译员认证考试	两段面对面对话口译（交传）；一段电话对话口译（交传）	约 40 分钟	①面对面对话口译过程全程录像 ②三个口译任务涉及不同领域 ③两名角色扮演者（一名说英语，另一名说其他语言）参与整个考试过程
专家口译员认证考试（健康方向）	1. 六大板块的知识测试：医疗术语，基本医疗知识；健康系统知识；译员道德；文化与角色；高级互动管理；研究与准备 2. 两段交替传译，英语分别为译入语和译出语；两段同声传译，英语分别为译入语和译出语	知识测试的考试时长为 3 个小时；每项口译测试的考试时间不超过 15 分钟	①知识测试共 60 小题，其中至少有一个问题涉及言语病理学领域的口译 ②每段交传任务由三部分组成，总字数约 500 字；同传考试中，将若干英语说话人的说话内容译为非英语，总字数约 800 字；将若干非英语说话人的说话内容（涉及心理健康领域）译为英语，总字数约 300 字 ③交替传译和同传考试开考前一周，考生会收到相关的口译纲要。交传考试开考前 24 小时，考生会收到关于患者身体情况和测验结果的总结表
专家口译员认证考试（法律方向）	1. 七大模块的知识测试：法律术语与基本法律知识；法律系统与过程的相关知识；道德与法律；文化与法律；译员在法律情境中的角色；高级互动管理；研究与准备 2. 对话摘录交替传译；两段交替传译，英语分别为译入语和译出语；一段同声传译，英语为译出语	知识测试的考试时长为 3 个小时；每项口译测试的考试时间不超过 15 分钟	①知识测试共 60 小题 ②口译任务涉及法律、司法及各类法庭 ③对话摘录交替传译考试中分别以英语和非英语口译 5 个问题，并以源语和目的语进行回答。口译内容少至一句话，多达一段话，总字数约 300 字。交传内容由三部分组成，总字数约 500 字。同传考试中，将若干英语说话人的说话内容译为非英语，总字数约 800 字 ④对话摘录交替传译。交替传译和同传考试开考前一周，考生会收到相关的口译纲要；交替传译考试开考前 24 小时，考生会收到相关案例总结表
口译员认证考试	1. 对话口译（交传） ①面对面对话口译（角色扮演）；②远程对话口译 2. 分别以英语为译入语和译出语视译两篇文章 3. 两段交替传译，英语分别为译入语和译出语；两段同声传译，英语分别为译入语和译出语	约 90 分钟	①面对面和远程对话口译涉及领域相同 ②远程对话口译中，考生与在另一房间的两名角色扮演者接通电话，就他们之间的对话进行口译 ③视译文章涉及领域相同，每篇文章约 200 词 ④交传和同传中，考试内容涉及不同领域中的不同情境，健康领域和法律领域为必考内容 ⑤交传和同传的语篇约 300 词，其中交传语篇切分为三段播放

续表

考试类别	考试内容	时长	备　注
会议口译员认证考试	1. 看演讲同声传译 2. 听演讲交替传译 3. 听演讲同声传译 （英语分别为译入语和译出语）	约 90 分钟	①每段演讲涉及不同的领域和背景 ②演讲内容是国际会议、峰会和谈判中的真实演讲

②补考

补考申请须在认证考试结果公布后的一个月内提出，考生只需补考未通过的考试内容。参与了准口译员认证考试三项考试内容，且其中两项合格的考生方可申请参加补考。参与了认证口译员八项考试内容，且其中五项（须包括面对面对话口译或远程对话口译）合格的考生方可申请参加补考。

未通过认证口译员考试但对话口译部分合格的考生，NAATI 将授予其认证的准口译员证书。

（4）认证体系

NAATI 认证体系由以下三部分组成，见图 7-3。

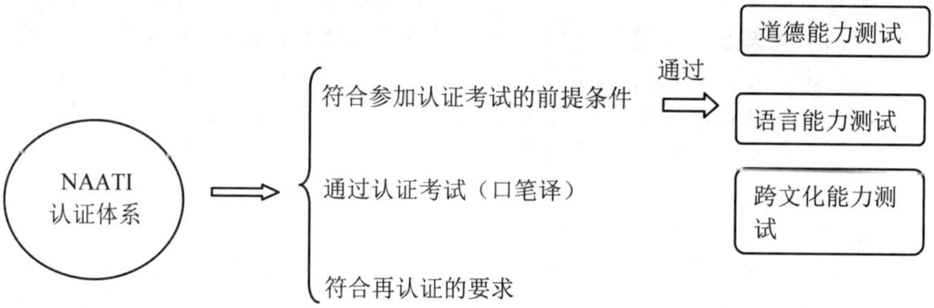

图 7-3　NAATI 认证体系构成图

NAATI 规定自 2018 年 1 月起，所有证书都需重新认证。证书的有效期为三年，在证书过期前，证书持有人需登录 myNAATI 向 NAATI 提出再认证申请，在申请中需提供相关证明：口译员每年需完成 40 场口译实践，且需获得 40 分的职业发展分；笔译员每年需完成 1 万字的笔译实践且需获得 40 分的职业发展分（https：//www. naati. com. au/media/2007/recertification-pd-catalogue-finalpdf. pdf）。

3. 考试特色

经过几十年的发展，NAATI 认证考试自成一体，现已形成较为完善且独具特色的考试体系。

（1）对考试报考资格的设置：通过 NAATI 认可的语言能力测试、职业道德能力测试和跨文化能力测试的考生才能获得报考口译认证考试的资格。这一过程实际是对考生进行预筛选，相当于初试。通过初试的考生才可进入复试，即 NAATI 口译认证考试。从这一点可看出澳大利亚 NAATI 口译认证考试设置的严谨性和科学性。

（2）考试的真实性：NAATI 口译认证考试注重模拟真实的口译场景，两位双语角色扮演者参与考试的大部分环节。NAATI 口译认证考试是对考生口译能力的一种测试。“口译测试就是对译员交际能力的测试。”（陈菁，2002：51）对译员的口译交际能力进行测试需遵循“真实性”的原则，以全面衡量考生的能力，包括知识能力、口译技能和心理能力（陈菁，2002：51-53）。从这点考虑，NAATI 认证考试提供了一种较为客观的口译评估模式。

（3）证书的再认证：NAATI 规定口译证书每三年需重新认证，以确保获得相应证书的考生通过 NAATI 口译认证考试以后的口译实践和职业发展。这实际上是对证书持有人的后续监督，从这点可看出 NAATI 口译认证体系的成熟与完善。

4. NAATI 口译认证考试相关资源

（1）考官点评与分析

NAATI 认证考试的考官 Dave Deck 在 2015 年就 NAATI 考试的评分、考生未通过 NAATI 考试的原因及如何备考进行了分析。其主要观点总结如下：

①评分：NAATI 所有考试由两名评分人进行评定，当两名评分人对考试结果存在巨大意见分歧时，交由第三名评分人裁决。NAATI 考试极为重视译文的准确度，考生需确保将源语的内容和意图准确传达至目的语中。

②考试失败的原因：NAATI 考试总体通过率仅为 10%~15%，这主要是因为许多考生没有正确认识 NAATI 考试，考前未进行任何准备，以为拥有一定程度的双语能力便可通过考试。具体到口译考试中，许多考生记忆力和听力技能较弱，过于依赖笔记。另外，很多考生不具备将语义从一种语言快速转换为另一种语言的能力。再者，考生将母语译成第二语言时，因为第二语言不够精通，常出现理解错误的情况。最后，考生的词汇量尤其是医疗领域和法律领域的词汇量太小。

③备考：Deck 指出，要通过 NAATI 考试，考生需尽早开始准备，多进行翻译练习。考生可从 NAATI 官网上获取模拟卷进行模拟考试，也可参加 NAATI 考试的培训课程。同时，考生要熟练掌握第二语言，多接触双语文化中的各个领域。

（2）NAATI 口译工作坊

Sydney Language Solutions（SLS）是一家为 NAATI 口笔译考试提供培训课程的翻译公司，专门设有 NAATI 口译工作坊，雅思考试听力及口语部分成绩在 6.5 分及以上的人士可报名参加该工作坊的口译培训课程。课程内容覆盖面广，涉及口译笔记的技巧和公共演讲的技能、在澳大利亚成为职业译员的道德要求、口译中的文化能力、从英语译入其他语言时常犯的错误、主要的口译技巧等方面。工作坊课程以英语为授课语言，课上会进行口译技能练习，授课老师基于学员表现，会给出相应反馈。考生可将这一工作坊作为备考 NAATI 口译认证考试的外部资源加以利用。

（3）NAATI 官网

NAATI 官网是考生进行考试报名、获取考试相关信息、申请再认证的一个重要平台，由七个板块组成。其中，认证板块包含了大量与考试有关的实用信息，包括考试种类、考试内容、考试样题、考试流程、考试评分、考试日期等，具体信息考生可登录官网进行查看。

（二）英国皇家特许语言家学会翻译资格证书考试

1. 简介

经历了两次工业革命后，20 世纪的英国经济高度发达，对外贸易活动兴盛。为解决商人在外贸活动中语言不通的问题，培养大批外贸领域所需的口译人才，英国皇家特许语言家学会（Charted Institute of Linguists，简称 CIOL）于 1910 年成立，同年开始举办认证考试，并招收会员。英国皇家特许语言家学会以“设立专业语言标准，为世界专业语言工作者服务”为宗旨，负责英国的语言能力评估、资格认证和考试组织。经过一百多年的发展，现已成为国际上最具权威和影响力的专业性语言机构之一，会员遍及全球 57 个国家。

CIOL 设有多种面向全球的口笔译翻译认证考试，通过语言学会教育基金会 Institute of Linguists Educational Trust（IoLET）为语言从业者颁发国家认可的职业资格证书。CIOL 翻译资格证书考试以下简称为 IoLET 考试。下面将介绍 IoLET 口译考试的报名、语种、考试内容、评分、考试特色、考试相关资源等情况。

2. IoLET 口译考试

IoLET 口译考试由警务口译证书考试（Diploma in Police Interpreting，简称 DPI）和公共事务口译证书考试（Diploma in Public Service Interpreting，简称 DPSI）组成，后者前身为社区口译证书考试。

（1）考试报名

考生须为 IoLET 的会员，其中公共事务口译证书考试的报考年龄为 19 岁及以上。报考 IoLET 口译考试的考生需在 CIOL 的官方网站下载考试报名表，填写相关报考信息后，将电子表格发送至指定邮箱。考生完成报名费用缴纳即表示考试报名成功。

（2）考试语种

IoLET 口译考试涉及英语与其他语言之间的双向转换，具体考试语种如表 7-4 所示。

（3）考试内容

DPI 考试和 DPSI 考试都由五个单元构成（见表 7-5），考生可任意选择报考顺序。但在报考 DPI 考试第四单元之前，考生需要先参加第一单元的考试以获取第四单元所需的考试材料。考生每通过一个单元的考试便可获得相应单元的证书。考生须在五年内通过所有单元的考试才可获得完整的警务口译证书或公共事务口译证书。

表 7-4　　**DPI 考试和 DPSI 考试语种表**

DPI & DPSI 共有语种				DPSI 单设语种	DPI 单设语种
阿尔巴尼亚语	法语	拉脱维亚语	土耳其语	亚美尼亚语（东）	蒙古语
阿姆哈拉语	德语	立陶宛语	乌克兰语	亚美尼亚语（西）	尼泊尔语
阿拉伯语	希腊语	普通话	乌尔都语	孟加拉语（塞海蒂语口语）	塞海蒂语
孟加拉语	古吉拉特语	旁泽普语（印度）	越南语	爱沙尼亚语	他加禄语
保加利亚语	印地语	旁泽普语（巴基斯坦）	罗马尼亚语	牙买加语	
粤语（中国）	匈牙利语	普什图语	俄语	马其顿语	
克罗地亚语	意大利语	波兰语	索马里语	米尔布尔语 / 乌尔都语（书面）	
捷克语	日语	泰米尔语	西班牙语	斯洛文尼亚语	
达里语	韩语	葡萄牙语（欧洲）	斯瓦希里语		
荷兰语	库尔德语（索拉尼语）		蒂格里亚语		
波斯语	斯洛伐克语		葡萄牙语（巴西）		
塞尔维亚语					
泰语					

DPI 考试和 DPSI 考试均考查交替传译和耳语同传，由三个口译单元和两个笔译单元构成。其中，DPSI 考试分为英国法律、苏格兰法律、健康和地方政府四个方向，考生报考时须确定报考方向。DPI 和 DPSI 考试的基本信息见表 7-5。

（4）DPI 考试与 DPSI 考试的联系

DPI 考试的第三单元和第五单元与 DPSI 考试（法律方向，包括英格兰法律、苏格兰法律两个方向）的第三单元和第五单元为对等单元，获得完整 DPI 证书的考生五年内报考 DPSI 考试（法律方向）只需报考其中的第一、二、四单元，通过这三个单元的考试便可获得相应的 DPSI 证书。

此外，DPSI 考试（英格兰法律方向）的第一单元还与 DPI 考试的第二单元构成对等单元，获得完整 DPSI 证书的考生如五年内报考 DPI 考试，只需报考其中的第一和第四单元，通过这两个单元的考试便可获得相应的 DPI 证书。

（5）评分

DPSI 考试和 DPI 考试按照评分标准，分别对各单元的各部分进行评分。例如，DPSI 考试的第一单元包括三部分的内容：译入英语的交替传译、耳语同传和译出英语的交替传译，评分人将从“准确性、表达和语言运用”三个维度对这三部分内容分别进行评分，总共会得到 9 个分数，见表 7-6。

表 7-5 **DPI 考试和 DPSI 考试基本信息表**

<table>
<tr><th>考试类别</th><th>单元</th><th>考试内容</th><th>考试时长</th><th>备注</th></tr>
<tr><td rowspan="5">DPI 考试</td><td>一</td><td>1. 就一次警局审讯进行双向交替传译
2. 将一份非英语的声明译为英语（交传），并提供该声明源语形式的书面版本</td><td>45 分钟</td><td rowspan="5">1. 考生在第一单元的考试中可以做笔记
2. 交传和耳语同传部分采用角色扮演的形式
3. 考生开始视译前，有 4 分钟的时间阅读文章</td></tr>
<tr><td>二</td><td>耳语同传，英语为译出语</td><td>5 分钟</td></tr>
<tr><td>三</td><td>视译一篇 200 字左右的文章，英语为译出语</td><td>10 分钟</td></tr>
<tr><td>四</td><td>将第一单元用非英语语言写好的声明译成英语（笔译）</td><td>25 分钟</td></tr>
<tr><td>五</td><td>翻译一篇 250 字左右的文章，英语为译出语（笔译）</td><td>60 分钟</td></tr>
<tr><td rowspan="5">DPSI 考试</td><td>一</td><td>以交替传译和耳语同传的形式完成两次对话口译</td><td>30 分钟</td><td rowspan="5">1. 对话口译均涉及交替传译和耳语同传的切换
2. 考生开始视译前，有 5 分钟的时间阅读需视译的文本，但不允许做笔记
3. 第四、第五单元的考试中，考生只允许使用纸质字典、词汇表和参考资料</td></tr>
<tr><td>二</td><td>视译一篇 180 字左右的文章，英语为译入语</td><td>10 分钟</td></tr>
<tr><td>三</td><td>视译一篇 180 字左右的文章，英语为译出语</td><td>10 分钟</td></tr>
<tr><td>四</td><td>翻译一篇 250 字左右的文章，英语为译入语（笔译）</td><td>60 分钟</td></tr>
<tr><td>五</td><td>翻译一篇 250 字左右的文章英语为译出语（笔译）</td><td>60 分钟</td></tr>
</table>

表 7-6 **DPSI 第一单元评分表（源自 CIOL 官网）**

<table>
<tr><td colspan="5">PLEASE COMMENT ON THE CANDIDATE'S PERFORMANCE IN THE COLUMN TO THE RIGHT (giving examples overleaf):</td><td>COMMENTS:</td></tr>
<tr><td colspan="5">Unit 01 Consecutive Interpreting-Other Language into English</td><td rowspan="5"></td></tr>
<tr><td></td><td>BAND D
Mark Range:
1-3</td><td>BAND C
Mark Range:
4-6</td><td>BAND B
Mark Range:
7-9</td><td>BAND A
Mark Range:
10-12</td></tr>
<tr><td>Accuracy:</td><td></td><td></td><td></td><td></td></tr>
<tr><td>Delivery:</td><td></td><td></td><td></td><td></td></tr>
<tr><td>Language Use:</td><td></td><td></td><td></td><td></td></tr>
</table>

续表

PLEASE COMMENT ON THE CANDIDATE'S PERFORMANCE IN THE COLUMN TO THE RIGHT (*giving examples overleaf*):					COMMENTS:
Unit 01 Whispered Interpreting-Other Language into English					
	BAND D	BAND C	BAND B	BAND A	
	Mark Range: 1-3	Mark Range: 4-6	Mark Range: 7-9	Mark Range: 10-12	
Accuracy:					
Delivery:					
Language Use:					
Unit 01 Consecutive Interpreting-English into Other Language					
	BAND D	BAND C	BAND B	BAND A	
	Mark Range: 1-3	Mark Range: 4-6	Mark Range: 7-9	Mark Range: 10-12	
Accuracy:					
Delivery:					
Language Use:					

DPSI 考试和 DPI 考试评分的具体信息分别见表 7-7 和表 7-8。

表 7-7　**DPSI 考试评分信息表**

单元	评分依据	评分等级	成绩等级
第一单元	准确性表达 语言运用	A（10~12 分） B（7~9 分） C（4~6 分） D（1~3 分）	优秀（总分≥90） 良好（总分≥63 且每部分得分均≥4） 及格（总分≥36 且每部分得分均≥4） 不及格（总分<36）
第二、三单元	完整性 准确度与适切性 流利度与发音		优秀（总分≥30） 良好（总分≥21 且每部分得分均≥4） 及格（总分≥12 且每部分得分均≥4 分） 不及格（总分<12）
第四、五单元	准确度 译文的衔接与连贯 译文与原文体裁的匹配度 交际效果		

表 7-8　**DPI 考试评分信息表**

<table>
<tr><th>单元</th><th>评分依据</th><th>评分等级</th><th>成绩等级</th></tr>
<tr><td>第一单元
（第 1 部分）</td><td>准确度表达</td><td rowspan="3">A（10~12 分）
B（7~9 分）
C（4~6 分）
D（1~3 分）</td><td>优秀（总分≥60）
良好（总分≥42 且每部分得分均≥4）
及格（总分≥24 且每部分得分均≥4）
不及格（总分<24）</td></tr>
<tr><td>第一单元
（第 2 部分）</td><td>语言运用</td><td>优秀（总分≥30）
良好（总分≥21 且每部分得分均≥4）
及格（总分≥12 且每部分得分均≥4）
不及格（总分<12）</td></tr>
<tr><td>第四单元</td><td>准确度/适切性
文本组织
交际效果</td><td>优秀（总分≥60）
良好（总分≥42 且每部分得分均≥4）
及格（总分≥24 且每部分得分均≥4）
不及格（总分<24）</td></tr>
</table>

3. 考试特色

（1）考试设置精细

IoLET 口译考试涉及的领域十分具体，分设警局口译和公共事务口译两个方向供考生报考，这一方面反映出警局和公共事务领域对口译人才的需求，另一方面也体现了 IoLET 口译考试存在的价值，即面向市场需求，为这两个领域筛选高质量口译人才。

（2）考试语种丰富

IoLET 口译考试历经一百多年的发展，现已发展成为一门拥有超过四十个考试语种的国际化考试，考试覆盖范围之广也从侧面反映出其在全球范围内的认可度和影响力。

（3）测试内容全面

IoLET 口译考试采用口笔译结合的形式，注重译员能力的全面发展。这一考试形式的设置也是对口笔译相互促进的翻译理念的贯彻实施。

4. IoLET 口译考试相关资源

（1）内部备考资源

英国皇家特许语言家学会的官网共由八大板块组成，其中的“资格”（Qualifications）板块下包含资格证书考试的种类、备考、考试中心等在内的许多实用信息，供考生查阅，DPI 和 DPSI 考试样题也可在官网下载。

会员备考资源：IoLET 口译考试采用先入会后考试的模式，成为 IoLET 会员后考生可获得大量的备考资源。报考 DPSI 考试的考生可获得过往考卷、备考建议、参考书目、笔译部分评分人的报告、主评分监督人的报告、口笔译员和考官推荐的链接和资源及参加备考研讨课的机会；报考 DPI 考试的考生可获得过往考卷、英语样卷、外部备考资源、相关的口译练习视频和面对面口译修正工作坊（face-to-face revision workshops）的折扣。

（2）外部备考资源

目前，DPSI 考试共设有 10 个考点，9 个位于英国，1 个位于阿联酋；DPI 考试共设有 2 个考点，全部位于英国。另外，CIOL 本身不设考试培训课程，但 CIOL 的官方网站上列出了一些培训机构供考生选择。以 Linguist Training 为例，该机构提供面向 CIOL 的 DPSI 考试（法律方向和健康方向）的培训课程，并提供 DPSI 所有考试语种的教学。其 DPSI 课程共 36 节，使用期为 12 个月。教学内容涉及法律和健康的主题知识、语言基础、相关资源和视频的链接、耳语同传及视译技巧的训练和口笔译考试单元的备考建议。此外，Linguist Training 针对 DPSI 法律方向的第二至五单元设有模拟考试，考卷使用 CIOL 以往的考卷，模拟真实的考试环境，助力考生备考。最后，Linguist Training 不仅针对学员的口译练习设有课程提供反馈，而且专门开设了网络视频电话课程，学员可与教师进行在线沟通，极大提高了在线学习的灵活度和生动性。

（三）全国翻译专业资格（水平）考试

为推进我国翻译职业化建设，提高翻译从业人员专业素质，加强翻译行业规范化管理，国家人力资源和社会保障部于 2002 年推出全国翻译专业资格（水平）考试（China Accreditation Test for Translators and Interpreters，简称 CATTI）。该考试是中国翻译爱好者最熟悉的翻译资格考试之一，在近二十年的发展中，不断推陈出新，日臻成熟。2019 年，该考试首次公布了通过率，考试信息愈加透明，考试形式也逐渐向全面机考的方向发展。

1. 考试设置

经国家人力资源社会保障部批准，全国翻译专业资格考试将从 2020 年下半年起增设朝鲜语/韩国语考试，并在国内和韩国同步开考。这是翻译资格考试自 2006 年以来第一次新增语种，标志着考试体系的进一步完善。截至目前，翻译资格考试涵盖英语、法语、日语、俄语、德语、西班牙语、阿拉伯语、朝鲜语/韩国语 8 个语种，在全国各省级行政区及俄罗斯、白俄罗斯开考，年报考量近 30 万人次。

CATTI 考试类别和题型分别为：二级、三级口译考试均设“口译综合能力”和“口译实务”2 个科目，其中二级口译考试“口译实务”科目分设“交替传译”和“同声传译”2 个专业类别。考生只有“口译综合能力”和“口译实务”同时合格才能获得相应级别证书。报考英语同声传译的人员，已通过了二级口译交替传译考试并取得证书的人员，可免试“口译综合能力”科目，只参加“口译实务（同声传译类）”科目的考试；翻译硕士专业学位研究生，在校学习期间参加二级口译或笔译翻译资格考试，可免试“口译综合能力”科目，只参加“口译实务”或“笔译实务”科目考试。此外，考试还设置有一级翻译和资深翻译，分别为翻译系列的副高级职称和正高级职称。一级考试要求较高，采取考试与评审相结合的方式，设“口译（交替传译）实务”科目。考生须通过全国统一考试取得相应语种、类别二级翻译证书，或按照国家统一规定评聘翻译专业职称后，方有资格报名参加考试。资深翻译采取评审的方式取得。申请资深翻译和一级翻译评审的人员可查询官网关于《资深翻译和一级翻译专业资格（水平）评价办法（试行）》的详细信息。

在命题思路方面，据翻译资格考试英语专家委员会委员、外交学院王燕教授对于CATTI口译考试命题思路介绍，口译考试综合能力的指导思想是要检测考生听力理解能力和信息处理能力。考试命题要求原创，题目中包含许多干扰项，要求考生具有较强的听辨能力和抓住细节的能力。口译综合能力考试命题使用的素材紧跟热点事件，包含时政、科技、经贸、外交、人文等题材。

口译实务能力旨在检测口译实践能力能否达到专业译员的水平，能否胜任一般性场合的口译实践工作，合格的译员应当能熟练运用翻译技巧，准确翻译出原话的内容，无错译、漏译。从考试内容来看，主要涉及双边关系、政治与外交、文化与社会、经济与金融贸易、信息科技、环境保护、卫生健康、国情报告等领域，与翻译专业所要求掌握的知识和技能相一致。

2. 评分标准

CATTI考试评分采用扣分制，而非给分制，原则上坚持宏观为先，微观为辅，注重翻译的整体质量，以能否胜任翻译工作为最终标准，相关评分标准和扣分点如表7-9所示。

表7-9 **CATTI口译实务考试评分标准**

考试级别	评分标准	考试扣分点
三级口译	发音正确，吐字清晰； 语流顺畅，语速适中； 能够运用口译技巧，传递源语信息，无明显错译、漏译； 无明显语法错误	录音结结巴巴，不够自信，语流语速不自然； 文章理解有误； 犯特别低级的语法错误； 词汇搭配滥用，词汇褒贬不分
二级口译 （交替传译）	发音正确，吐字清晰； 语言规范，语流顺畅，语速适中； 熟练运用口译技巧，完整、准确地译出源语内容，无错译、漏译	

3. 考试特色

CATTI考试的特色在于参考受众规模大，证书含金量较高，与口译教学接轨以及人性化的模拟考试系统。

CATTI考试是由国家人力资源和社会保障部发起，并委托中国外文局负责实施与管理的全国性翻译资格考试，其口译考试在国内也具有广泛的覆盖性。据统计，2019上半年CATTI口译考试报名人数达23209人，同比增长110%。口译整体合格率大约11%，其中一级 25%左右，二级 11%左右，三级 10%左右。

全国翻译专业资格（水平）证书含金量较高。在《人民日报》微信公众号推文“这 13 个资格证书含金量较高，超级实用”中，该证排名第八。排名前七的其他证书考试报考条件高，属准入型考试，仅有 CATTI 考试属于资格型考试。其考试价值高的另一方面表现在考试证书与职称评定直接挂钩，取得三级翻译证书则有资格参与助理翻译、助教等职称的评选；取得二级翻译证书则有资格直接参与翻译、讲师等中级职称的评选；而取得一级翻译证书则有资格参与副教授职称的评选。

据英语专家委员会副主任陈明明介绍，CATTI 考试证书与口译教学接轨主要指二、三级翻译考试分别对接 MTI 学生和大学外语专业学生，旨在使学生毕业后即可开展工作。并且，MTI 学生可免考综合能力，许多开设 MTI 课程的高校要求学生参加 CATTI 二级考试。

此外，CATTI 考试的另一特色在于其拥有人性化的模拟考试系统。从 2019 年下半年起，CATTI 考试全部采用机考模式。考生支付一定费用即可使用官方模拟考试系统“驰译星”，以提前熟悉机考流程和操作。该系统还提供付费一对一专家点评，有需要的考生可自行选择。截至 2019 年 6 月，该系统 CATTI 仿真测试只针对英语三级笔译全科，机考体验只针对英语二、三级笔译全科和实务，其他语种和级别还需等待开放。此外，驰译星微信公众号还提供题型多样的每日练习。“驰译星”系统界面见图 7-4。

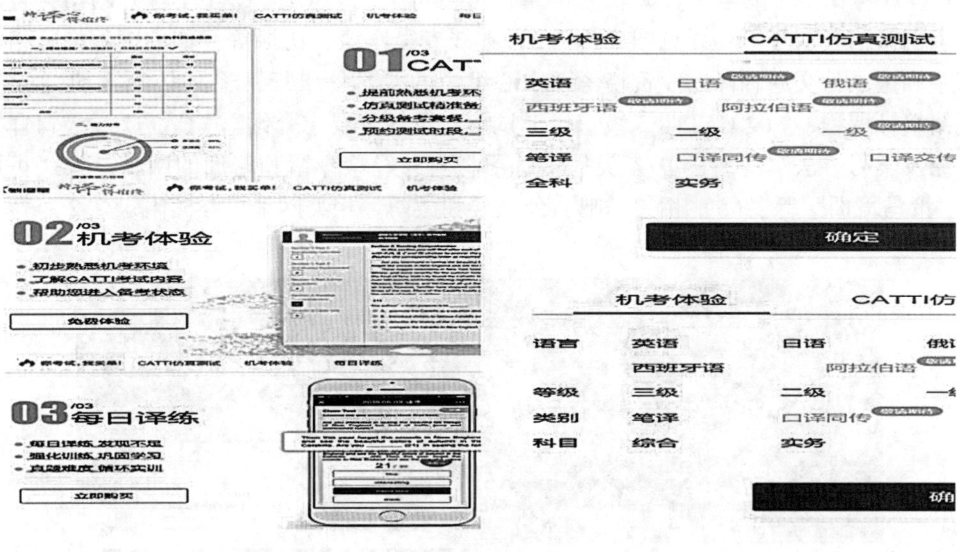

图 7-4　CATTI 模拟考试系统“驰译星”

4. 考试资源

CATTI 的考试资源主要包括纸质资源和电子资源。纸质资源方面，考生可关注：（1）CATTI 指定教材：《英语口译综合能力真题解析》《英语口译实务真题解析》和《CATTI 英语口译模拟试题》。（2）《译界琼音》：该书包含对 27 名已通过英语、法语、日语、俄语、德语、西班牙语、阿拉伯语七语种之一翻译资格考试优秀考生进行的访谈，将他们的备考经验和从业经历与广大考生进行分享，旨在帮助广大考生在备考的同时提高翻译实践能力和水平，增强大家的从业动力和信心。相关纸质资源见图 7-5。

图 7-5　CATTI 备考纸质资源

CATTI 考试备考的电子资源较为丰富，考生可关注：（1）CATTI 官方网站、官方微博和官网微信公众号等，详见图 7-6。（2）在线专家座谈、访谈等，如中国翻译资格考试办公室和中国外文局翻译专业资格考评中心组织的“翻译讲坛”系列访谈活动。（3）在线网络培训课程，如“CATTI 二级口译考试形式及评分要求介绍”“CATTI 三级口译实务的介绍及学习方法”等。（4）各类提供练习材料、经验介绍和培训的网站，如“可可英语”“策马培训”等。（5）相关贴吧、公众号和微博。相关网址可参阅附录 7. 2。

图 7-6　CATTI 官方网站、微博界面及微信公众号

(四) 上海外语口译证书考试

据“上海外语口译证书考试网”介绍，上海外语口译证书考试肇始于 1994 年经上海紧缺人才培训工程联席会议办公室确认的上海市紧缺人才培训工程项目。该考试最初的名称为“上海市外语口译岗位资格证书考试”，自 2009 年秋起，该考试更名为“上海外语口译证书考试”（Shanghai Interpretation Accreditation，简称 SIA），其主办单位则从 2015 年 11 月起变更为上海外国语大学。

1. 考试设置

SIA 比 CATTI 的考试流程复杂。SIA 考试分为两个阶段，第一阶段为笔试，每年 3 月和 9 月举行，第二阶段为口试，每年 5 月和 11 月举行。笔试通过后，方有机会参加口试，笔试成绩可保留两年，因此通过笔试的考生共有四次口试机会，可慎重选择报名考试的时机。笔试通过后可办理《上海市外语口译笔试合格证书》，笔试、口试均通过则可办理《上海市外语口译岗位资格证书》。

英语中级口译证书考试（简称“中口”）的通过率约为 30%，取得中口证书证明持证人可以从事一般话题的口译工作，因此在题目设置中不涉及专业性较强的话题和词汇。

如表 7-10 所示，中口笔试部分包括听力、阅读和翻译三项。听力题材涉及讲座、广播、电视短片、交际场合对话等。听译分为句子和段落两种，听完每段后在规定时间内将译文写在答题纸上；阅读题型为选择题，题材涉及篇章、摘录、说明、书信、纪要、广告等；翻译为笔译，汉译英和英译汉各一段。中口口试部分包括口头表达和口译两部分。在候考室中，考生会收到写着口头表达题目的考题纸。考场内有两位考官，进入考场后，考生应先介绍自己的姓名和考号，然后开始演讲。口译部分共四段文本，汉译英和英译汉各两段。

表 7-10　　**英语中级口译证书考试简况**

	题型	形式	时长	分值
笔试	听力	填空听写	40 分钟	90 分
		阅读选择		
		听译		
	阅读	单选	50 分钟	60 分
	翻译	笔译	60 分钟	100 分
口试	口头表达	定题演讲	3~5 分钟	30 分
	口译	英译汉	各两篇	70 分
		汉译英		

英语高级口译证书考试（简称“高口”）通过率约为20%，取得高口证书证明持证人达到翻译硕士水平，可以独立开展口译工作。高口考试对于考生的要求是可以进行有一定深度专业话题的口译工作，因此在题目设置中会涉及专业性较强的话题和词汇。

如表7-11所示，高口考试题型设置与中口考试基本一致，但题量翻倍，涉及的主题也更具专业性、社会性和探索性。

表7-11　　**英语高级口译证书考试简况**

<table>
<tr><th colspan="2"></th><th>题型</th><th>形式</th><th>时长</th><th>分值</th></tr>
<tr><td rowspan="8">笔试</td><td rowspan="4">上半场</td><td rowspan="2">听力</td><td>填空</td><td rowspan="2">30分钟</td><td>30分</td></tr>
<tr><td>阅读选择</td><td>20分</td></tr>
<tr><td>阅读</td><td>单选</td><td>30分钟</td><td>50分</td></tr>
<tr><td>翻译</td><td>笔译（英译汉）</td><td>30分钟</td><td>50分</td></tr>
<tr><td rowspan="4">下半场</td><td rowspan="2">听力</td><td>填空</td><td rowspan="2">30分钟</td><td>20分</td></tr>
<tr><td>听译</td><td>30分</td></tr>
<tr><td>阅读</td><td>简答</td><td>30分钟</td><td>50分</td></tr>
<tr><td>翻译</td><td>笔译（汉译英）</td><td>30分钟</td><td>50分</td></tr>
<tr><td rowspan="3" colspan="2">口试</td><td>口头表达</td><td>定题演讲</td><td>3~5分钟</td><td>30分</td></tr>
<tr><td rowspan="2">口译</td><td>英译汉</td><td rowspan="2">各两篇</td><td rowspan="2">70分</td></tr>
<tr><td>汉译英</td></tr>
</table>

2. 评分标准

上海外语口译证书考试第一阶段为翻译笔试部分，重点考查翻译词汇准确度（占比40%）、翻译短语准确度（占比30%）、翻译的自然度与专业度（占比10%）、翻译句序连贯度（占比10%）以及拼写和时态（占比10%）。

在第二阶段——口试中，考官评分共分为优、及格和不及格三个层级。口语表达部分应注意语音语调、篇章结构、语言内容和语言流利度；口译部分应注意信息的完整和内容的表达。在评分中，考官重点关注漏译和错译以及数字翻译的重大失误。

3. 考试特点

SIA考试的特色可以归纳为四个关键词：服务地方、专业引领、与时俱进与灵活变通。

首先，SIA考试是立足于上海市的继续教育项目，经过二十多年的发展，已成为上海市继续教育领域非学历证书考试项目中规模庞大、用人单位认可度较高的项目之一，并多次获得政府部门的科研成果奖、优秀教材奖，为培养和选拔优秀口译人才、服务地方和区域对外经济发展作出了重要贡献。

其次，SIA 考试的策划、组织、实施和监管都强调专业引领。该考试由资深外语专家组成上海外语口译证书考试委员会，负责审定上海外语口译人才培训的规格、层次和标准，制定考试大纲，组织教材编写，加强内容指导和质量监督。

再次，SIA 考试的系列备考资源不断推陈出新，与时俱进。以《中级口译教程》为例，该教程先后四次修订，并不断革新编写理念与优化内容设计，体现出“经典性与时代性相结合”“典型性与广泛性相结合”“典雅性与通用性相结合”“真实性与参阅性相结合”的特色。

最后，SIA 考试的组织实施体现出灵活变通的特点。例如，当考生笔试部分通过后有四次机会参加口试，给予了考生充足时间进行专项准备，提高考试效率，节约人力和物力资源。再如，考虑到各省市考点的差异性，该考试规定，英语中、高级口译一阶段考试与英语口译基础能力考试听力部分播放方式由各考点在校园广播、多媒体教室等方式中自由选择。

4. 备考资源

在纸质资源方面，考生可关注官方教材，包括上海外语教育出版社的《中/高级听力教程》《中/高级阅读教程》《中/高级翻译教程》《中/高级口语教程》和《中/高级口译教程》。其中《口译教程》是必读书目，而阅读、听力等教材则视个人情况而定。考生应合理运用各级《口译教程》，掌握官方重点关注的命题规律。

在备考的电子资源方面，考生可关注：①SIA 官方网站和官网微信公众号。(2) 视频资源，考生可关注网络课程视频以及往届考生经验分享视频。(3) 网站资源，如各类提供练习材料和经验介绍的网站，以及各类提供考试培训的网站。(4) 考生还可关注与备考相关的贴吧、公众号和应用程序等资源。相关网址可参阅附录 7.3。

三、口译考证资源的开发与应用

从本单元的相关介绍和分析可以看出，国内与国外口译考证资源建设呈现多样化发展态势，每种考证在设计理念、内容编制、组织形式、评价标准等方面均体现出各自特点。通过对相关案例的对比、分析、归纳与总结，我国未来口译考证资源的开发与应用可以从以下四个方面进行努力。

首先，重视多语种口译考证资源的建设。从澳大利亚 NAATI 口译资格认证考试到英国皇家特许语言家学会口译资格证书考试，再到欧洲会议口译硕士的毕业考试与证书考试，多语种资源已成为未来口译考证发展的重要趋势。对比而言，在我国目前主流口译考证体系中，多语种资源，尤其是英语之外的小语种资源建设较为滞后。随着“一带一路”倡议的持续拓展，以外语类高校为引领的小语种专业建设正有序推进，与之相配套的沿线国家和地区的多语种资源建设也应得到重视和开发。在此形势下，现有主流口译考证也应顺应国家和社会发展需求，及时在现有资源体系的基础上增设或完善相关语种的资源建设。

其次，重视口译考证与具体行业之间的对接，推进垂直领域口译考证资源建设。在社会分工日益细密的背景下，行业的专业化发展成为大势所趋，这在口译领域也是如此。从国际经验看，社区口译、医疗口译、警务口译、法庭口译等已逐步形成行业细分的发展态势，相关口译考证和资源开发也紧随其后，为专业领域口译人才的认证和规范化发展提供了相关准入标准。对比而言，我国口译考证虽在数量和规模上具有优势，但从行业细分的角度来看，整体上还处于通用发展阶段，行业细分型口译考证的发展和相关考证资源的建设也有待推进。

再次，从内容和形式两方面持续探索科学的口译考证运行及资源开发机制。例如，如何在口译考证中认识和体现笔译能力？从现有文献看，笔译与口译能力相互作用机制的相关研究还较为有限，在口译认证中是否有必要加入笔译能力测试的内容，以何种方式体现，所占比例为多少合适，相关问题都有待研究论证。再如，在口译考证的评价体系中，准确性、完整性、流畅性等指标已为学界普遍接受，并在考证实施过程中得到较好体现，但译员的心理素质、临场应变能力等因素的体现方式与效果还有待探索。相应地，与上述口译考证运行机制相关联的考证资源开发与应用也需要在理论与实践的不断探索中推陈出新，不断完善。

最后，重视现代信息技术在口译考证实施与资源开发及应用中的作用。从口译职业到口译教学，从口译测试到口译考证，现代信息技术的身影无处不在。从实践层面看，技术工具已渗入口译考证准备、实施、评价等各个环节，并在口译考证资源设计、编制、开发、存储、检索、共享与应用等各个方面扮演着重要角色。目前，各大口译考证都在探索语音识别、大数据、虚拟现实等新型信息技术在口译考证实施过程中的应用潜力与价值。与此同时，相关领域的科学研究也急需跟进。例如，虚拟现实技术在创设真实化口译交流场景中发挥着哪些作用，其真实性与现实的交流存在多大差距，如何弥补这种差距，此类问题都需要丰富可靠的实证研究数据来支撑。同样，与现代信息技术相关联的口译考证资源开发与应用的思路、方法、实效等也有待持续创新、探索和验证。

思考题：

1. 国外口译证书考试与国内口译证书考试在考试内容和考试形式上有何异同？
2. 国外口译证书考试对国内口译证书考试改革有何启示？
3. 如何发挥口译考证资源在常规口译教学中的作用？

第八单元　口译赛事资源

一、资源概况

（一）口译赛事的概念与特征

口译赛事是由相关主办方发起，以口译综合实践能力为导向，具有一定竞技规则和运作机制的口译比赛活动的总称。口译赛事的产生与发展是口译职业发展到一定阶段的产物，口译赛事的健康发展对于树立口译职业规范、展示优秀译员技能风采、引领口译教学改革等具有重要价值。

口译赛事具有竞技性、联动性、实践性和互动性等特征。首先，口译赛事的选手需要在公正、公平、公开的竞技规则下，通过平素积累和临场发挥展现出各自的竞争优势。其次，口译赛事的主体包括政府机构、院校、行业协会、企业等，口译赛事的有序开展需要各方之间的有机联动与协作。再次，口译赛事的内容具有明显的实践特征，口译职业工作中所涉及的专项与综合技能在口译赛事中得到集中体现。最后，口译赛事赛前、赛中和赛后都具有互动性，如赛前口译教师对学员的集中强化训练、赛中评委与选手的现场交流、赛后获奖者与同伴的经验分享等，都体现出赛事涉事群体之间多样化的深度交流。

（二）我国口译赛事发展简史

纵观我国口译赛事的发展历程，总体上可以划分为萌芽期、成长期、多元发展期以及发展调整期四个阶段，如图 8-1 所示。

1. 萌芽期

2008 年以前为我国口译赛事的萌芽期。这一时期的口译赛事仍处于摸索阶段，以各地方高校举办的校级赛事为主，缺乏具有较大社会影响力的口译赛事。

2. 成长期

2008 年至 2013 年为我国口译赛事的成长期，大规模的口译比赛开始出现，各地区竞相举办各类口译比赛。2009 年，厦门大学与台湾地区合办“海峡两岸口译大赛”，成为两岸口译界交流的重要平台。2010 年，中国翻译协会主办以英汉语对为比赛语种的“全国口译大赛（英语）”。各省市翻译协会、高校和翻译机构也陆续推出“‘通译杯’四川省翻译大赛（口译）”“北京语言大学国际口笔译大赛”等多种赛事。随着口译研究的发展，口译赛事主办方开始注重口译赛事的科学性和规范性，赛事流程逐渐向真实的口译服务运作流程靠近。这一时期的比赛旨在推动国内口译专业的学科发展，媒体参与宣传报道，口译职业的曝光度增加，口译赛事开始关注语言服务市场需求。

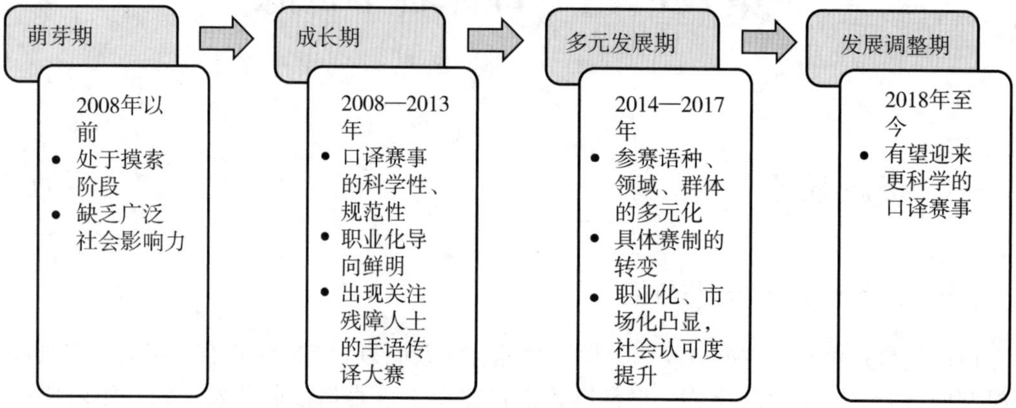

图 8-1　我国口译赛事发展历程示意图（赵田园①）

3. 多元发展期

2014 年至 2017 年为我国口译赛事的多元发展期。2014 年湖南省主办“湖南省高校研究生英语翻译大赛（口译）”，参赛对象为湖南省高校硕士生、博士生，由此拉开了我国口译赛事多元化发展的序幕。随后几年间，我国举办的口译赛事逐渐呈现出“三个面向”和“六个转变”的发展特点。具体来说，口译赛事面向的比赛语种、参赛群体、竞赛领域更加多元。此外，这一时期赛事的选拔方式、比赛模态、传译方式、举办主体、评委构成和宣传方式都发生了进一步变化。该阶段的国内口译赛事职业化、市场化趋势凸显，推动了国内口译教学发展，彰显了口译职业的魅力，提升了口译职业的社会认可度。

4. 发展调整期

2018 年至今为我国口译赛事的发展调整期。我国口译赛事经过前十年的快速发展，暴露出诸多值得思考的问题，如赛事宣传缺乏与新媒体及新技术的融合、赛事主题领域单一、奖项和奖品设置不合理、比赛试题难度一致性和评阅环节信度及透明度存疑、比赛中的技术障碍响应不及时等。这些问题逐渐引发了主办方、口译教学者和研究界的重视、思考和积极调整。例如，2018 年上海外国语大学举办的“首届多语种接力同传友谊赛”中首次加入翻译机器人与参赛选手同台竞争，回应了人机耦合发展的时代主题；2018 年湖北省翻译协会第一次针对湖北省外语翻译大赛举办了专题论证会，制定调整后的 2019 年大赛方案，拉开了未来高层次口译赛事调整发展的序幕。鉴于口译赛事影响日益扩大、举

① 赵田园尚未发表的论文，正在投稿中。

办热情不断高涨和口译研究的深入拓展，相信在未来发展中，各赛事主办方会持续调整口译赛事，制定更加科学的比赛方案。

(三) 国内主要口译赛事资源概览

我国目前具有代表性的口译赛事主要由高校、政府机关、语言服务企业等主办，覆盖了英语、法语、日语、德语、俄语、朝鲜语、西班牙语、阿拉伯语等语种，参赛群体包括国内外高等院校本科生、研究生、口译从业者及广大口译爱好者，参赛方式多样，具体资源信息参见表 8-1。在案例分析部分，本单元将选取“海峡两岸口译大赛”“全国口译大赛（英语）”和“‘通译杯’四川省翻译大赛（口译）”进行介绍。

表 8-1　　国内主要口译赛事资源概览①

赛事名称	主办机构	起始年份	参赛对象	备注
海峡两岸口译大赛	厦门大学	2009 年	中国内地及港澳台地区各高校在校生	被列为国台办重点交流项目
全国口译大赛（英语）	中国翻译协会	2010 年	国内外口译学习者和工作者	初赛形式为全国统一在线报名和测评，优胜者参加后续线下比赛；总决赛包括交传总决赛和同传邀请赛
多语种全国口译大赛	中国翻译协会、北京第二外国语学院	2008 年	国内外高校在读本科生或研究生	初赛形式为全国统一在线报名和测评，优胜者参加后续线下比赛；除日语外，其他语种只有交传比赛
国际口笔译大赛	北京语言大学	2011 年	国内各高校在读本科生及研究生、外国留学生，北京语言大学海外合作院校学习汉语的学生	分英语组和法语组；初赛有线上、线下两种形式；决赛为线下比赛，另增英汉同传邀请赛
“通译杯”四川省翻译大赛（口译）	成都会展联盟、成都外商投资企业协会	2011 年	四川省高校在校生（包括专科、本科、研究生，专业不限），以及政企从业者	分为英语类专业组和非英语类专业组
湖北省外语翻译大赛（口译）	湖北省翻译协会、外事翻译中心	2004 年	高校在校生，省内外事、翻译、语言服务等从业者	分专业英语 A 组和 B 组，非专业英语 A 组和 B 组
湖南省高校研究生英语翻译大赛（口译）	湖南省人民政府学位委员会办公室	2014 年	湖南省各高校硕士生、博士生	相关主题提前告知

① 赵田园尚未发表的论文，正在投稿中。

续表

赛事名称	主办机构	起始年份	参赛对象	备注
中西部外语翻译大赛（口译）	中西部各省翻译协会	2015 年	中西部高等院校、高职、高专、二级学院、独立学院本、专科大学生、硕士生、博士生	分为英语专业口译组、非专业口译组、英语大学 B（高职高专、二级学院、独立学院学生）口译组；初赛为听力
“外教社”杯江苏省高校外语教师翻译大赛（口译）	江苏省翻译协会等、江苏省高校外语教学研究会、上海外语教育出版社	2015 年	江苏高校现职英语教师，年龄在 45 岁以下	初赛由各校自行组织选拔；复赛为英汉交替传译；决赛为汉英交替传译
“中译杯”全国青少年口译大赛	中译出版社有限公司	2015 年	12~18 岁优秀初高中在校生	语言测试引入预选赛
全国商务英语翻译大赛	全国商务外语考试办公室、全国商务外语专业委员会	2016 年	国内院校的本科和研究生	获奖结果和全国商务英语翻译考试证书对接
“海丝杯”翻译（口译）大赛	福建省翻译协会	2018 年	福建省高校学生，全国口译爱好者	海选提交视频，设置 A、B 卷；成绩公布方式严谨；获奖可成为省译协会员
多语种接力同传友谊赛	上外高级翻译学院	2018 年	开设同声传译课程的国内外高等院校	初赛为网络赛；机器翻译参赛；为第一名提供口译实践
“《人民中国》杯”日语国际翻译大赛（口译）	人民中国杂志社、教育部外国语言文学类教学指导委员会日语分委会	2018 年	日语工作者、学习者及爱好者，不分国籍、年龄	分设中学组、高职高专组、本科组、研究生组及社会组
“儒易杯”中华文化国际翻译大赛	上海大学等全球 100+家校企单位	2019 年	在校大学生、外国留学生、热爱翻译的社会人士	分为英译中和中译英；线上报名参赛，口译总决赛在线下举行
“板桥杯”青年翻译竞赛（口译）	江苏省翻译协会	2008 年	原南京地区军队院校外语协作区的军队院校在校青年学员、受邀参加的江苏地区高校青年学生（以邀请函为准）	参赛年龄 40 周岁以下；需要受邀参加

二、典型案例分析

（一）海峡两岸口译大赛

1. 简介

在海峡两岸关系呈现和平发展新局面、两岸交流合作日益密切的大背景下，经中国教育部和国台办批准，厦门大学于2009年发起并主办了首届“海峡两岸口译大赛”（Cross-Strait Interpreting Contest）。“海峡两岸口译大赛”旨在深化海峡两岸教育和文化交流、展现两岸口译员风采、促进口译人才培养。海峡两岸口译大赛的主办方为厦门大学和台湾翻译学学会，承办单位包括厦门大学外文学院、两岸关系和平发展协同创新中心、厦门大学研究生院与厦门大学口笔译资格证书考试中心。该赛事是每年一届的常规赛事，其总决赛由中国内地和台湾地区轮流举办。经过十余年发展，该赛事已成为海峡两岸具有广泛影响力和参与度的口译盛会，并在“扩大民间交流、加强两岸合作、促进共同发展”方面发挥了重要的平台作用。

2. 比赛规则

海峡两岸口译大赛的参赛对象广泛，凡对口译学习感兴趣、具备一定口译能力、敢于展示自我风采的在校大学生均可报名参赛，且专业和年龄不限。该大赛的比赛时间一般为每年的9月至次年4月，具体赛制规则见表8-2。

表8-2　**海峡两岸口译大赛赛制①**

级别	校级赛	省级赛	区级赛	内地/台湾地区/香港地区/澳门地区决赛	两岸总决赛
比赛形式	主旨口译 会议口译	主旨口译 会议口译	主旨口译 会议口译	主旨口译 对话口译 会议口译	主旨口译 会议口译 对话口译
备注	由各高校自行组织选拔	提前公布会议口译环节的主题	淘汰制；提前公布会议口译环节的主题	淘汰制；港/澳/台决赛赛制略有不同	命题注重普适性；提前公布各环节的主题

“海峡两岸口译大赛”分为校级赛、省级赛、区级赛、大陆决赛/台湾地区决赛/香港地区决赛/澳门地区决赛以及两岸总决赛。大陆地区共分为华南、华中、华东、东北、西北、西南和华北等7个赛区。区级赛选拔出的2~4名优胜者进入大陆地区决赛，优胜者将参加两岸总决赛，与港澳台地区的优秀口译员同台竞技。按照惯例，区级赛的会议口译

① 资料来源：整理自“海峡两岸口译大赛”官网。

主题，以及决赛、总决赛第二环节会议口译的主题都会提前公布，以便选手做好译前准备。海峡两岸口译大赛的赛题多选自日常生活中的热点话题。

3. 评分标准

该大赛的评分主要包括信息传递（占 40%）和综合表现（占 60%）两个方面。其中，综合表现分为译语质量、表达技能、交际能力与综合素质三个方面，各占 20%，具体如图 8-2 所示。在评委点评过程中，翻译的质量、选手的肢体语言和仪态表情等都是考查的重点。

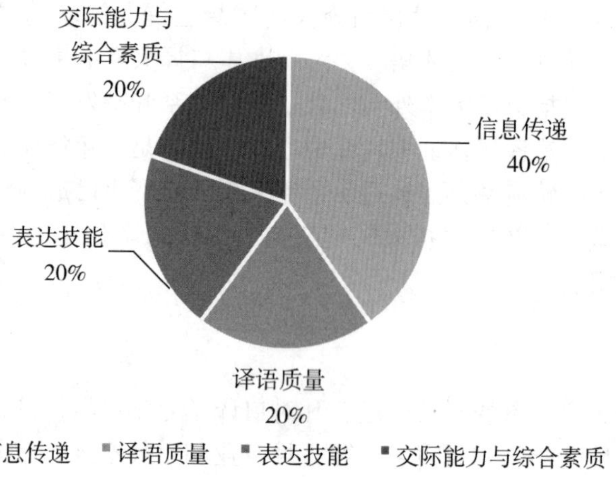

图 8-2　“海峡两岸口译大赛”评分标准示意图①

以第七届海峡两岸口译大赛总决赛为例，评委认为参赛选手现场表现中暴露出的问题主要体现在以下四个方面。

首先，译文的准确性不够高，在选词方面应该有更高要求。选手需要在理解的基础上，根据具体语境选择意义最合适的词语进行翻译，应注意英汉同义词有时会具有不同的外延，避免产生歧义。

其次，需要多实践，克服紧张情绪，用沉稳的声音和合适的语速来进行翻译。有选手在紧张时会有一些下意识的小动作，如按笔、捏手等，会影响听者和讲话者的体验，而表现自信、大方的选手更容易脱颖而出。另有选手在表达和信息层面虽没有大问题，但语速过快，不符合交际要求。

再次，缺乏清晰的逻辑结构，过于依赖笔记。抓住信息的逻辑框架有利于记忆，从而可以简化笔记。在翻译的时候，选手应该主动添加逻辑连词，例如，在举例之前可以补充“for example”。总之，口译译员要时刻谨记“准确、完整、流畅”的口译三原则。

最后，与嘉宾讲者的交流不够。有选手在翻译时视线一直停留在笔记上，没有与听者进行眼神交流，有损交际效果。另外，在嘉宾讲者语速过快、选手实在跟不上的时候，译

① 资料来源：《译通两岸——2009 海峡两岸口译大赛》（2010）。

员应该主动与讲者沟通，礼貌地请求其降低语速，以便更好地完成口译任务。

4. 大赛特点

“海峡两岸口译大赛”为我国最早举办的全国级口译赛事，参赛选手覆盖面广，中国内地、港澳台地区的选手同台竞技。大赛架起了两岸口译学人的交流平台，激发了年轻学子学习口译、展示风采的热情，并在科学评估和选拔社会急需的口译人才方面作出了突出的贡献。大赛对选手进行全面、综合的考查，兼具专业性、科学性、挑战性和观赏性。

专业性体现在组织机构及专家的专业水准、规范的赛制安排等方面。大赛由厦门大学发起并主办，中国内地、港澳台地区的高校及翻译协会广泛参与，积极承办，是国家级品牌赛事；大赛组委会邀请海峡两岸口译教育专家组成出题委员会，明确出题规范，确保比赛公正、科学；在赛程和赛题设计方面广泛征询包括职业译员、用人单位、教育专家在内多方人士的意见，凸显赛事的专业性。

科学性体现在比赛内容、评分标准等方面。大赛选择合适的语料，恰当的任务，全面的评估方式，营造真实的口译工作环境来考验选手（常言，2017：49）。例如，2017 年第七届海峡两岸口译大赛大陆区决赛的材料主题包括“共享单车”“人工智能”等话题，兼具时效性与语言质量。大赛的评分标准从语言和非语言两个层面对译员进行全面评估，其中信息传递占 40%，与中国译协制定的标准和市场对口译质量的评估标准一致，真实度高。

挑战性体现在现场的应变、多样化的口译技能考查等方面。主旨口译需要选手有较好的瞬时记忆、信息提炼和双语表达能力；对话口译考查选手的信息提取和整合能力、跨文化交际能力等；会议口译环节也对选手的演讲、口译笔记等能力提出要求。除翻译方面的挑战之外，选手还需要具备抗压能力和临场应变能力，应对口音、连读、音效等现场问题。

观赏性体现在两岸优秀译员的出色表现、官方媒体的宣传助推等方面。中国内地、台湾、香港及澳门地区优秀的翻译专业学生同台竞技，高手对决，观赏性强。大赛也得到了海峡两岸口译界、外语教学界和主流媒体的广泛关注。大赛组委会根据 2009 年首届大赛实录推出《译通两岸——2009 海峡两岸口译大赛》一书，受到热捧；中央电视台、中国日报、新华网、新浪网、凤凰网等以及台湾地区的 TVSBS、东森电视、台视、旺报等媒体均给予了重点关注。

5. 赛事资源

在纸质资源方面，厦门大学口译研究团队以首届“海峡两岸口译大赛”为依托，编写了《译通两岸——2009 海峡两岸口译大赛》（陈菁等，2010），内容包括对话口译、会议口译和应变考验等部分。该教材不仅展现了具有历史意义的“2009 海峡两岸口译大赛”，更为口译教师、口译学生、口译自学者提供了实用、形式活泼的口译训练辅助教材。

除纸质书籍外，“海峡两岸口译大赛”还开发了相当丰富的电子资源。该赛事的官方微信公众号“厦大口译”、官方微博账号“厦大口译”和赛事官方网站等均可查询往届比赛的公告和报道。视频资源包括《译通两岸——2009 海峡两岸口译大赛》（2010）附带光盘，以及智慧树网《第七届海峡两岸口译大赛 2018“澳译杯”总决赛》的全程录像，详见附录 8. 2。

（二）全国口译大赛（英语）

1. 简介

“全国口译大赛（英语）”（All China Interpreting Contest）的指导单位为中国外文局，主办单位为中国翻译协会。该赛事旨在促进翻译学科建设和语言服务行业的繁荣与发展，满足我国日益扩大的对外交流需求，培养高素质语言服务人才，为发展翻译行业提供坚实的人才储备。“全国口译大赛（英语）”是目前国内规模最大、影响力最广、赛制最为成熟的全国级口译比赛之一。大赛为参赛学生提供了学习交流英语口译的平台，有助于提升其英语口译实战应用能力和跨文化交际素养，提高职场竞争力。

2. 比赛规则

“全国口译大赛（英语）”的参赛对象包括所有以汉语和英语为源语或目的语的国内外口译学习者及口译工作者，比赛通常在每年的 3 月至 11 月举行，采取初赛、复赛、大区赛和总决赛的四级赛制，具体赛制规则如表 8-3 所示。

表 8-3　**“全国口译大赛（英语）”具体赛制①**

	初赛	复赛	大区赛	总决赛	
				交替传译大赛	同传邀请赛
比赛形式	英汉交传（必赛） 汉英交传（必赛） 对话互译（选赛）	英汉交传（必赛） 汉英交传（必赛） 对话互译（选赛）	英汉交传（必赛） 汉英交传（必赛） 对话互译（选赛）	个人赛：交替传译+对话互译； 团队邀请赛：交替传译	英汉无稿同传 汉英无稿同传
备注	自行报名，淘汰制；可由各院校推荐直接进入复赛；赛题由各赛区根据情况自行组织	赛题由各赛区根据情况酌情组织，自行出题	全国共分为 6 个大区；赛题由各赛区根据情况酌情组织，自行出题	团队邀请赛以大区为单位；同传邀请赛为接受主办方邀请的各院校校内组队参加	

① 资料来源：整理自“全国口译大赛”官网。

初赛采取淘汰制，比赛形式为英汉交传、汉英交传和对话互译。全国统一在线报名和测评，选拔出优胜者参加所在省级行政单位举行的复赛；各院校单位也可以推荐种子选手直接参加复赛。

复赛由各省举办，选拔出参赛人数的前15%进入大区赛，形式包括英汉交传、汉英交传和对话互译。

大区赛的比赛形式与初赛、复赛相同，共分6个大区，分别为东北、华北、华南、华中、西北和西南大赛区。大区赛的基本要求是：（1）掌握交替传译的基本技能。（2）比较了解中国和英语国家的文化背景知识。（3）了解近一年来的重大国际国内时事。（4）胜任较为正式场合每节时长2~3分钟的交替传译工作。各大区选拔出参赛人数的10%左右，作为优胜者参加总决赛。

总决赛分为交替传译大赛和同传邀请赛。其中，交替传译大赛由个人赛和团队邀请赛组成。个人赛分为交替传译和对话互译两个环节。交替传译为一段汉译英和一段英译汉。赛题内容涉及政治、经济、外交、社会、环保等不同题材。对话互译则由中外嘉宾现场对话，选手以"译员"角色参与，对话内容涉及政治、外交、经济、社会、人文、法律、科技等领域。团队邀请赛以大区为单位，每个大区推选3名选手组成大区团队，另配备一名国际特邀选手。比赛以英汉交替传译的形式进行。

同传邀请赛分为英汉无稿同传和汉英无稿同传两个环节，各15分钟。基本要求包括四点：（1）掌握同声传译的基本技能。（2）了解中国和英语国家的文化背景知识。（3）了解近一年来的重大国际国内时事。（4）基本能胜任较为正式场合的同声传译工作。

3. 评分标准

全国口译大赛（英语）主要从信息传达、技巧运用和职业素养三个方面来考查选手的综合素质。其中，信息传达所占比重最高，为50%，技巧运用和职业素养分别占30%和20%，详见表8-4。

以"第四届全国口译大赛（英语）"总决赛为例，根据各位评委对选手表现的综合评价，参赛译员在做交替传译时需要注意以下四点问题。

首先，信息的准确性和完整性。交传要求记忆量大，从比赛结果看，参赛选手基本都能记住整体信息，无大块的信息遗漏。但由于汉语和英语数字的表达方式不同，给信息处理和转换带来一定挑战，选手们在翻译数字时易出错。

其次，语言脱壳问题。译员应当在适当的时候直译，适当的时候意译，其关键在于深刻理解语句的含义，并脱离源语的结构束缚，用地道的目的语表达出来。除了翻译内容之外，也需要译出发言人的语气、风格；除了翻译字面意义，也需译出发言人的言外之意，这是对译者更高层次的要求。比如在谈到"社会达尔文主义"时，有选手将"动物界的法则"直译为"the law of the animal world"，但若能深刻理解该词的意义，将其译为"jungle law"不失为恰当的选择。

表 8-4　　**第六届全国口译大赛（英语）评分参考标准①**

评分 指标	90～100 分	80～89 分	70～79 分	60～69 分	59 分以下
信息传达（50%）	完整传达源语的信息，语气和风格与源语一致，逻辑清晰，术语、数字准确	除个别次要信息有遗漏外，源语的全部重要信息都得到传达；语气和风格与源语基本一致，逻辑清晰，术语、数字准确	有少量漏译但无严重错译，准确度一般，但能够基本传达源语信息	有个别重大漏译或错译现象；部分信息含混，但总体上基本可以达意	漏译、错译非常严重；目的语译文不能达意，曲解或歪曲原文要点和精神
技巧运用（30%）	目的语表达流畅，能够综合运用口译技巧；选词贴切，表达符合目的语习惯；语法无误，语音、语调准确、清晰、地道	目的语表达流畅，能够使用口译技巧；语言规范，基本无语法错误，语音、语调准确	较少使用灵活的口译技巧，目的语表达比较死板；有不流畅或不地道的情况；语音、语调比较准确	目的语几乎没有灵活运用口译技巧；译文僵硬，不符合目的语表达习惯；语音、语调不太准确	大量语法和用词错误，句子生搬硬套；表达十分不地道，语音、语调不准确
职业素养（20%）	状态稳健，充分展示职业口译工作者的心理素质和整体风貌，非言语交流能力强	状态大方得体，心理素质比较稳定，具备从事职业口译工作的潜力	不怯场，能够较好地完成比赛，能积极主动地进行非言语交流	能够完成比赛，没有重大的临场失误，有一定的非言语交流	心理素质差，表现紧张怯场，基本上没有目光交流和身体语言

再次，文化知识储备。译员平素的广泛阅读与知识涉猎非常重要，在本次大赛中，常用诗词、谚语（如“朝辞白帝彩云间，千里江陵一日还”“蜀道难，难于上青天”等）的翻译是否有足够积累，专业词汇（如“儒道释”“混合交通”等）、时事热点（如“亚洲四小龙”“世界那么大，我想去看看”）等是否保持及时跟进，这些文化与背景知识的储备都决定了选手能否脱颖而出。

最后，译员与发言人、听者的沟通。部分选手在比赛中陷入多重任务应对的困境，忙着记笔记、读笔记、做口译，而忽略了译语表达过程中与发言者、听者的眼神交流，肢体语言和表情缺位，语气不够自信沉稳，从而影响交际效果。

① 资料来源：整理自“全国口译大赛”官网。

4. 大赛特点

作为全国性赛事，"全国口译大赛（英语）" 已发展成为全国参赛范围最广、行业认可度最高的口译专业竞赛之一，其特点可归纳为"三高"，即目标定位高、赛事平台高、选手水平高。

第一，该赛事不仅注重考查和展示选手的口译知识与技能，为用人单位选拔高水平口译人才，更注重将选手的个人才能与国家和社会发展大局相结合，目标定位层次高。以第七届全国口译大赛（英语）总决赛为例，中国翻译协会官网对本次赛事的目标定位包括：服务国家"一带一路"倡议，加强新时期中国对外话语体系建设与国际传播能力建设，促进翻译学科建设和语言服务行业的繁荣与发展、培养高素质语言服务人才、提升新时期中国对外话语能力。

第二，该赛事高平台的特点表现为权威的赛事主体、专业的评委阵容和广泛的社会影响力。大赛的指导单位为中国外文局，主办单位为中国翻译协会，这为赛事的持续稳健运行提供了有力的机构保障。大赛的评委包括外交部翻译专家、中国翻译协会专家、国内外知名高级翻译学院教授、资深自由职业译员等，为大赛的公平公正开展提供了专业化支持。此外，主流媒体对赛事的广泛关注、赛事实况视频直播、学界高度关注等都令大赛在口译爱好者中享有较高认可度。

第三，该赛事展现了优秀选手高水平的口译能力。首先，大赛选手来自全国，历经初赛、复赛、区赛和总决赛四级选拔，且从众多高手中优中选优。例如，第八届大赛要求，省级优胜者仅从参赛人数的15%中选拔，大区优胜者仅从参赛人数的10%中选拔，竞争非常激烈。其次，赛制紧凑，考查方式多元，胜出的选手从语言知识与技能、双语转换、中外文化知识储备、时事热点追踪、心理素质、临场应变等方面展现了高水准的口译综合实战能力。

5. 赛事资源

"全国口译大赛（英语）" 拥有丰富的电子资源。例如，该大赛官方网站设有首页、大赛简介、赛制及奖项设置、风采展示、往届回顾、资料下载等板块，提供历届大赛公告、赛题、获奖选手风采等信息。再如，中国翻译协会语言服务能力培养计划官网是集测评、竞赛、课程以及实训为一体的口译资源网站，其竞赛板块提供包括全国口译大赛在内的省级口笔译大赛报名信息。又如，作为赛事的主办方，中国翻译协会的官网和官方微信公众号上可查阅到历届"全国口译大赛（英语）"的公告和相关报道，《中国翻译》杂志官网也可查询各届"全国口译大赛（英语）"的公告和报道。除此之外，诸多视频网站平台还可在线或下载观看该赛事的现场视频资源，具体参见附录8.3。

（三）"通译杯"四川省翻译大赛（口译）

1. 简介

"'通译杯'四川省翻译大赛"（Tongyi Cup T&I Contest of Sichuan）（自2019年第九

届起更名为“通译杯”翻译演讲风尚大赛）是四川省每年一届的公益性外语类竞赛活动，由中国国际贸易促进会成都分会及成都市博览局主管和指导，已被纳入成都市政府发展会展经济战略所鼓励和支持的每年例行的活动系列。大赛创办于2011年，主要由成都通译翻译机构承办。该赛事旨在搭建活跃的政、企、校交流融通平台，选拔和培养优秀的翻译外事人才，为四川省的建设添砖加瓦。“通译杯”四川省翻译大赛（口译）由成都会展联盟、成都外商投资企业协会主办，与成都市贸促会、成都市博览局、四川省会议与展览业协会、四川省翻译协会等机构合作，在宣传报道、培训课程、实践平台等方面建有相对完善的机制，在各省级翻译比赛中较具代表性。

2. 比赛规则

“通译杯”四川省翻译大赛由四川省内各大高校外语院系统一组织本校英语类专业和非英语类专业学生参加，包括本科和研究生，不包括专科、自考、在职或已毕业学生。往届特等奖、总评一等奖和笔译一等奖学生不再参赛，往届总评二等奖和笔译二等奖学生隔一年可继续参赛，往届总评三等奖、校区一等奖学生可继续参赛。比赛时间通常为每年6月至次年3月，大赛内容包括笔译、交替传译、同声传译、英语演讲、听译等，最新的2019年大赛的比赛内容已更改为中英口译比赛和演讲风尚邀请赛两大板块。口译比赛的具体赛制规则如图8-3所示。

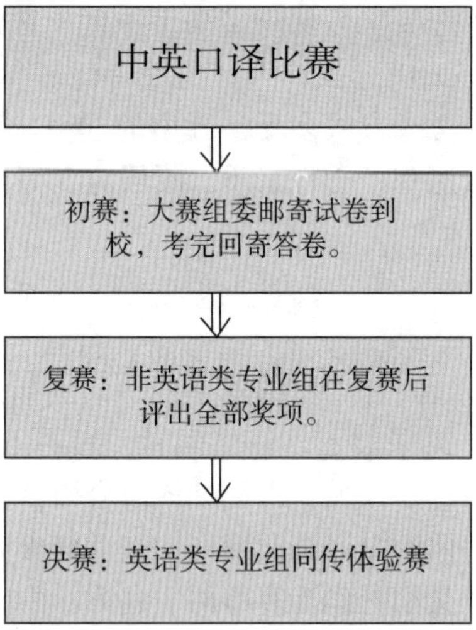

图8-3　“‘通译杯’四川省翻译大赛（口译）”赛制示意图①

其中，口译初赛与英文文案写作比赛均在初赛笔试环节进行比拼；口译复赛以校际统一分场口试的形式进行，获得一、二等奖的数十位同学获得决赛资格；交传决赛由主办方统一举办，最后根据口笔译初赛、口译复赛和决赛的综合表现进行总评，决定名次。另有

① 资料来源：整理自“‘通译杯’四川省翻译大赛”官网。

自2014年起增加的会展名城翻译人才论坛暨同传体验决赛，在嘉宾演讲的同时，选手在台上的同传厢中进行同声传译，并邀请各校师生现场观摩，同传决赛第一名和交传决赛第一名均获得特等奖。

3. 评分标准

“通译杯”交替传译比赛以选手的综合素质为评判标准，着重考查信息传递的完整性，其次是交际效果与临场应变能力，再次为语言基本功和仪态外观等因素，具体评价标准如表8-5所示。

表8-5　“‘通译杯’四川省翻译大赛（口译）”交替传译口译质量表①

信息完整	交际效果	发音准确	语法	语言流畅	仪态和外观
50%	15%	10%	10%	10%	5%
按照选手对每个意群的信息传递有效性进行打分；每个篇章均标注意群，每个意群为5分，共10个意群	基本无不自然表达、无晦涩表达，与人交际得体、顺畅，有临场应变能力以及把握局面的能力；酌情给分	发音清晰、无明显口音、易于理解；按照选手发音准确程度酌情给分	时态正确、主语、谓语搭配正确、句子完整；每出现一处语法错误扣0.5分	无大量语气词填充、重说和改口等问题，无明显长时间停顿；每出现一处扣0.5分	衣着、仪容、举止、谈吐等根据翻译职业所要求的风貌，酌情给分

同传邀请赛的评分标准略有不同，主要从信息传递、译语质量和同传厢礼仪三个维度进行评分，分别占50%、30%和20%，具体评分标准如表8-6所示。

表8-6　“‘通译杯’四川省翻译大赛（口译）”同传邀请赛评分标准②

评分维度	评分细则	基准分
信息传递（50%）	1. 准确表达源语中的主要信息点，语气和风格与源语一致	45~50分
	2. 较为准确表达源语中的主要信息点，语气和风格与源语较一致	40~44分
	3. 大致表达源语中的主要信息点，语气和风格与源语有出入	35~39分
	4. 未能表达出源语中的信息，预期和风格与源语相差较大	30~34分
译语质量（30%）	1. 语法正确、语言得体、选词贴切，表达符合目的语习惯	24~30分
	2. 语法较准确、语言较得体、选词较贴切，表达较符合目的语习惯	21~23分
	3. 语法有较多错误，语言选词不准确，表达不太符合目的语习惯	18~20分

① 资料来源：整理自“‘通译杯’四川省翻译大赛”官网。

② 资料来源：整理自“‘通译杯’四川省翻译大赛”官网。

续表

评分维度	评 分 细 则	基准分
同传厢礼仪（20%）	1. 语音、语调、流畅度自然，厢内几乎没有其他杂音（如咳嗽、叹气等），听众感觉良好	16~20 分
	2. 语音、语调、流畅度有少许问题，厢内有少许杂音，但不影响听众感觉	14~15 分
	3. 语音、语调、流畅度有少许问题，厢内有少许杂音，但不影响听众感觉	12~13 分

4. 大赛特点

"'通译杯'四川省翻译大赛（口译）"是颇具地方特色、具有较大影响力的区域性口译赛事，其特点可概括为整合性、社会性、服务性和时代性。

首先，整合性表现为赛事主体和赛事项目的整合。就主体而言，该赛事注重整合政府、高校、企业、非政府组织等各方资源，广泛扩大赛事的参与度与影响力。就项目而言，口译赛事项目与中英翻译、英文文案写作、演讲、导游解说、主持、双语风尚大使等诸多项目有机整合，大力拓宽了语言赛事的内涵和外延。

其次，社会性表现在参赛选手的社会化和赛事功能的社会化。从第九届开始，该赛事拓宽参赛的对象范围，除学生之外，政府、企事业单位在职人员可以个人身份参赛。就社会功能而言，该赛事注重以成都"国际三城，世界三都"的方针为引领，将中外语言水平竞技与成都的国际化城市建设进行深度对接。

再次，服务性体现在赛事的配套资源建设与培训辅导方面。例如，其官方网站资源丰富，在每届比赛期间都会提供详尽的大赛信息，除评选个人奖项之外，还为省内各参赛院校从参赛人数、获奖人数等方面综合评分并发布团体总评榜，激发院校和选手的参赛热情。又如，该赛事提供多样化的培训辅导服务，践行其"在比赛中教学，在聚会中竞技"的办赛理念。

最后，时代性体现在主题遴选与赛制创新两方面。每届"通译杯"与不同的战略合作单位联合举办，突出不同时事主题，积极响应成都市及四川省的经济文化发展政策方针。同时，每届大赛也会根据新的时代旋律和往届比赛经验，对赛制做出改进与创新，使其在内容架构、组织实施和评价体系上日臻完善。

5. 赛事资源

"通译杯"四川省翻译大赛（口译）的官方网站设有通译杯简介、比赛启事、比赛报道、团体总评榜、获奖名单、比赛题目、培训课程、培训与实践平台以及通译会议同传等十大板块，提供每届大赛公告、赛事安排、评分标准、历年真题、获奖情况等信息。成都通译翻译机构官方网站与之互为补充，除大赛的赛前辅导与培训之外，还可以找到同传、交传、笔译各方向的行业资讯、职业培训、实践机会、专业译员招聘等信息。成都通译翻译机构的官方微信公众号“成都通译”和官方微博账号“成都通译同传翻译与培训”也会在每届“通译杯”举办之际推送相关通知。往届“通译杯”比赛的录播视频均可在各大视频网站上观看，视频以历届总决赛和翻译高峰论坛为主。以上数字资源详见附录8.4。

三、口译赛事资源的开发与应用

（一）口译赛事资源的开发

基于我国语言服务业的发展需求和国内口译专业的教学现状，国内口译赛事可从以下几个方面进行开发、改进。

一是要探索创新，服务需求。目前我国语言服务业的服务分工日益多样化、精细化，促使语言服务人才市场出现“结构性失衡”（王传英，2014：81、肖晓燕等，2018：66）。作为口译人才选拔和口译教学导向的口译赛事主办方应积极思考，明确语言服务市场和国家战略实际需求，在赛事策划环节关注前沿，积极探索和创新，为我国语言服务业发展和国家经济走出去选拔更多高水平译员。

二是要加强研究，科学发展。统计数据表明，目前关于口译赛事的研究文献仅10来篇，我国口译赛事研究仍较为薄弱。建议加强对口译能力构成、赛事任务相关特征、评分工作、赛后影响，以及获奖选手的研究，最大限度地保证赛事有效性。

三是要政府推动，多方支持。赛事举办既涉及政府部门，又涉及高校、参赛者、语言服务企业、技术供应商等多元利益主体，以上各板块的顺利开展和紧密衔接一方面需要政府强有力的推动；另一方面也需要各主办方、高校、参赛师生、技术专家、媒体等多方的全力支持。

四是要加大宣传，扩大影响。为了有效提高口译赛事影响力，主办方需充分依靠自主宣传和媒体宣传的方式，增加口译赛事赛前、赛中和赛后各个环节的宣传报道，多措并举提高口译赛事影响力。一方面可促进口译赛事的不断完善与改进，为广大参赛师生提供更深层次的交流平台；另一方面也可揭开口译职业的神秘面纱，提高广大民众对于口译职业的了解。

（二）口译赛事资源的应用

口译赛事主要是为了检验口译专业教学效果，为口译专业师生搭建交流平台，有着以赛促学、促教、促训三位一体的意义。其一，口译比赛的举办为院校学生提供了展示自我的平台，具有竞争性和目标导向的比赛形式可以激励学生，使其在追求竞技胜利的过程中不断打磨修炼专业技能，可实现以赛促学。其二，得到广泛认可和参与的口译赛事为不同地区的院校与教师搭建了沟通交流的桥梁，有助于高校口译教师检验教学成果，进行横向比较，发现学生的优势与短板，从而制定更具针对性的教学方案，有效提高教学效果，实现以赛促教。其三，具有权威性和标杆性的口译赛事可以帮助口译学习者了解评判标准，为其训练、学习指明方向；同时提供社会和市场的职业化标准，有助于促进口译职业化发展，使得培训与职业导向接轨，培养可以满足市场要求的口译员，实现以赛促训。

思考题：

1. 如何有针对性地、系统地准备口译比赛？
2. 本单元所述三个典型案例中的评分标准有何差异？
3. 现有的口译赛事还有哪些需要改进的地方？

第九单元　口译技术工具资源

一、口译技术工具资源概况

（一）口译技术工具的发展背景和定义

21世纪以来，随着信息技术的进一步发展以及大数据、人工智能的兴起，技术早已开始与翻译（口译和笔译）更紧密地融合在一起，而这也使翻译研究进入技术转向的新阶段（Cronin，2010）。面对这样的发展势头，仲伟合、王斌华（2010）提出将口译辅助工具纳入应用口译研究范畴。Diana Berber（2010）在其博士论文《会议口译中的信息通讯技术》中通过对会议口译员问卷调查、访谈以及会议口译观察等方式，发现绝大多数译员和口译培训机构通过主动学习和提供课程的方式，积极拥抱时下会议口译的信息技术。此外，各国之间受全球化的影响，不同地区采用会议口译技术的差距正在缩小。另外，从口译教育领域来看，早在20世纪90年代中叶，一些口译培训人员发现，可以使用计算机技术提高课堂口译培训水平，有助于学员更好地自主学习（Sandrelli，2015）。因此，包括在线口译语料资源和交际性口译虚拟学习环境在内的培训类口译技术研究，大大开拓了口译技术工具研究的现有领域。然而，总的来说，口译技术工具研究还处于起步阶段。赵毅慧（2017）提出，口译技术工具研究有三大显著特点：第一，研究主题碎片化，以“远程口译”“电话口译”等分散研究为主。第二，研究观点片面化，现有研究更关注技术工具，而缺乏对辅助工具和翻译过程交互关系的理解。第三，研究角度断裂化，现有研究缺乏一定的开阔性、前瞻性和展望性的思考。

关于口译技术的定义，目前学界尚无定论，与之相关的英文表述如“Computer-assisted/aided Interpreting（计算机辅助口译）”“Technology-assisted Interpreting（技术辅助口译）”“Interpreting Technology（口译技术）”等。王华树、杨承淑（2019：71）将口译技术定义为“在口译实践、口译培训中使用到的综合技术，包括对口译过程（编码、输出、传递、输入、解码、贮存）进行辅助及处理的技术”。我们在借鉴上述定义并同时参考俞敬松（2013）有关翻译技术工具定义的基础上，尝试将口译技术工具定义为：作为口译工作的一部分物质载体或用来辅助口译工作及系列相关活动的所有工具，其价值在于提升口译工作质量与实效，促进不同语言与文化群体的顺畅交流。

（二）口译技术工具的演进历程

口译技术工具的发展可以追溯到近一个世纪以前。根据赵毅慧（2017）的研究，口译技术的演进经历了工具化、交互化和智能化三个时期。第一时期从 20 世纪 20 年代到 70 年代，以工具化为主要特征，技术手段在口译活动中主要发挥辅助的作用，如解决声音在空间传播中的衰减问题、克服环境噪音干扰问题、为口译员提供清晰可靠的源语声源、解决远程口译中声像传输的质量问题等。这一阶段的典型技术工具包括电声传输、同传设备、数据通信网络等。

第二时期从 20 世纪 80 年代到 21 世纪的头十年，以交互化为主要特征，技术手段在口译中主要发挥与口译员交互的作用。例如，口译员在译前准备中可以通过术语查询、网络检索等工具高效获取相关的术语和主题知识信息；在口译过程中通过语音识别、智能笔等工具辅助识别与记录发言人的讲话内容，从而为译员的精准翻译提供参考；在口译结束之后利用术语管理软件建立和管理个性化的术语库。

第三时期的发展主要为最近十年，以智能化为主要特征，技术手段的功能不仅表现为优化传统口译工作的流程，而且还表现为全新口译工作方式的诞生和整个口译行业服务模式的革新。在大数据、深度学习、神经网络、机器翻译等技术的影响下，同交传、人机耦合、人机互译、机器同传等新型口译工作方式不断涌现，口译行业的服务模式也朝着定制化、智能化、泛在化、平台化等方向发展（王华树、杨承淑，2019）。

（三）口译技术工具的价值与分类

口译技术工具的价值表现在三个方面。第一，口译技术工具有助于口译工作效率的提高。例如，译员可以快速收集、分类所需术语并分享给自己的同事、伙伴或者客户，从而减少工作的重复性劳动，提高效率。第二，口译技术工具有助于口译过程中翻译质量的提升。例如，随着“一带一路”倡议的推进，口译员经常会遇到来自沿线国家和地区诸多非本族者英语口音的问题，通过语音识别技术工具的辅助，可以帮助译员更为精准与高效识别源语词句，从而为译语质量提升奠定基础。第三，口译技术工具有助于降低行业成本，提高经济效益。例如，在旅游、问询、购物等非紧要场景中，便携式智能口译产品的应用可以帮助客户以低廉甚至免费的方式即时获取所需服务，省去人工译员所需的差旅、酬劳等费用。

口译技术工具的分类方法众多。例如，从技术特征的角度，口译技术可划分为交互性、资源型与集成型技术；从自动化程度的角度，可划分为机器口译与计算机辅助口译技术；从口译过程的角度，可划分为译前、译中与译后相关的技术；从对口译的不同作用模式可划分为中介、辅助与生成型技术；从作用对象的角度可划分为口译员、客户与服务商使用的技术（王华树、杨承淑，2019）。本单元以口译工作流程为观察视角，与前面口译过程的划分方法类似，在译前、译中和译后序列的基础上，对部分口译技术工具资源进行了梳理，详见表 9-1。

表 9-1　　　　　　　　　　口译技术工具分类

译前		译中		译后	
术语	InterpretBank（术语收集与翻译等）	术语	InterpretBank（术语识别与自查等）	术语工具	InterpretBank（术语维护）
		远程口译平台	Interprefy（远程同传）		
	SDL MultiTerm（术语收集）		KUDO（远程同传）		SDL MultiTerm（术语维护）
	AnyLexic（术语收集）		Webex 视频会议（远程交传）		AnyLexic（术语维护）
	TermWiki Pro（术语收集）		ZOOM 视频会议（远程交传）		TermWiki Pro（术语维护）
	火云译客（术语收集）		电话口译系统（远程口译）		火云译客（术语维护）
	芝麻秘语（术语收集）		准儿翻译机		芝麻秘语（术语维护）
		机器口译	晓译翻译机		
			百度自动翻译机		
			小米小爱老师		
词典和语料库	Linguee	语音识别	百度语音助手	知识库	幕布
	WTOTERM				
	IATE		讯飞听见 MicrosoftAzure		
	欧路词典				印象笔记
	剑桥在线词典				
知识图谱	幕布		Amazon Transcribe		

限于篇幅，本单元将从上述表格中选取知识图谱工具（“幕布”）、术语管理平台（“InterpretBank”）和远程口译平台（“Interprefy”）三个案例进行介绍和分析。

二、典型案例分析

（一）知识图谱工具：以“幕布”为例

在口译工作中，背景梳理是译前准备的重要一环。译前背景梳理的重要性主要出于言外因素对口译质量的影响。王丹（2011）认为，除了牢记可能出现的术语以外，译员还需要充分了解会议主题、嘉宾背景、行业背景等相关信息。正如上述观点所言，译员在译前对背景信息的掌握至关重要，只有准备充分，才能更精准高效地理解口译内容，进而有效传达现场讲者欲传递的信息。随着“一带一路”倡议的实施和中国对外开放程度的加深，海外企业、机构和个人来华参加贸易展销、工厂参观、商务谈判、企业对接等活动越来越频繁，其需求的复杂性和紧急程度大幅提高，这必然导致译员译前准备时间的缩短。因此，如何快速高效地完成译前背景信息梳理工作成为译前准备的重中之重。

目前，很多译员通过 Microsoft Word 及类似应用程序或软件、纸质笔记、在线云笔记等工具梳理相关背景资料，但均存在一定的使用局限。例如，由于缺乏层次性，Word 等应用程序和纸质笔记无法对背景知识进行结构化梳理。一旦资料超过 10 页，译员不得不投入大量时间梳理内容结构，而往往事倍功半。又如，在线云笔记具备一定的内容梳理功能，一般可以在在线笔记本中存放不同的笔记条目，足以应付一般的学习与工作需求。但是，口译译前准备涉及各行各业，相关专业知识结构错综复杂，一般只有 1~2 级目录的在线云笔记无法全面满足职业译员对口译译前背景梳理的较高要求。

知识图谱工具为破解上述难题提供了出路。采用知识图谱的背景梳理方式可以更快地帮助译员整理不同类别的复杂信息，在理清口译活动本身背景内容的同时，还可帮助译员理清各要点之间的逻辑关系，从而更好地把握相关活动的结构和意义，并根据已知信息做出合理的推理和预测，对口译任务的顺利开展具有事半功倍的效果。目前市面上有多款知识图谱制作软件，如 WorkFlowy、Dynalist、“幕布”及 Cloud Outliner Pro 等。综合平台兼容性、反应速度和易用性等多项指标，我们这里推荐“幕布”作为在线知识图谱制作工具。下面以笔者亲身经历的一次口译活动为例（美国食品药品监督管理局 2018 年 8 月 28 日对佛山市南海区×××生物工程有限公司的检查），介绍“慕布”如何帮助译员高效全面地完成译前背景信息准备。

首先，进入“幕布”的官网（https：//mubu. com/）。通过图 9-1 的页面注册账号并登录，以便于存储文件并进行同步、共建与共享。很多口译活动，尤其是会议口译，往往要求至少两名译员交替进行工作。在这种情况下，如果所有参加同次会议的译员能够通过“幕布”中的共建和共享功能展开协作，必将大大提高译员团队的译前准备效率。

登录后可以使用在线幕布工具创建思维导图。先点击左上角的创建按钮，添加一个幕布文件。创建之后，开始添加内容，列出大纲。此处的大纲可使译前准备更加具有条理性。如图 9-2 所示，译员在本次联络口译活动中，就列出了清晰的大纲：公司客户情况、厂内设施方位、检查单位（FDA）及客户要求、车间情况、实验室情况、公司主要和辅助业务、仓库情况。

登录以后，通过点击左侧的序列标记，可以创建并键入下一级的内容，也就是思维导图的子主题。同时，也可以对子主题的内容进行编辑。如图 9-3 所示，译员列出检查单位和客户的具体要求：第一，客户不希望收到美国食品药品监督管理局的警告函。第二，客户安排质检人员在距离工厂较远的地点住宿，往返需要译员陪同服务。第三，译员应协助安排美国检方人员就餐并陪同后者观光旅游。

内容添加完成之后，点击首页可返回整个大纲视图。点击右上角的“查看思维导图”，可进入思维导图视图的界面，如图 9-4 所示。某些口译活动涉及的资料非常多，且

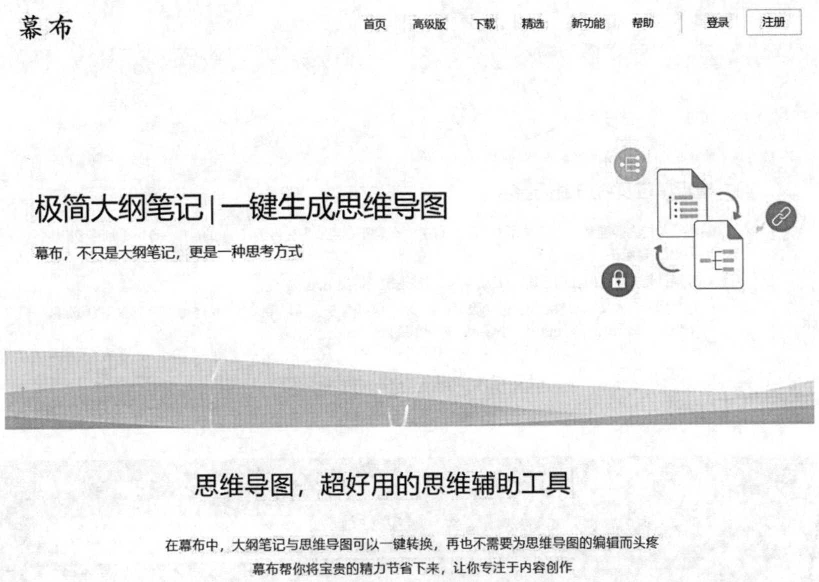

图 9-1　幕布界面首页

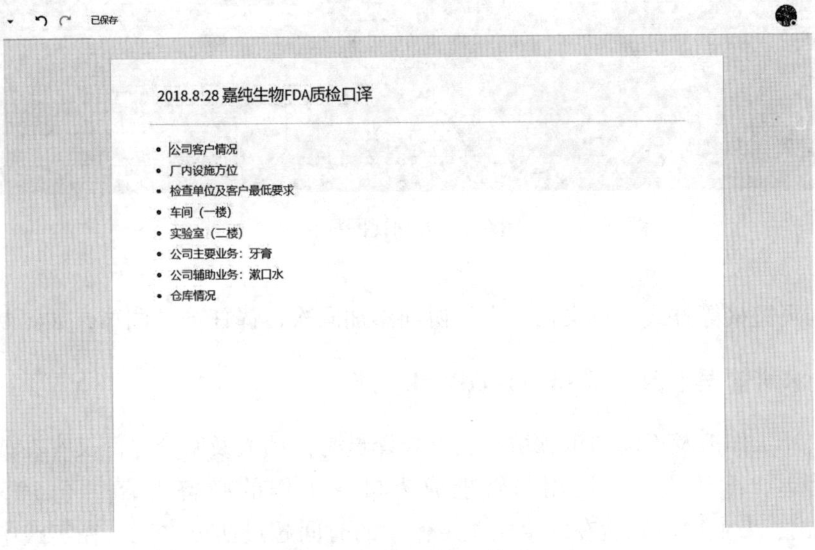

图 9-2　幕布的大纲构建

牵涉多领域、多学科、多行业、多主体等知识。在这种情况下，“幕布”的思维导图功能可以帮助译员对所准备的资料从宏观层面和关联视角对背景知识进行结构化把控，同时加深对行业内容的快速便捷化理解，从而提高译前准备的质量和效率。

在此基础上，我们还可以对思维导图进行美化，或设置其他不同的样式，也可以下载并打印。制作完毕的大纲笔记不仅可以在多个平台自动同步，还可以选择通过微信、QQ、

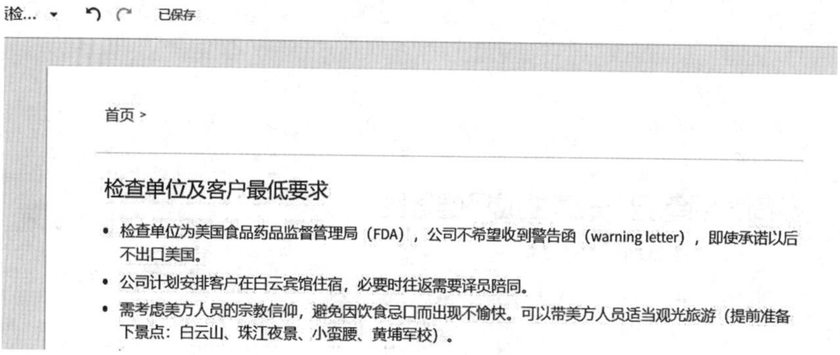

图 9-3　幕布子主题构建

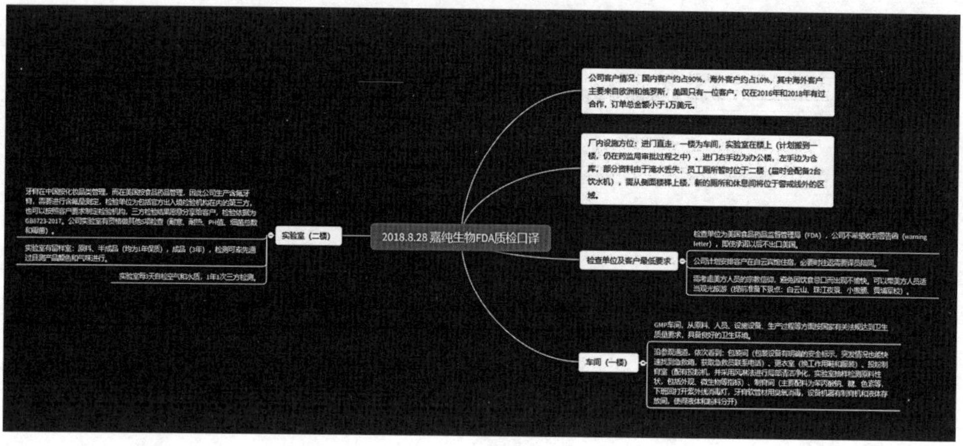

图 9-4　大纲视图样例

微博或者网页链接等方式，将文档分享给协同参加同次口译任务的同事，如图 9-5 所示。

（二）术语管理平台：以 InterpretBank 为例

由于口译工作涉及不同知识领域，加上口译员与讲话人及听众之间又存在或多或少的知识储备落差，术语查询、调用与管理成为口译工作的必备内容。杨黄海、郑述谱（2013）指出，专业译者花费在术语相关工作中的时间超过四分之三。在实践中，译前准备时间往往非常有限，口译员常面临术语准备工作的巨大压力。在此情况下，如何熟练掌握并高效应用术语管理工具便显得尤为重要。

从口译任务的实施过程来看，口译中的术语管理可以划分为译前、译中与译后三个阶段。在上述阶段的基础上，王华树、张静（2017）对口译中的术语管理进行了系统划分：（1）译前阶段，包括术语资源收集、术语知识发现、核心术语抽取、核心术语翻译、核心术语标注与核心术语建设等。（2）译中阶段，包括术语自动查询、术语自动识别、术语自动提示、术语辅助记忆、术语辅助表达等。（3）译后阶段，包括术语质量保障、术

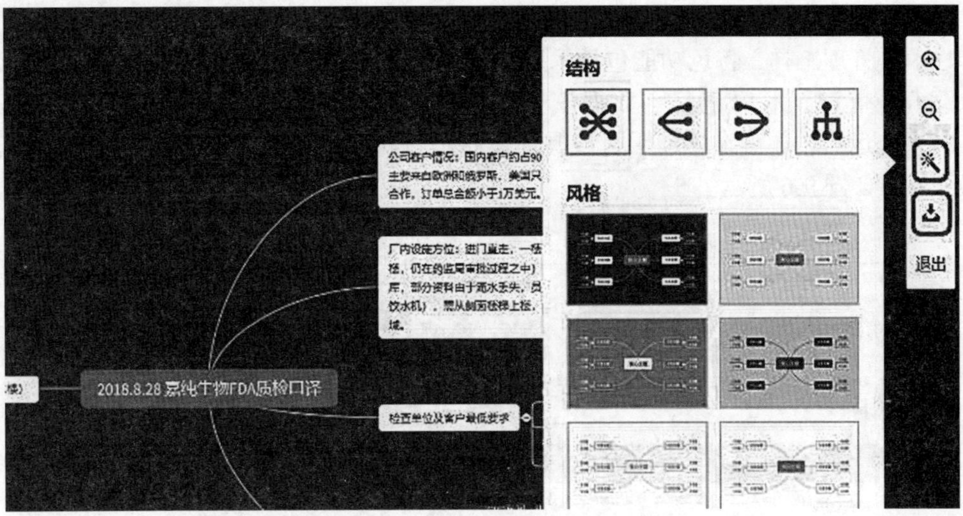

图 9-5　界面主题与文件分享

语知识评价、术语知识更新、术语知识备份、术语资产增值等。在不同的阶段，根据不同的任务需求，可以选用不同的技术工具，表 9-2 列出了与术语应用相关的技术工具资源。

表 9-2　**常用术语应用工具资源**

名称	描述	网　址
UNTERM	联合国通用术语库	https：//unterm. un. org/UNTERM/portal/welcome
WTOTERM	世贸组织通用术语库	https：//www. wto. org/english/thewto_e/glossary_e/glossary_ e. htm
IATE	欧盟通用术语库	http：//termcoord. eu/iate/the-new-iate/
中国特色话语对外翻译标准化术语库	多语种对外汉译术语库	http：//210. 72. 20. 108/index/index. jsp
术语在线	多学科汉英术语库	http：//www. termonline. cn/index. htm
语帆术语宝	术语管理在线平台	http：//termbox. lingosail. com/
InterpretBank	多功能术语管理平台	http：//www. interpretbank. com/
Glosbe	多语种在线词典	https：//glosbe. com
Linguee	在线词典 & 双语平行语料库	https：//www. linguee. com/

从上述列表可以看出，绝大多数的术语库或在线词典属于通用范畴，也就是适用于包括口译在内的多种工作情形。那有没有专门为口译员量身定制的术语管理工具，或者说适用于口译工作全流程的专属工具呢？答案是肯定的，但目前数量不多，这里仅以

InterpretBank 为例进行介绍。

InterpretBank（官方网址：http：//www. interpretbank. com/）是专门为口译员开发的综合性术语管理工具，特色功能包括术语管理、术语创建、（自动）术语翻译、自动术语提取、术语查询、术语记忆、数据安全、自动生成术语等。该工具可在 Windows 与 mac OS系统运行，还可在移动手机或其他设备上进行术语记忆、上传、查询等操作，其主操作界面如图 9-6 所示。

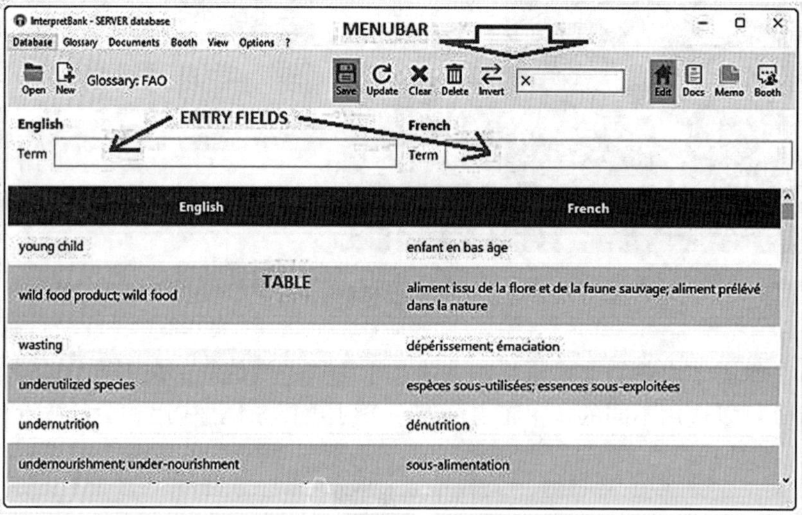

图 9-6　InterpretBank 操作界面截图

上述操作界面主要包括菜单条（MENUBAR）、输入区（ENTRY FIELDS）与列表区（TABLE）三个部分。其中，菜单条的功能包括打开、新建、删除文件，翻译术语、编辑术语、利用已有文件创建术语，备忘录（术语记忆）、译员厢（厢内查询术语）等。输入区的功能包括写入、编辑术语，可在 Notepad 中添加额外信息。列表区展示术语对照表格。

在 InterpretBank 的术语管理功能中，用户的所有术语按照术语列表文件保存于单独的数据库，便于用户调取、创建或编辑，也可以实现数据库在工作笔记本电脑和家用电脑之间的同步管理，在企业版系统中，所有译员还可以共享应用中央数据库中的术语资源。该系统是一个桌面应用程序，所有数据、术语列表和文件均保存于用户的个人电脑，安全可靠。

该工具具有自动术语提取功能，在机器学习算法的支持下，系统可对译员的常用文件（Word，PPT，PDF）进行自动术语提取，并以单语方式（目前支持英语、法语、德语、西班牙语、意大利语、荷兰语、葡萄牙语、波兰语、俄语 9 个语种）呈现术语列表。如再与相关翻译数据库（如欧盟 IATE 术语库）结合，可快速创建多语种术语对照列表，大幅提升译员的会前准备效率。不仅如此，在会议资料暂时缺失的情况下，只要给定话题，该工具便可自动生成相关术语列表，供用户取舍，还可对列表进行自动翻译、提供术语定义。

InterpretBank 还具有浏览会议准备资料的功能。口译员可将所有用于会议准备的资料（Word，PPT，PDF）存入 InterpretBank，与相关术语列表（文件）一起保存，实现对所有资料的无纸化管理。使用 concordancer 进行检索（语境化呈现），提取术语（从平行文本中手动提取，或单语文本中自动提取），查询使用案例，如图 9-7 所示。

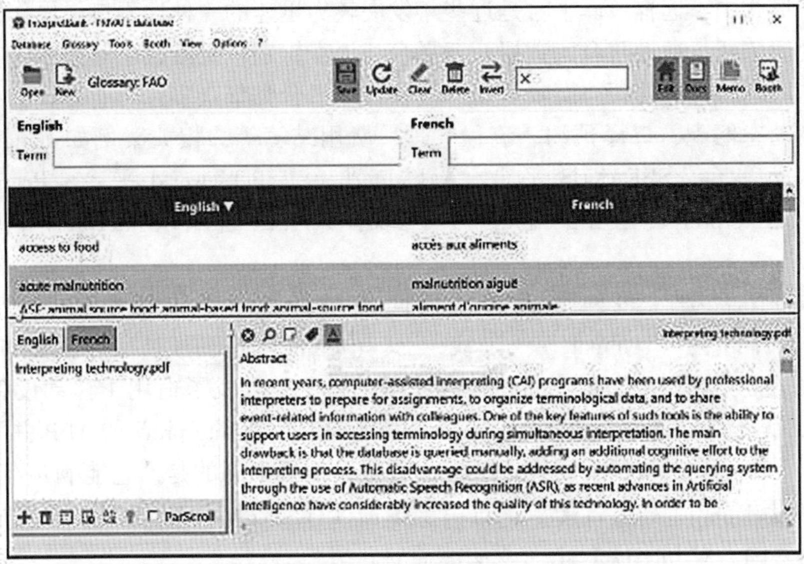

图 9-7　InterpretBank 辅助译员浏览会议准备资料界面

除此之外，InterpretBank 还在研发更为复杂的语音识别功能。通过融入自动语音识别技术，该工具可将话语中的术语、数字、专有名称、缩略语等疑难信息在无需手动输入的情况下进行自动识别，并提供自动翻译结果，供口译员在工作中随时参考，这无疑将极大减轻口译员在实际工作中的压力，提升译语输出的质量和效率。

（三）远程口译平台：Interprefy

远程口译（Remote Interpretation）指“在远程通讯设备（电话、卫星或网络等）辅助下，口译人员进行的非现场口译工作”（刘春伟、魏立，2017：15）。作为传统口译形式的拓展和延伸，远程口译具有三个显著特征。其一，场域分离性，讲话人、口译员和观众不在相同的交际现场，而是以不同形式分处于不同的场域。其二，技术依托性，远程口译的开展必须依托一定的技术手段进行，且主要表现为稳定可靠的音视频传输技术。其三，语境缺失性，与现场口译相比，远程口译中所获取的感官信息渠道相对有限，一定程度的语境缺失不可避免，这也给口译员带来新的工作挑战与技能要求。

根据姚斌（2011）的研究，远程口译的早期试验可以追溯到 20 世纪 70 年代，如 1976 年联合国教科文组织在巴黎和内罗毕之间通过 Symphonic Satellite 进行的首次远程口译试验，以及 1978 年联合国在纽约和布宜诺斯艾利斯之间进行的类似试验。进入 20 世纪

90 年代，联合国、欧盟等国际组织将远程口译的探索持续推进，不仅关注其技术实现手段的提升，更开始深入考察远程口译带给口译员的工作挑战、生理与心理压力，以及口译员在新的工作环境和条件中应具备的相关技能与应对策略。从研究者关注的议题看，在场感、距离感、临境感、多任务处理模式、适应性专家能力等都成为远程口译研究领域的热门话题。

远程口译的表现形式众多，如电话口译、电视口译、视频会议口译、网络在线口译等。在诸多形式中，远程口译平台是近些年发展较为迅速的一种远程口译操作模式。该模式以互联网为依托，通过整合大数据、云平台、语音识别、机器翻译等技术，实现对全球口译资源与服务的优化管理与高效呈现。远程口译平台类型众多且功能各异，如口译信息发布、译员动态匹配、口译预约、流程管理、费用结算等，相关案例如 LanguageLine 平台、Boostlingo 平台、SPEAKUS 平台、Akkadu 平台、thebigworld 平台、Primaxis 平台、Plunet 平台、Interprefy 平台等，相关链接可参阅附录 9.2，本节以 Interprefy 平台为例予以介绍。

Interprefy 平台提供多种形式的远程同传口译服务，包括小组讨论会（panel discussion）、研讨会（seminars）、在线会议（online meetings）、新闻发布会（press conference）、视频会议（video conferencing）等。该平台开发了适用于移动设备的应用程序（APP），无论是安卓系统还是 iOS 系统，都能快速找到 Interprefy 的 APP 并下载。这款应用程序可看作一个视频聊天工具，但与普通聊天工具不同的是，它能满足英语、法语、中文、阿拉伯语等几十种语言需求，适用于多种远程会议同传场景（见图 9-8）。下面以口译客户端为例，对 Interprefy 的常规功能简要介绍。

图 9-8　Interprefy 应用程序界面

首先，口译客户可在 Interprefy 平台发布口译服务需求信息。登录 Interprefy 官网，首页中有获取报价（Get a quote）和与我联系（Call me back）两个选项卡。在选项卡中，口译客户需要将自己的联系方式、公司名称、所处地理位置的具体信息填写清楚，此外，还需要将口译活动的大概主题内容、活动时间、持续周期、语对要求等提交给 Interprefy 平台。

在提交上述信息之后，Interprefy 平台的客服人员将根据口译客户留下的联系方式与之取得联系，并与客户确认口译活动的语对、时间、地点、实际工作环境（如线上会议、远程演讲等），继而在线上签订合同与支付费用。

随后，Interprefy 平台会创建该口译客户的口译活动单独会话语言室，并把这场口译活动在 Interprefy 平台上的访问令牌发送给客户，客户凭访问令牌登录 Interprefy 平台的手机应用程序，即可进入口译交流活动。

在上述远程口译交流活动中，平台的口译员来自全球专业的语言服务机构，其所服务的行业包括金融、保险、医疗保健、能源、公用事业、科技、电信、零售、教育、体育等。Interprefy 平台根据口译客户发布的活动需求，给口译客户匹配和选派最为合适的口译员，以协助客户顺利开展口译活动。如果口译客户已配备口译员，Interprefy 平台会对客户的口译员进行平台操作培训，保证远程口译的有序进行。当一切准备就绪，口译客户和与会者在活动现场登录 Interprefy 平台提供的单独会话语言室，便可以实时收听同传译语。

Interprefy 平台提供全天候服务，具有多版本兼容、低成本运行、高效流程化管理、操作简便、设施环保等多项优势。Interprefy 平台不仅为所有参与者提供清晰的音视频，还开发专门的 AV 硬件，以达到最佳的传输质量和交流效果。在安全性和私密性的保障上，Interprefy 平台对所有在应用程序上产生的音频和视频流进行企业级 128 位加密，保证不记录或存储任何语音数据（除非客户要求），同时，参与服务的口译员均与平台签署保密协议，确保交流数据的安全性。

三、口译技术工具资源的开发与应用

随着信息技术在口译行业各环节与要素的逐步渗透，口译技术工具的类型和表现形式也将日益丰富。但从目前的现状来看，口译技术工具资源的开发还存在三个方面的问题。首先是专用型口译技术工具资源的相对不足。无论是口译术语工具资源，还是口译语料库资源，目前大多处于捆绑式或通用型的开发与应用状态，真正为口译行业开发的专用型工具资源相对不足。其次，口译技术工具资源的开发主体存在专业人士缺位的问题。从王华树等（2018）对国内口译专家的访谈情况可知，技术厂商在开发相关工具资源时，对口译专业人士缺乏深入调研与咨询，用户需求与操作体验尚未得到足够重视。再次，教育型口译技术工具资源的开发相对滞后。从市面所售产品的分布情况看，职业型口译技术工具资源占主导，尤其是以人工智能技术为载体的机器同传与嵌入式口译软件及应用程序最受关注，而服务于口译人才培养的教育型口译技术工具资源相对缺乏。

口译技术工具资源的应用情况可从 Pastor（2018）与王华树等（2018）的调研数据中窥见一斑。Pastor（2018）的调研分为两个阶段。第一阶段于 2014 年展开，对象主要为以欧洲语言为工作语言的 133 名口译从业者。结果显示，多数受访者对技术工具的态度较为积极，大多认可技术工具在提升口译工作质量方面的价值。第二阶段于 2017 年展开，对象为美国一所教育机构的 32 名口译学员。调研结果显示，受访者对技术工具资源基本持乐意接纳的态度，并对其在口译任务之前与进行中的具体应用进行了反馈。以译前准备为例，受访者经常使用的技术工具资源包括网络资源、数据库、电子期刊、计算机辅助翻译工具、机器翻译系统、音视频工具、语音识别与合成工具、术语库、索引工具等。

王华树等（2018）的调研于 2018 年展开，对象主要为我国境内的口译员，其中有效问卷参与数为 457 人，专家访谈人数为 10 人。调研结果显示，多数受访者认可技术工具带给口译行业和口译工作的影响，并表达了较高的口译技术知识与技能学习意愿。但从具体应用情况来看，参与过新型口译工作模式的受访者仅占一成，语料库软件的使用率不足两成，专业型术语管理工具的应用约为三成，计算机辅助翻译工具的使用率逾四成，搜索引擎、在线词典与通用型机器翻译工具的使用率均超过七成。针对上述应用现状，研究者从提升技术认知、加强技术研究、构建技术能力模型、完善技术教育体系等方面提出了若干建议。

从教学的角度来看，口译技术工具资源的应用需要从四个方面予以加强。首先，强化技术工具资源的使用意识与认知。从当今口译职业的发展轨迹看，技术工具已不再局限于外在辅助的角色，而是成为与口译职业相互交织的共同体。在此背景下，口译教学者应充分认识到技术工具的价值与重要性，在课程设置与目标编制环节将口译技术纳入其中。其次，建立口译行业与口译教学之间的交流机制。主动邀请口译从业者、口译技术开发者等参与开发专门的口译技术课程，或在口译实践环节中融入口译技术的专题性教学，帮助口译学习者主动适应口译行业的技术性变革。再次，编制与开发口译技术工具资源教程。随着教学的深入，口译技术工具资源的教学应逐步从碎片化的零散传授转向系统化的课程教学，这就需要编制和开发专门的口译技术工具资源教程，从而充实教学内容、规范教学行为，最终确保口译技术教学的效果。最后，建立口译技术工具资源教学的测评机制。在总结学界相关研究成果的基础上，构建口译技术工具资源的能力体系与考核指标，并将相关内容纳入常规教学、阶段性测试、水平考证等多个环节，逐步建立和完善相关内容的测评考核机制。

思考题：

1. 口译技术工具主要经历了哪几个发展阶段？
2. 口译技术工具包括哪些类型与表现形式？
3. 在译前准备环节，口译员通常可以利用哪些专用型口译技术工具资源？

第十单元　口译研究资源

一、口译研究资源概况

本单元首先厘清口译研究资源的概念及其发展背景，对各类口译研究资源按照口译研究的实际过程进行分类和梳理，进而，在案例分析部分详细介绍 CNKI，CIRIN 和 Web of Science 这三个口译研究中经常使用的重要资源的概况和特征，并对其功能进行展示。此外，在资源开发和应用部分总结现有口译研究资源的优缺点，为口译研究资源的未来开发提出相关建议，并阐述研究资源在助教、助学、助研和助实践中的重要作用。

（一）口译研究资源的定义

探讨口译研究资源，首先需要明确"研究"和"资源"的定义。就研究而言，本单元所指的"研究"主要是指针对口译教学和实践开展的科学研究工作。中国知网（CNKI）概念知识元库检索结果显示，科学研究主要指利用科研手段和工具，为了认识客观事物的内在本质和运动规律而进行的调查研究、实验等一系列的活动。一般来说，科学研究的步骤包括选择研究课题、研究设计阶段、搜集资料阶段、整理分析阶段与形成研究结论阶段，每一阶段都需要辅之以相应的方法和工具。就"资源"而言，《新牛津英汉双解大词典（第 2 版）》将其释义为"个人为实现自身价值或组织机构为有效运行而以资利用的人、财、物及其他可用东西的总和"。

综合以上关于"研究"和"资源"的定义，本单元中提及的口译研究资源可定义为：研究者为了探究口译教学和实践的内在本质及规律而开展的调查和实验等过程中借助的一切可用工具的总和。

（二）口译研究资源的发展背景

近年来，各类可在口译研究过程中使用的资源如雨后春笋般涌现，其迅速发展主要得益于四方面因素。其一是信息技术的迅速发展使得各类研究资源的存储、传递和提取都发生了深刻变化，导致了研究资源在数量和规模上急剧膨胀，资源的媒介形式也更加多元化（邓军涛，2014）。例如，相异于传统的以纸质媒介为载体的研究资源，如今研究者可通过翻译期刊或科学研究类微信公众号等社交媒体或研究类视频了解研究动态和方法。其二是众多科学研究者在开展研究过程中资源积累意识和分享意识增强。研究者们坚持积累各类研究资源，并将个人的研究成果和经验积极分享，有效促进了研究者间的资源共享，如吉尔教授（Gile）自 1989 年开始主编国际会议口译研究信息网（CIRIN），方便全球对口译感兴趣的研究者了解口译研究的最新动态。其三是研究者们的研究需求和热情不断高涨，研究者们迫切希望通过多渠道的研究资源，开拓自身的学术视野，丰富研究方法，提高研究的科学性和严谨性，故各类研究资源应运而生。其四是各种跨学科理论（如学习活动理论、多媒体认知理论、多媒体美学理论、认知负荷理论等）的支持，使得各类研究资源的开发及应用更具科学性、开放性、易操作性和经济性。

（三）口译研究资源的类型划分和概览

按照前文所述的科学研究基本步骤，科学完整的口译研究包括对已有研究文献的搜集和梳理、对既定课题的严谨设计、对待分析语料或数据的采集和分析、对研究结论的撰写和发表等步骤，每个步骤都会涉及不同类别的工具。为了使读者更加明晰口译研究过程中需要使用和参考的资源，本单元以口译研究过程为纵轴，将口译研究资源分为研究文献搜索类资源、研究设计学习类资源、研究语料提取类资源、研究数据采集和分析类资源、研究成果撰写和发表类资源。同时，考虑到学术交流是学术研究中的重要环节，本单元在口译研究资源类别划分中加入了研究交流与合作类资源。

研究文献搜索类资源主要是帮助研究者搜集与待研究课题相关的已有文献，其大致包括三大类资源：一是各类网络学术搜索引擎，如百度学术、谷歌学术搜索等；二是在线开放的图书、文献数据库、期刊和出版社网站，如中国知网、百链云图书馆等；三是口译研究专属网站，如口译研究相关期刊官网或口译研究者创办的研究网站等。

研究设计学习类资源主要是帮助研究者学习与口译研究相关的基础研究方法，以指导研究者科学开展研究设计，这类资源既包括了网站或微信公众号推文，如“质化研究”“量化研究方法”等，又包括了各类研究方法指导类在线课程，如学堂在线的《社会研究方法课程》、中国大学 MOOC 的《数据分析技术》等。

研究语料提取类资源主要为口译研究者提供各类口译研究过程中可能需要的语料以及关键词的定义查询功能，如中国大学生英汉汉英口笔译语料库、中国特色话语对外翻译标准化术语库等。

研究数据采集和分析类资源工具主要用于帮助研究者采集、储存和分析研究过程中获取的各类定性资料和定量数据，如用于资料采集和存储的录音笔、用于数据分析的 SPSS 软件等。

研究成果撰写和发表类资源主要可辅助研究者更加高效地将研究发现撰写成文并及时发表，如用于参考文献管理的软件 Endnote 以及国内外核心和重要外语期刊的投稿渠道。

研究交流与合作类资源主要可为研究者搭建交流与合作的平台，促进研究者交流和共享研究成果。此类资源主要包括两类，其一是研究者的个人主页，如 ResearchGate；其二是翻译行业协会和权威口笔译教育机构的主页，如中国翻译协会和国际高校翻译学院联合会（CUITI）成员单位的主页。

基于前文提出的口译研究资源分类基本框架，本单元对每一类研究资源进行了爬梳剔抉，并尽可能全面地展示各类研究资源中的代表性资源及资源的获取方式，供口译学习者和研究者参考。囿于正文篇幅限制，各类资源及其获取方式在本教程附录中予以呈现。附录 10.1 展示了与口译研究密切相关的研究文献搜索类资源；附录 10.2 展示了各类可供口译研究者参考的研究设计和研究方法类学习资源；附录 10.3 展示了口译研究中可获取的语料来源和渠道；附录 10.4 展示了口译研究中经常会使用到的质性和量化数据采集和分析资源；附录 10.5 展示了口译研究成果撰写和发表过程中经常使用的各类资源；附录 10.6 展示了各类口译研究交流与合作类资源。

为了更好地指导读者使用以上研究资源并展现口译研究资源的特征，下面将着重展示三个口译研究者经常使用的资源及其相关操作，以供读者参考。

二、典型案例分析

（一）中国知网（CNKI）

1. CNKI 简介

中国知网简称 CNKI，即中国知识基础设施工程（China National Knowledge Infrastructure），由清华大学、清华同方发起，同方知网（北京）技术有限公司承建，是目前全球最大的中文数据库（官网为：https：//www. cnki. net/），其主界面如图 10-1 所示。总体来说，CNKI 主要具有资源体系完整、资源分类合理、资源整合有序、应用功能多样、使用方式灵活等特点。这里将选取其和口译研究关系密切的主要功能进行介绍。

2. CNKI 资源体系与分类

CNKI 涵盖的资源体系丰富完整，根据其官网的网站地图介绍，到目前为止，CNKI 的资源体系包括了可支持跨库搜索的学术期刊、博硕士论文、会议论文、报纸、年鉴、专利、标准、成果、工具书，以及支持单库搜索的图书、古籍、法律法规、政府文件、企业标准、科技报告和政府采购信息。

在以上资源体系中，跨库资源在口译研究中应用较多。跨库资源中，学术期刊资源收录了国内 8000 多种期刊的 5600 万篇文章和 50 多家国际著名出版商的 5000 余万篇期刊文献题录数据，中文文献可在 CNKI 中阅览题录和全文下载，外文文献可以免费浏览题录信息，但是全文下载需由各大出版商平台提供。博硕论文资源收录了自 1984 年以来全国 483 家培养单位的博士学位论文 40 万篇，766 家培养单位的优秀硕士学位论文 400 万篇。会议论文资源收录出版了约 1 万次国内重要会议投稿的 200 万篇论文和约 80 万篇国际学术会议论文。报纸资源收录了自 2000 年至今国内发行的 500 多种报纸发文。专利资源收录了国家知识产权局知识产权出版社提供的国内外专利说明书等。标准资源收录了我国的各类国家、行业标准全文以及国内外标准的题录。图书资源收录了国内各大出版社和国际著名出版集团出版的图书，其中，外国图书同样只能浏览题目，下载需要由 Springer 系统处理。工具书资源集成了近 200 家知名出版社的 3000 余部工具书，类型包括语文词典、双语词典、专科辞典、百科全书、图录、传记、语录、手册等，约 1500 万个条目，70 万张图片。以上 CNKI 中的资源体系可基本满足口译研究的资源需求。

图 10-1　CNKI 官网界面截图

CNKI 将其资源分为十大专辑：基础科学、工程科技Ⅰ、工程科技Ⅱ、农业科技、医药卫生科技、哲学与人文科学、社会科学Ⅰ、社会科学Ⅱ、信息科技、经济与管理科学，十大专辑下共含有 168 个专题。其中，口译研究发文较多集中在哲学与人文科学专辑中的中国语言文学和外国语言文学专题以及社会科学Ⅱ中的高等教育和职业教育专题。

3. CNKI 资源整合

尽管 CNKI 数据库包含了非常丰富的资源体系和类别，但是其能够将以上不同学科、不同类型、不同模态和不同语种的学术资源有序整合成统一整体，提升包括口译研究在内的各学科研究效率。

不同学科资源有序整合主要表现在 CNKI 的高级检索支持跨学科专辑检索，研究者可通过勾选图 10-2 所示的专辑来源，实现对待研究主题的跨专辑检索。

不同类型资源有序整合表现在 CNKI 的高级检索支持跨数据库检索，研究者可通过选择图 10-3 中文献的不同来源，实现对待研究主题的跨数据库检索。

不同模态资源有序整合表现在 CNKI 官网中的学术资源既覆盖了静态文字类学术资源，又包含了各学科的精品讲座。研究者可通过访问 CNKI 主页下端“众创”中的“大成讲坛”导航按钮，进入“CNKI 大成编客”界面（http：//bianke. cnki. net/），获取各学科热门的视频讲座、音频讲座、图文讲座、PPT 讲座等多模态学术资源，见图 10-4。

不同语种学术资源有序整合则表现在 CNKI 的期刊文献、图书搜索、工具书搜索中既

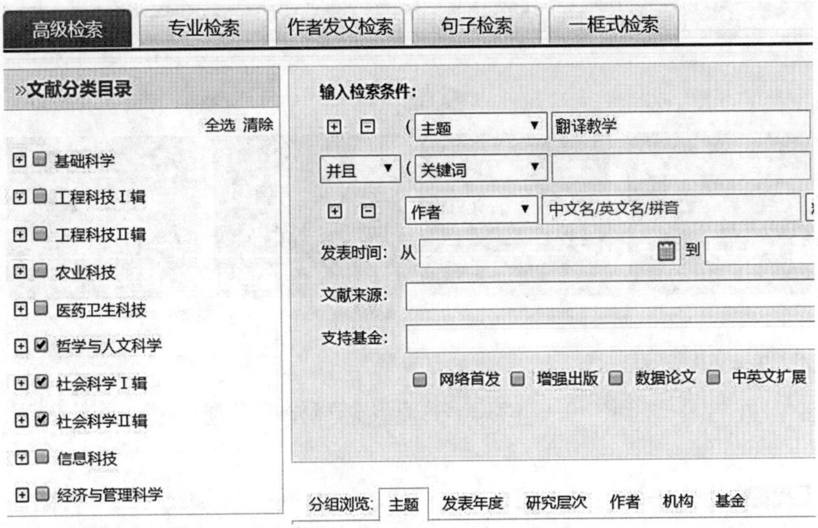

图 10-2　CNKI 学术资源跨学科专辑检索界面

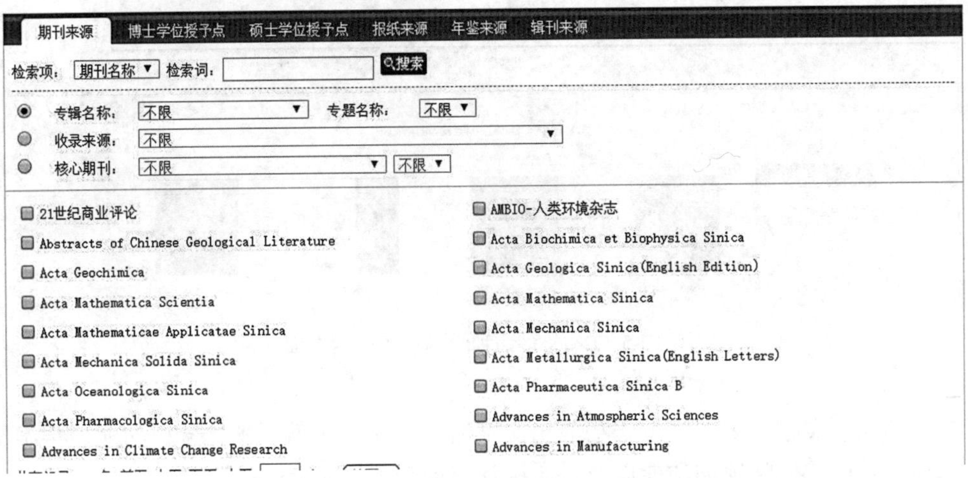

图 10-3　CNKI 学术资源跨库检索界面

包括了中文资源，也包括了外文资源。研究者可通过高级搜索功能中的文献来源界面选择文献的语种类型，也可以直接通过 CNKI 官网中的“外文资源总库”（CNKI Scholar：http：//scholar. cnki. net/new）直接搜索各类外文资源（见图 10-5），在阅读资源题录后，进入资源原文下载页面下载。

4. CNKI 应用功能简介

CNKI 的应用功能多样，除前面提及的支持学术资源跨库、跨学科、跨语言和多模态检索外，CNKI 还主要具有八大和口译研究密切相关的功能，分别是文献筛选功能、文献

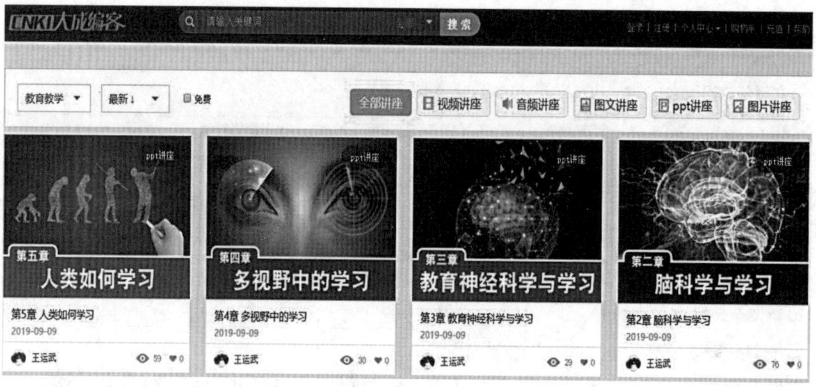

图 10-4　CNKI 多模态学术资源检索界面

图 10-5　CNKI 多语种学术资源检索界面

分组排序功能、文献知识网络推送功能、文献输出功能、文献可视化分析功能、学术信息分享和传递功能、研学辅助功能以及科研统计与期刊评价功能。

（1）CNKI 文献筛选功能

文献筛选功能主要指 CNKI 可对待研究主题搜索的文献进行多维度筛选和排序。就文献筛选而言，如研究者欲在 CNKI 中搜索“翻译教育”相关的文章，可在“高级检索”界面中通过设置主题、关键词、篇名、摘要、全文或其组合含有“翻译教育”的方式，筛选出 CNKI 中和“翻译教育”相关的文献。同时，研究者还可通过设置搜索界面的发表时间、文献来源、支持基金和勾选所属专辑的方式，进一步筛选出需要的文献。文献筛选界面与图 10-2 一致。

（2）CNKI 文献分组排序功能

文献分组排序功能主要指 CNKI 默认将筛选出的文献按照发表时间由近到远的顺序排列，但也支持研究者对其进行多种方式的分组和排序，如将筛选出的文献按照主题、发表时间、研究层次、作者、机构、基金、语种，与搜索主题的相关度、被引次数和下载次数的方式分组排序，如图 10-6 所示。

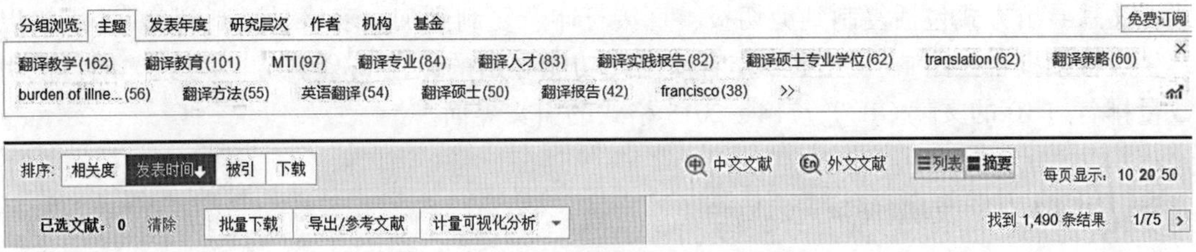

图 10-6 CNKI 搜索文献分组和排序界面截图

（3）CNKI 文献知识网络推送功能

相关文献知识网络推送功能主要指 CNKI 以知识网络的方式为研究者提供与搜索文献高度相关的其他学术文献、关联作者或基金项目等，方便研究者“顺藤摸瓜”了解待研究主题的学术研究背景和发展方向，获得更多的研究资源。以“国内外口译教学资源库的建设与启示”一文为例，该文献在 CNKI 文献知识网络中显示的详细信息如图 10-7 所示，研究者若对此文研究主题感兴趣，可通过其知识网络推送的学术信息，开展进一步文献搜索和阅读。

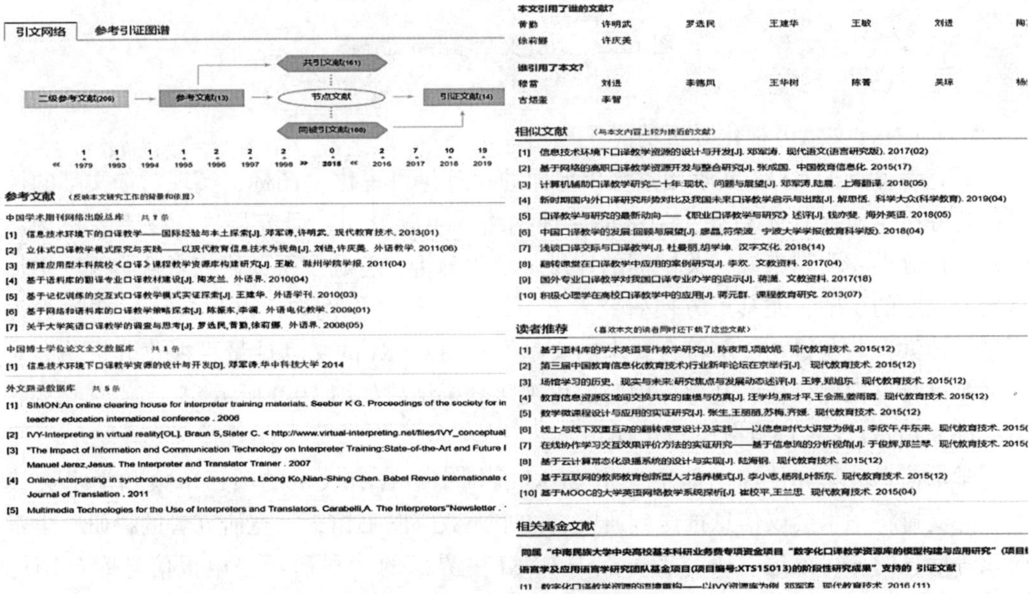

图 10-7 CNKI 文献知识网络界面截图

（4）CNKI 文献输出功能

文献输出功能主要指 CNKI 支持研究者在文献搜索结果界面点击“导出/参考文献”

按钮，将所选择的文献资源根据研究需要以不同参考文献格式导出，提高文献管理和写作效率。其中，参考文献格式包括 GB/T 7714—2015 格式、CAJ-CD 格式、查新格式、知网研学格式、Refworks 格式、Endnote 格式、NoteExpress 格式、NoteFirst 格式以及自定义格式。文献导出方式包括复制到剪切板、直接打印、复制到 xlm 表格、复制到 Word 表格以及生成检索报告。图 10-8 展示了作者使用此功能导出的以“口译教育”为关键词，被引数量排名前 10 的文献 GB/T 7714—2015 格式的引文界面。

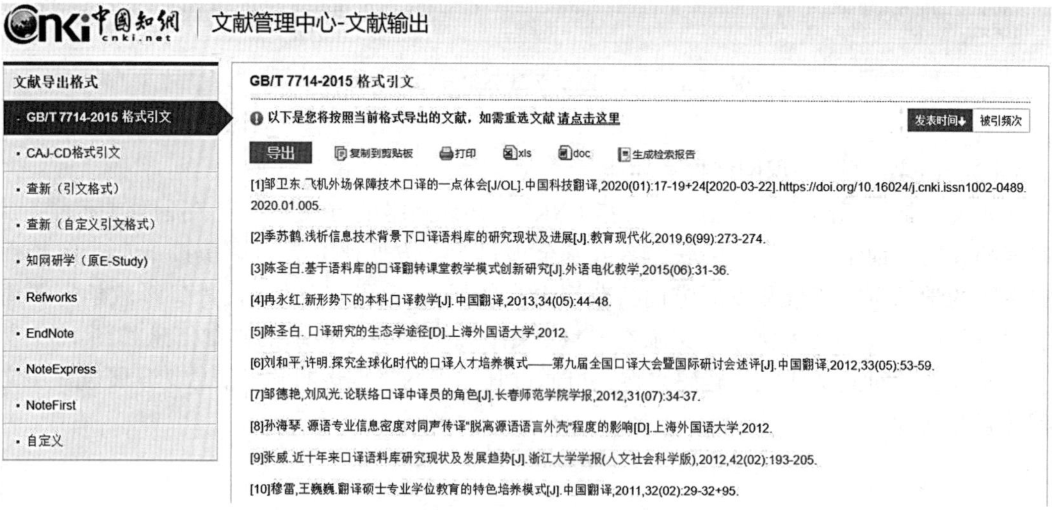

图 10-8　CNKI 文献输出界面截图

（5）CNKI 文献可视化分析功能

研究者可点击 CNKI 文献搜索结果界面的“计量可视化”图标，实现对选文献的计量可视化分析，包括总体趋势、关键词共现网络、主题分布、研究层次、作者、机构、基金、学科分类、文献来源、关键词的计量可视化分析，有利于帮助研究者从宏观上增加对待研究主题的了解，尤其可方便研究者开展综述类研究。例如，以“口译研究”为关键词进行搜索，共获得 952 篇符合要求的文献，利用 CNKI 的文献计量可视化分析功能对所有文献进行可视化分析，其部分内容的可视化分析结果如图 10-9 所示。

（6）CNKI 学术信息分享与传递功能

学术信息分享和传递功能主要指 CNKI 官网中包含有大量的项目申报和学术会议信息，并支持将学术会议信息推送到研究者的个人数字图书馆，拓宽研究者的科研、学术和会议等信息的获得渠道。研究者可点击 CNKI 主界面的“科研项目申报信息库”图标和“中国学术会议信息”图标获得以上科研信息资讯。

（7）CNKI 研学辅助功能

研学辅助功能主要指 CNKI 推出了面向不同层次研究者的研究型学习平台，以帮助研究者阅读文献、储存文献、嵌入笔记、添加写作素材、自动生成参考文献及了解研究者动态。以 CNKI 支持的面向研究生层面的研究型学习平台为例，研究者可点击 CNKI 官网的

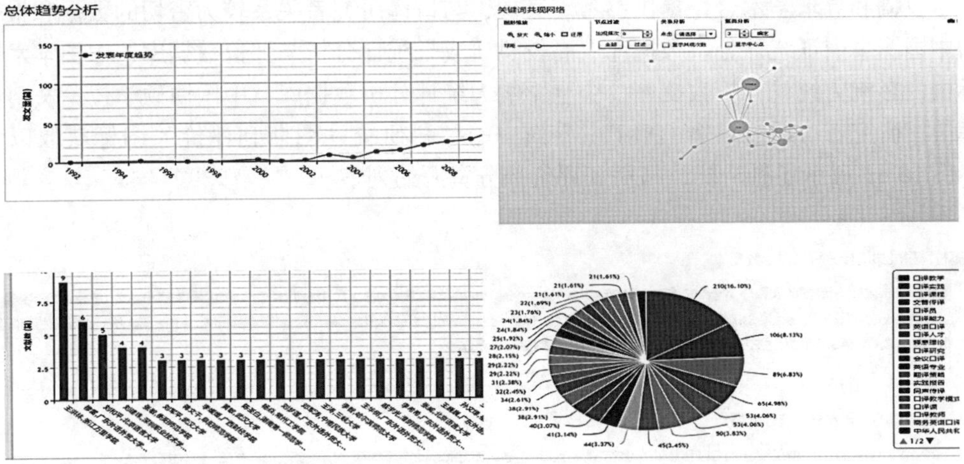

图 10-9　CNKI 文献可视化分析界面截图

“研究型学习平台”图标，将层次设为研究生，即可进入该平台（http：//yjs. x. cnki. net/）。平台为研究生提供了科研的一站式指导，包括基本科研指南、科研基础支撑、科研过程支撑、成果创作投稿和知名期刊推荐模块，图 10-10 展示了该平台部分模块的具体内容。

图 10-10　CNKI 研究生学习平台界面截图

（8）CNKI 科研统计与期刊评价功能

科研统计与期刊评价功能主要指 CNKI 平台根据科学的指标和评价体系，对我国高校、科研单位的科研成果进行统计，对各期刊的影响力进行分析，形成若干数据库和报告，帮助研究者开展学术评价，了解各高校和期刊在自身研究领域中的成果和影响力，为求职、投稿和寻求学术合作提供参考。其中，与口译研究者关系较为密切的数据和报告分别为中国图书引证统计分析数据库、高校科研成果统计分析与评价数据库、中国学术期刊国际国内影响力统计分析数据库、个刊影响力统计分析数据库、中国博硕学位论文引证数据库等。研究者可通过点击 CNKI 主界面中的“科研统计图期刊评价”图标获取以上资源。图 10-11 展示了科研统计与期刊评价部分资源的列表。

高校科研成果统计分析与评价数据库

《高校科研成果统计分析与评价数据库》对全国972所高校及其学者从2006年至今的科研成果及学术影响力进行了统计分析，科研成果包括国内外期刊论文（包括中华医学会期刊）、国内外会议论文以及专利、基金项目和额度、奖励等。产品从地区、高校、作者、学科等多角度揭示高校及其科研人员在各领域的科研能力和学术影响力，为科研评估和学科发展规划提供了客观数据参考和决策依据。用户主要为高校科研处、教育管理部门、高校科研人员等。

基于大数据的期刊发展深度分析报告

为单个学术期刊提高办刊质量提供深度分析咨询服务。由专业的数据分析和期刊评价团队依据CNKI的海量学术数据，对期刊的稿件质量、学科布局、作者、机构等办刊要素进行统计分析，为期刊提供国际、国内影响力现状评价和发展趋势的相关数据，以帮助期刊知己知彼，在学术出版竞争中处于主动和有利地位。目前已为《科学通报》、《中国社会科学》、《中国电力》等众多期刊提供报告，获得了期刊编辑部的高度认可和评价。

样册下载

医院科研产出统计分析与评价数据库

《医院科研产出统计分析与评价数据库》依托CNKI数据资源，对医院科研产出大数据进行处理与分析，对全国11853家医院（包括1647家三级医院、6357家二级医院及3849家其他医院）及其学者近10年的科研产出及学术影响力进行了统计，科研成果包括国内外期刊（包括中华医学会期刊）、会议论文、专利、基金项目和额度、国家级奖励等。产品从地区、医院、作者、学科等多角度揭示医疗机构及其科研人员在医学各领域的科研能力和学术影响力，为医院科研处和医疗管理机构了解医院、科室及医生的科研能力，各地区医院的科研水平提供了客观数据参考和决策依据。

中国学术期刊国际国内影响力统计分析数据库

本数据库按年度发布我国正式出版的6000多种学术期刊国际、国内的各项定量评价指标。并统计了期刊核心作者、机构等与期刊发展要素相关的指标，为学者投稿、机构选刊、期刊编辑部办刊提供参考数据。

中国学术期刊评价开放型定制服务系统（CAJES）

本系统可满足用户对期刊定量评价的不同需求，用户可根据需要自行设定：统计的来源范围（如：全部期刊（原综合引证报告）、北大核心、中科院（CSCD）、中信所、南大（CSSCI）、社科院、skif、trif、brif、学位论文来源、会议论文来源）。还可自定义评价指标、评价方法、综合指标，排序，获得个性化期刊定量统计结果。

个刊影响力统计分析数据库新!

为期刊编辑部提供：《中国学术期刊影响因子年报》（网络版）、《文献网络传播情况》统计、《中国学术期刊国际引证报告》。个性化统计数据，包括：作者、学科、基金、出版时滞等统计数据。旧版《中国学术期刊综合引证报告》（2002-2007）及《文献网络传播情况》统计见：中国学术期刊评价统计分析平台。

中国博硕士学位论文引证数据库

根据《中国博士学位论文全文数据库》、《中国优秀硕士学位论文全文数据库》2006至今收录的学位论文，统计了700余家博硕士学位授予单位各年、各学科、各导师的博硕论文量、被引频次、下载频次，为高校评估研究生教育质量提供参考数据。

图 10-11　CNKI 科研统计与期刊评价部分资源截图

除以上在口译研究过程中经常需要使用的功能，CNKI 还为研究者提供了其他的科研支持功能，如 CNKI 翻译助手、文献检测等，同样值得口译研究者关注和运用。需要说明的是，在使用部分功能时，研究者可能需要事先购买充值卡进行充值付费，也可能需要下载 CAJViewer、CNKI 数字化学习平台等。

就 CNKI 的使用方式而言，CNKI 为研究者提供了便捷灵活的使用选择。研究者可通过登录网页版 CNKI 获取科研资源，也可在移动端下载手机知网 APP 开展科研工作。图 10-12 展示了手机知网 APP 的主界面和其服务内容，如文献检索、行业情报、数据透视、文章定制、学科分类、期刊、图书、工具书等。口译研究者可利用手机知网 APP 开展碎片化学术资源阅读。

图 10-12　手机知网 APP 主界面内容截图

（二）国际会议口译研究信息网（CIRIN）①

1. CIRIN 简介

国际会议口译研究信息网（International Information Network on Conference Interpreting Research，CIRIN）历史较为悠久，由巴黎索邦大学 Daniel Gile 教授于 1990 年在巴黎创办。该网站的主要宗旨是推动国际范围内相对独立和分散的会议口译研究信息与成果的交流和共享，其信息载体为国际会议口译研究信息网公报（*Bulletin*）。CIRIN 主页包括四个

① 关于 CIRIN 介绍主要引自其官网：http：//cirinandgile. com/

导航按钮，分别是主页、Daniel Gile 教授个人主页、翻译类期刊链接以及早期公报汇总。其中，主页界面主要是关于 CIRIN 成立时间、背景、宗旨、特色的概述；Daniel Gile 教授个人主页界面主要介绍其个人简历、代表性著作和部分发言汇报；相关翻译类期刊链接界面汇总了可免费在线访问的翻译类期刊和其他研究资源链接；早期公报汇总界面展示了近十年来发布的所有公报。图 10-13 为 CIRIN 官网（http：//cirinandgile. com/）主界面。

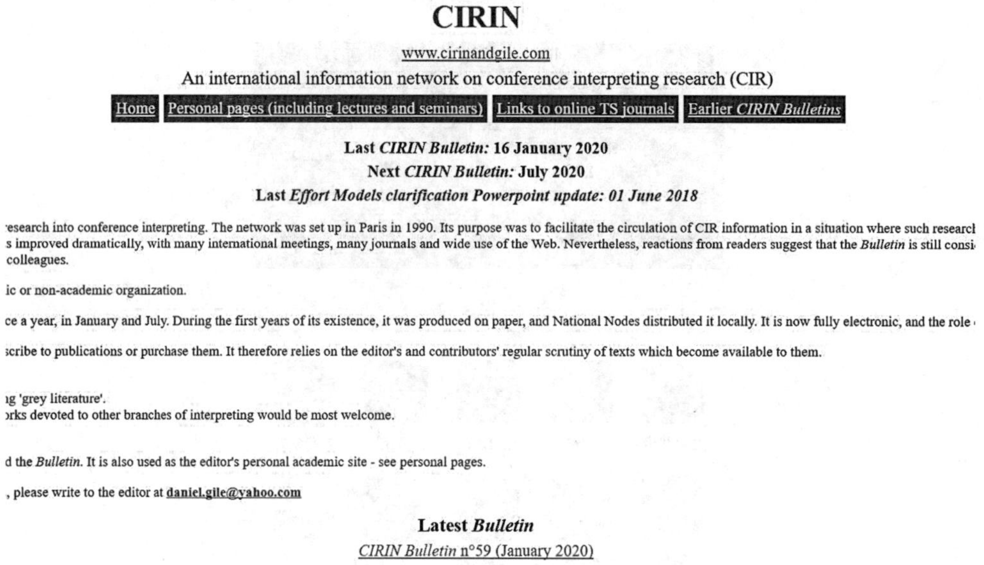

图 10-13　CIRIN 官网主界面截图

2. CIRIN 主要特色

CIRIN 的创办理念、信息发布及运行方式主要呈现出五项特色，即促进口译界沟通、主体独立创建、信息内容全面、信息发布及时和资源免费易取。

（1）促进口译界交流沟通

促进交流沟通主要是针对该网站的创办理念。20 世纪 90 年代初，包括会议传译在内的口译研究多由独立研究者开展，彼此之间缺乏联系，不利于研究成果的共建共享。Gile 教授为了促进口译研究界的交流和成果共享，创办了该网站。后来，各类翻译国际会议举办日益频繁，但研究者参加此类会议耗时耗力，且经济成本较高，故依然需要通过阅读该网站发布的公报了解国际口译会议及研究的成果和动态。总体来说，该网站为促进国际口译研究成果交流和共享作出了重要的贡献。

（2）网站创建主体独立

就创建主体而言，CIRIN 由 Gile 教授独立创办，与任何学术和非学术机构无经济和体制上的联系。但是该网站也有一些联络单位，这些联络单位都志愿为该网站发布的公报提供信息和资料来源，共同推动国际口译研究发展。非联络单位的个人若想给该网站提供资源或推荐研究成果，可与相关联络单位联系，也可直接联系 Gile 教授推荐资源，联络单位汇总表见图 10-14。

For **Argentina**: Victor Hugo Sajoza Juric (vsajoza@gmail.com), National University of Córdoba, Argentina.
For **Australia**: Marc Orlando - (marc.orlando@monash.edu) & Jim Hlavac - (Jim.Hlavac@monash.edu) Translation and Interpreting Studies, School of LLCL, Monash University, Clayton 3800 VIC, Australia
For **Austria**: Franz Pöchhacker - Center for Translation Studies, University of Vienna, Gymnasiumstr. 50, A-1190 Wien, Austria Franz.Poechhacker@univie.ac.at
For **Chile**: Gertrudis Payàs - Escuela de Lenguas y Traducción, Facultad de Artes y Humanidades, Universidad Católica de Temuco, Avda. Alemania 0422, Temuco, C.P. 4810296, CHILE payas@lagerta.com
For **China (Hong Kong)**: Andrew Cheung - Department of Chinese and Bilingual Studies, Hong Kong Polytechnic University, Kowloon, Hong Kong profakc@gmail.com
For **China (Shanghai)**: Ailing (Irene) Zhang - Graduate School of Interpretation and Translation, Shanghai International Studies University, 550 Dalian Road (W), Shanghai 200083, P.R.China azhang@shisu.edu.cn
For the **Czech Republic**: Ivana Cenkova - Charles University, Institute of Translation Studies, UTRL FF UK, Hybernska 3, 110 00 Praha 1 Czech Republic tel 42 02 216 195 13 fax 42 02 216 195 28 IVANA.CENKOVA@ff.cuni.cz
For **Denmark**: Helle Dam - Department of Business Communication, School of Business and Social Sciences, Aarhus University, Jens Chr. Skous Vej 4, DK-8000 Aarhus Denmark HD@asb.dk
For **Egypt**: Sania Sharawi-Lanfranchi - 4, El-Saleh Ayoub, Zamalek 11 2 11, Cairo Egypt saniasharawi@gmail.com
For **Estonia**: Margus Puusepp - Vallikraavi12-15, 51003 Tartu, Estonia. mpuusepp@hot.ee
For **Finland**: Yves Gambier - University of Turku - Centre for Translation and Interpreting, School of Languages and Translation Studies FI- 20014 Turun Yliopisto Finland - yves.gambier@utu.fi
For **France**: Daniel Gile - 18, rue Alexandre Guilmant, 92190 Meudon, France daniel.gile@yahoo.com
For **Greece**: Anastasia Parianou - Ionian University, Megaro Kapodistria, 49100 Corfu, Greece parianou@ionio.gr
For **Ireland**: Michael Cronin – Trinity Collegue Dublin, The University of Dublin, Ireland croninm8@tcd.ie
For **Italy**: Deborah Giustini: deborah.giustini@manchester.ac.uk
For **Japan**: Akira MIZUNO - a-mizuno@fa2.so-net.ne.jp
For **Mexico**: CESLAA (Dra Georganne Weller), Tlaxcala 78-501, Col. Roma Sur, México, D.F. 06760 Mexico gemavaniki@yahoo.com
For Nigeria: 'Segun Afolabi asegunlabi@yahoo.com
For **Poland**: Bartłomiejczyk, Magdalena - Univ of Silesia, Institute of English, ul. Zytnia 10, 41-205 Sosnowiec, Poland: magdalenabartlomiejczyk@hotmail.com
For **Portugal**: Manuel Sant'Iago Ribeiro - Rua Correia Teles, 32 R/ch PT - 1350-100 Lisboa Portugal, tel: + 351.91.754.7414 msr@aiic.net
For **Romania**: Daniel Dejica - Department of Communication and Foreign Languages, Politehnica University of Timisoara, Str. Petre Ramneantu nr. 2, ASPC, A2014, Timisoara, Romania, daniel.dejica@upt.ro
For **Slovakia**: Pavol Šveda – Comenius University, Faculty of Arts, Gondova 2, 814 99 Bratislava, Slovakia. pavol.sveda@uniba.sk
For **Switzerland**: Michaela Albl-Mikasa - ZHAW Zurich University of Applied Sciences, School of Applied Linguistics, Theaterstr. 15c, P.O. Box 8401 Winterthur Switzerland michaela.albl-mikasa@zhaw.ch
For **Turkey**: Hande Ersöz-Demirdağ - Yildiz Teknik Üniversitesi Fen- Edebiyat Fakültesi Bati Dilleri Ofis: B1018, Davutpasa Cad no: 127, 34210 Esenler/Ýstanbul Turkey, tel: +90 212 449 15 58 handeersoz@hotmail.com
For the **UK**: Jemina Napier - Heriot-Watt University, Edinburgh, Scotland, j.napier@hw.ac.uk
For **Uruguay**: Maria Julia Sainz - Facultad de Derecho/Traductorado, Universidad de la Republica, Bvar. Artigas 210 11.300 Montevideo, Uruguay tel/fax (598 2) 711 54 56 - e-mail: mjsainz@adinet.com.uy

图 10-14 CIRIN 各地区联络单位汇总截图

（3）口译研究信息内容全面

CIRIN 网站为研究者提供了丰富的研究资源，主要包括如下三种。其一是 Gile 教授汇总的可免费访问的翻译期刊和机构链接。其二是 Gile 教授收集的已经正式出版的会议口译、媒体口译和少量其他口译研究领域的研究成果。其三是一些口译研究中的“灰色文献”，即口译研究中一些非公开发表的内部资料，如学术研讨会论文、学位论文、会议记录报告、基金申请书等。第一类资源主要可通过点击主页中的“翻译类期刊链接”按钮访问。

第二类和第三类资源主要出现在 CIRIN 发布的公告中，以 2020 年第一期公报为例（见图 10-15），公报中收录了不同类型和主题的口译研究成果，包括聚焦同声传译公开发表的期刊论文 47 篇、硕士学位论文 5 篇、博士学位论文 5 篇、书籍 2 本以及手语和其他口译研究领域的成果若干，这些成果有的已经正式出版，有的则摘录于未公开出版的会议发言，由联络单位提供。

（4）口译研究信息发布及时

CIRIN 公报发布的时效性较高，于每年的 1 月和 7 月定时发布，研究者可以通过

THE CIRIN BULLETIN

Conference Interpreting Research Information Network

An independent network for the dissemination of information on conference interpreting research (CIR) and related research

BULLETIN n°59
January 2020
DOI: 10.13140/RG.2.2.27407.53927

Editor: Daniel Gile (DG)
Contributions were also received from:
Dörte Andres (DA); Rafael Barranco-Droege (RBD); Ivana Čeňková (IC); Hande Ersöz Demirdağ (HE); Georganne Weller (GW)

*

Editorial address:
D. Gile, 18, rue Alexandre Guilmant, 92190 Meudon, France
e-mail: daniel.gile@yahoo.com
Web site: http://www.cirinandgile.com

This Bulletin aims at contributing to the dissemination of information on conference interpreting research (CIR) and at providing useful information on CIR worldwide. It is published twice a year, in January and July. For further information and electronic copies of early issues no longer posted on the CIRIN site, please contact D. Gile.

图 10-15　CIRIN 公报内容示例

CIRIN 主界面查询并下载最近一期公报，也可通过点击主界面的“早期公报下载”图标，查询近十年来的公报。图 10-16 展示了 CIRIN 的公报查询界面。

（5）口译研究资源免费易取

就资源的获取方式而言，CIRIN 中的所有资源都无需付费，研究者只须进入官网主页点击相应的图标即可便捷获得。由于该网站仅展示了近十年来的公报，研究者若想获得更早的研究公报，可通过邮件与 Daniel Gile 联系（daniel. gile@ yahoo. com）。

总体来说，Gile 教授创办的国际会议口译研究信息网及其定期发布的研究公报可为口译研究者提供丰富的研究资源，帮助拓宽口译研究者的学术视野。

（三）Web of Science 数据库

1. Web of Science 数据库基本信息和特色简介

1997 年，Thomson 公司将 SCI（Science Citation Index）、SSCI（Social Science Citation Index）以及 AHCI（Arts & Humanities Citation Index）三大数据库整合，创建了 Web of Science 数据库。2016 年，Onex Corporate 与 Baring Private Equity Asia 对 Thomson Scientific 进行收购，将其更名为科睿唯安（Clarivate Analytics）。经过 20 多年的发展，Web of Science 数据库已经发展成为全球最大规模的出版商中立引文索引和研究情报平台，帮助研究者获取全球优质学术信息。研究者可通过授权的 IP 地址（http：//www. webofscience. com）或通过登录学校图书馆的主页找到相应的资源，其主页如图10-17 所示。

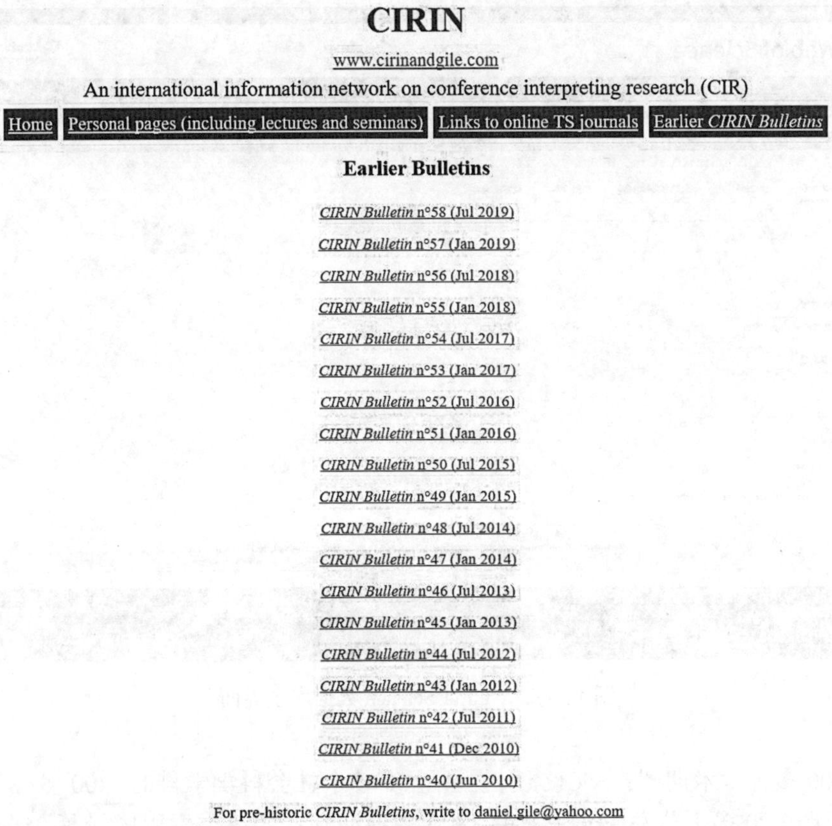

图 10-16　CIRIN 公报查询界面截图

Web of Science 数据库具有学术资源覆盖广泛、内容质量上乘、功能板块多样等特点，为研究者提供了包括文献检索、文献分析、文献获取、论文写作、成果发表和学术交流等服务在内的一站式助研平台。

2. Web of Science 数据库资源体系

就学术资源覆盖面而言，Web of Science 数据库文献数量众多，涵盖多学科、多类型、多地区的学术文献和信息。其学科范围包括自然科学（SCI）类文献、社会科学（SSCI）和艺术人文科学（A&HCI）类文献，其中，社会科学和艺术人文科学的文献和口译研究关系更为密切，尤其值得口译研究者关注。研究者只需要在搜索文献前点击主界面右上方的“选择数据库”图标（见图 10-17），即可在菜单列表中选择需要检索的数据库，缩小查询范围。

同时，Web of Science 数据库和 CNKI 等其他综合性数据库一样，包含了数量众多的图书、连续出版物（报纸杂志）和各类特殊文献（如专利、报告、会议文献等）资源。其中，图书类索引收录了超过 10 万种学术专著；期刊文献中，SCI 索引收录了 170 多个

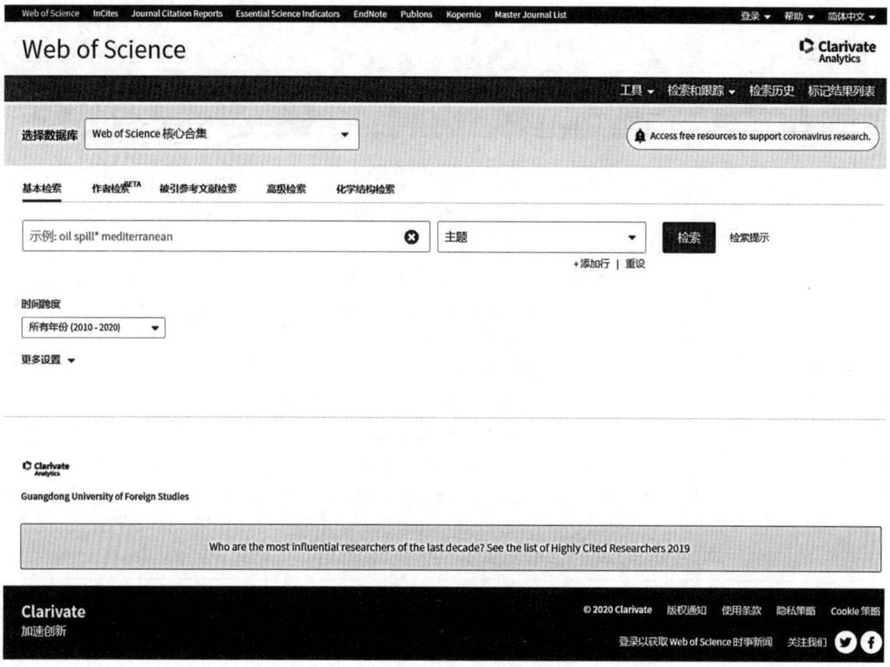

图 10-17 Web of Science 数据库主界面

学科的 9200 多种学术期刊，SSCI 索引收录了 50 多个社会科学学科的 3400 多种学术期刊，A&HCI 收录了 20 多个艺术人文领域的 1800 多种期刊；会议类索引收录了 250 多个学科的 20 万个会议记录。口译研究者可通过检索以上资源，获取研究中需要的各类图书、期刊和会议记录等资源。

此外，Web of Science 数据库中还包含了多个地区不同语种的学术文献。除英文文献外，Korea Journal Database 收录了大量韩文文献，Russian Citation Index 收录了众多俄语文献，SciELO Citation Index 收录了许多欧洲、南非及拉丁美洲的文献，中国科学引文数据库收纳了大量的中文文献。口译研究者可通过点击图 10-17 左上角的“选择数据库”图标，进入不同语种和地区的数据库获取文献。

3. Web of Science 数据库资源遴选与历史

就学术资源质量而言，Web of Science 数据库收录的文献质量相对较高，且包含了大量历史悠久的经典文献。以其核心合集数据库为例，该数据库历来遵循严格的选刊标准，遴选各个学科在全球范围内具有较高影响力的经典期刊，并且完整地收录每一份期刊的所有信息。如 SCI 和 SSCI 数据库的经典文献最早可追溯至 1900 年，A&HCI 的文献最早可追溯至 1975 年。口译研究者可通过图 10-17 中的“时间跨度”按钮，设定所要检索的文献时间，获取本研究中的经典文献。

4. Web of Science 数据库功能板块

就功能板块而言，Web of Science 数据库可为研究者提供文献检索、文献分析、文献获取、论文写作与成果发表的一站式助研服务，下面对该数据库的上述功能板块进行逐一介绍。

（1）文献搜索阶段功能

在文献搜索阶段，Web of Science 数据库支持研究者进行基本检索、被引参考文献检索、作者检索、高级检索和化学结构检索。在这些检索中，口译研究者使用较多的检索方式包括基本检索、被引文献检索和高级检索。基本检索和高级检索功能与其他数据库相似，被引参考文献检索是 Web of Science 数据库的特色。

①基本检索

基本检索即研究者首先设定需要搜索的关键词，再通过设置数据库提供的检索方式（如主题检索、标题检索、作者检索、出版物检索等）进行搜索。研究者还可在基本检索界面点击“增加行”按钮，自行增加检索的关键词或主题词行，缩小文献检索范围。图 10-18 以“translation education”为例，展示了 Web of Science 数据库的基本检索功能。

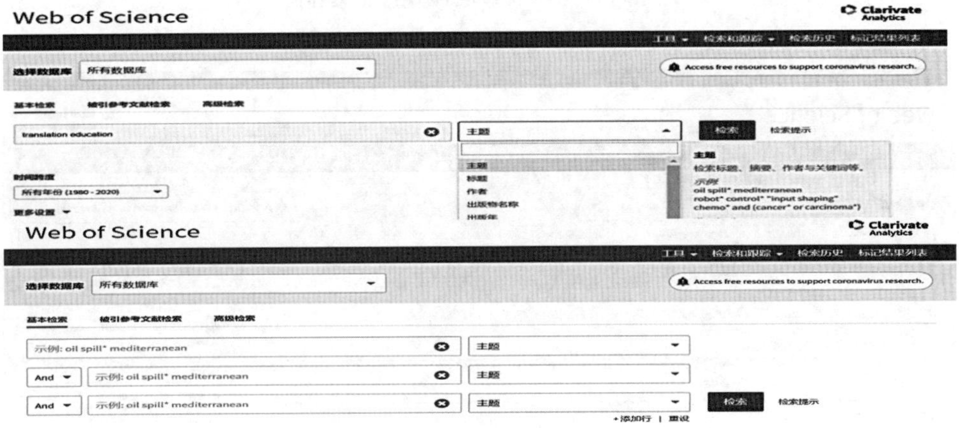

图 10-18　Web of Science 基本检索界面

②高级检索

Web of Science 数据库的高级检索功能（见图 10-19）支持研究者使用字段标识、布尔运算符、括号和检索结果集来创建检索式。若研究者对检索式不太了解，还可以点击“更多示例”和“查看教程”按钮，学习检索式的编写方式，以提高文献搜索的准确度和效率。

③被引参考文献检索

被引参考文献检索，即研究者可以利用数据库查找引用了相关检索词的文献。被引文献检索界面如图 10-20 所示。

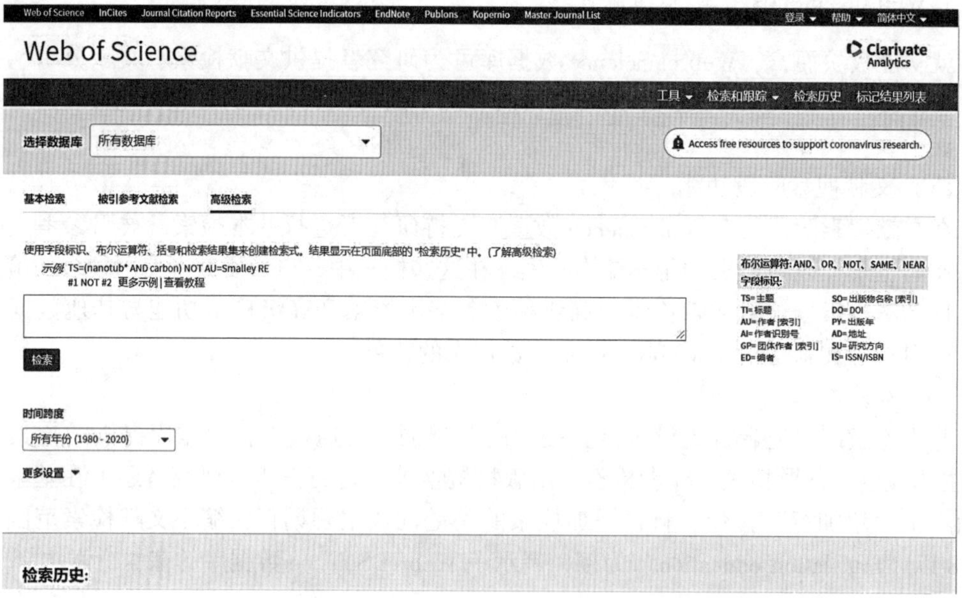

图 10-19　Web of Science 高级检索界面

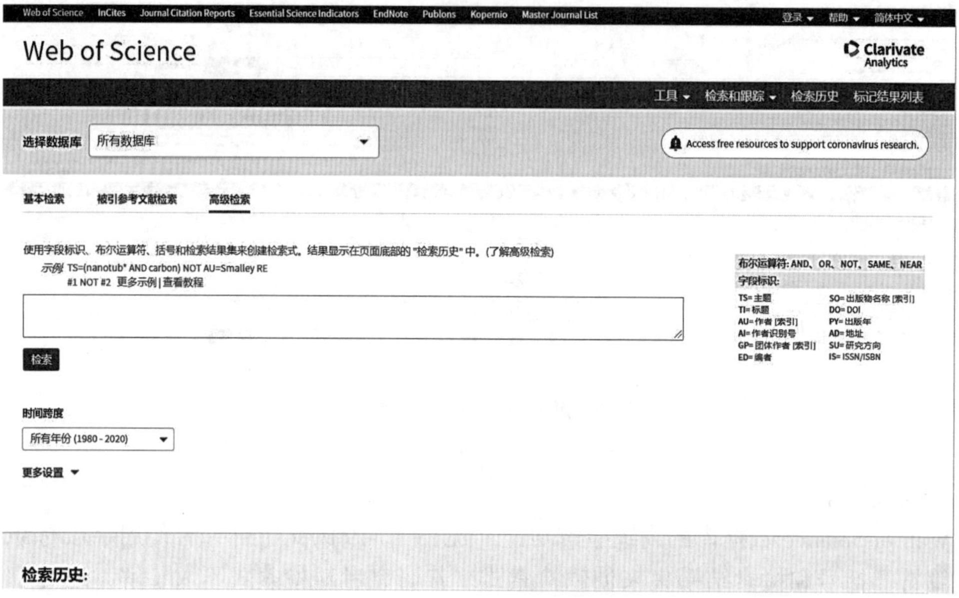

图 10-20　Web of Science 被引文献检索界面

④文献筛选

通过以上方式检索出众多参考文献后，为了提高文献的筛选效率，Web of Science 数据库支持研究者对所有文章以不同的方式排序，如按照预先设定的日期、被引次数、使用次数、相关性、最近添加次数、第一作者、来源出版物进行排序，见图 10-21。此外，研究者还可以通过文献的开放程度和出版年份、机构等信息对符合搜索词的文献进行进一步筛选。如图 10-21 所示，研究者首先使用基本检索的方式在 Web of Science 数据库核心合集中以“translation education”为关键词共检索出了 2074 篇文章，随后，研究者以“相关性”为排序方式，对检索出的 2074 篇文章进行了排序。

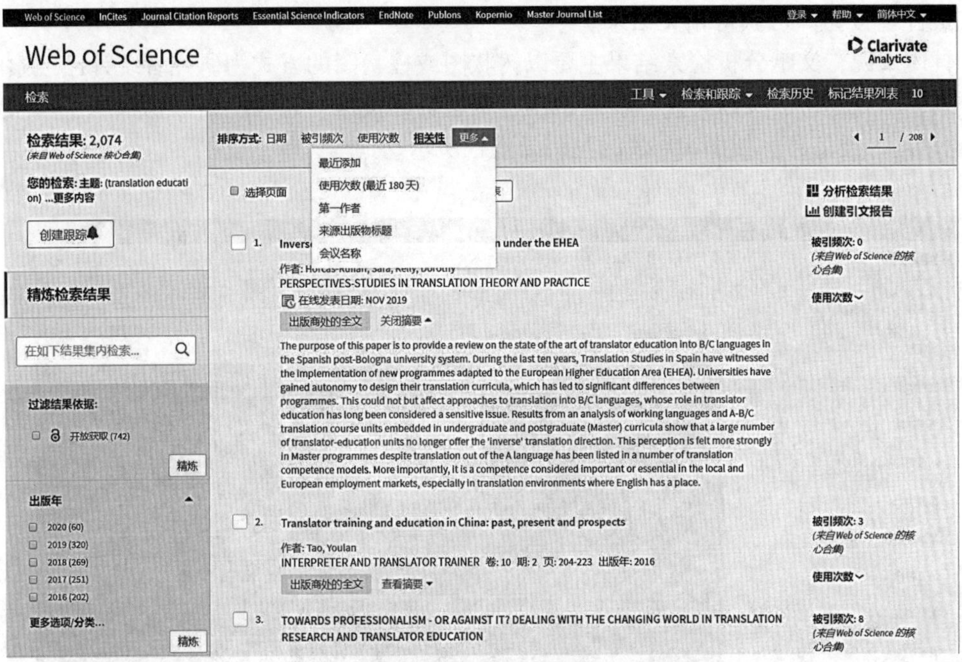

图 10-21 Web of Science 文献搜索结果界面

值得一提的是，Web of Science 数据库还特别支持研究者在检索结果中选择特定类型的文献进行阅读。如图 10-22 所示，研究者通过在检索结果界面中点击“文献类型”按钮，即可根据研究需要选择研究型文章、综述、书评等不同类型文献进行阅读。

图 10-22 Web of Science 文献类型选择界面

（2）文献分析阶段功能

在文献分析阶段，Web of Science 数据库既可帮助研究者了解其搜索的研究主题概况，也可帮助研究者了解所要研究主题的热点和焦点，还可对研究主题的发展动态进行追踪。

①主题研究概况分析

关于对研究主题的概况分析，研究者可利用 Web of Science 数据库提供的文献检索可视化分析和创建引文报告功能，只需点击图 10-21 右上方的“分析检索结果”和“创建引文报告”按钮即可获得相关结果。

具体来说，文献分析检索结果主要以树状图或柱状图的方式为研究者统计已搜索的文献类别、出版年份、文献类型、所属机构、基金资助机构、作者、出版物来源、国家和地区分布等 15 类信息，如图 10-23 的左侧导航栏所示。

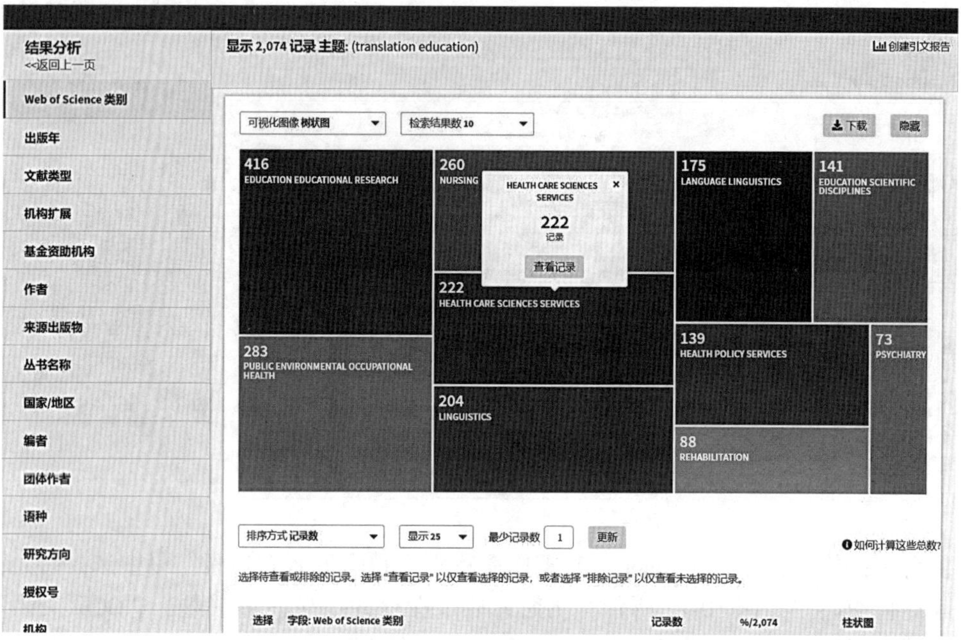

图 10-23　Web of Science 文献分析检索结果界面

创建引文报告功能主要是为研究者统计和展示已搜索文献的平均引用次数、被引总次数、施引文献数量及年度平均被引次数等信息。图 10-24 展示了研究者在前文中以“translation education”为主题搜索出的 2074 篇文献的引文报告。

②主题研究热点和焦点分析

关于研究热点和焦点，研究者可借助 Web of Science 数据库的 Essential Science Indicator 模块的研究前沿功能（Research Fronts），查询检索文献中的热点文章（Hot Papers）和高被引文献（Highly Cited Papers）。Research Fronts 主要是利用引文分析的方式对高被引文献进行分析，将其标题中的主要关键词组成该领域的研究前沿。热点文章是待研究领域在近两年发表的，且在最近两个月内被引次数进入同出版年、同学科 0.1%的论文。高被引文献是待研究领域在近十年发表的，且在同学科内被引次数进入全球前 1%的

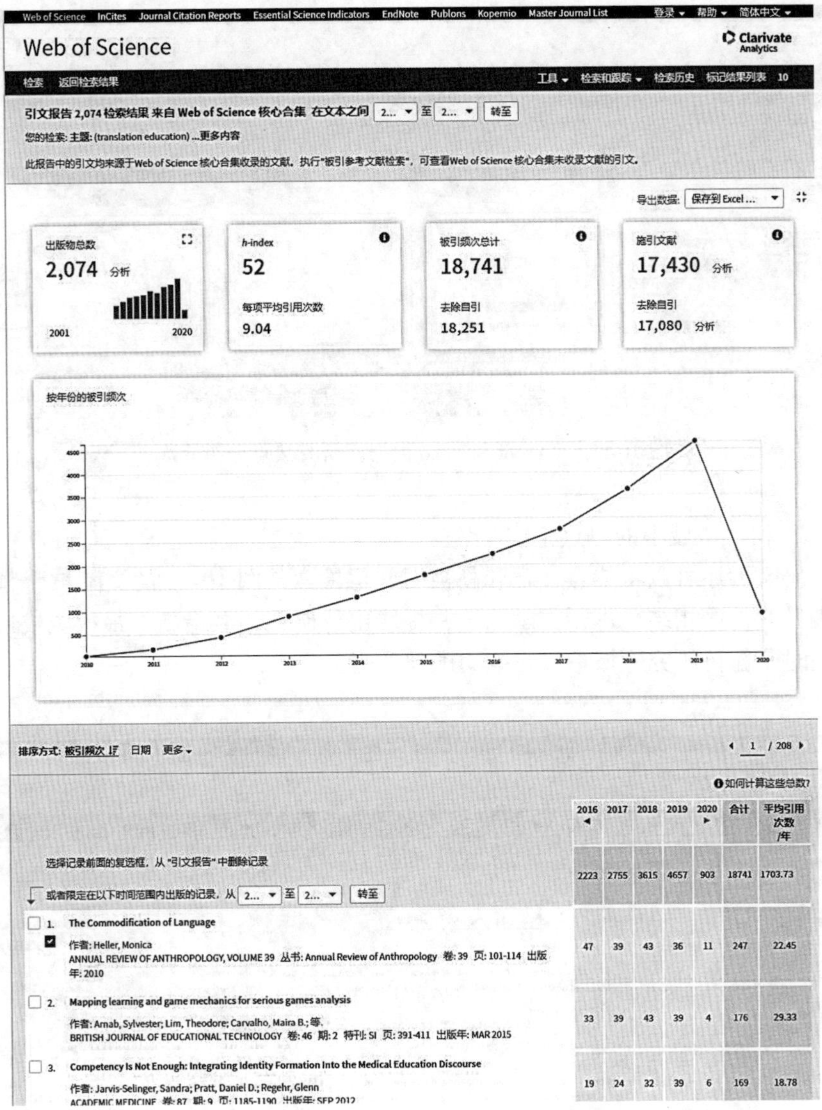

图 10-24　Web of Science 文献分析检索结果界面

文章。

若想在 Web of Science 数据库实现以上研究热点分析功能，研究者一方面可点击 Web of Science 主界面上方的 Essential Science Indicator 模块，进入该模块主界面，如图 10-25 所示，继而在左侧的 Result List 菜单列表中选择 Research Fronts，在 Include Results For 菜单列表中根据需要选择（Hot Papers）或者（Highly Cited Papers），实现对研究热点的可视化分析。

另一方面，研究者可在 Web of Science 数据库的基本检索界面输入检索关键词，并在文献检索结果界面左侧的"过滤结果依据"菜单中（如图 10-26 所示）选择"领域中的

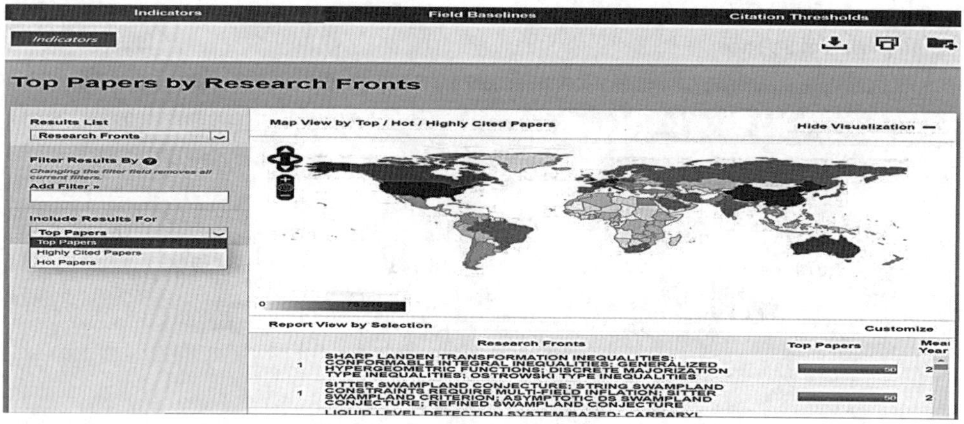

图 10-25　Web of Science 数据库研究热点分析界面

高被引文献”和“领域中的热点论文”。

此外，研究者还可以将热点文章和高被引文章检索与图 10-26 的文献被引频次、使用次数、发表日期排序相结合进行文献筛选，提取出待研究领域最新、最权威或最前沿的研究文献，同时了解待研究领域最具影响力的研究者。

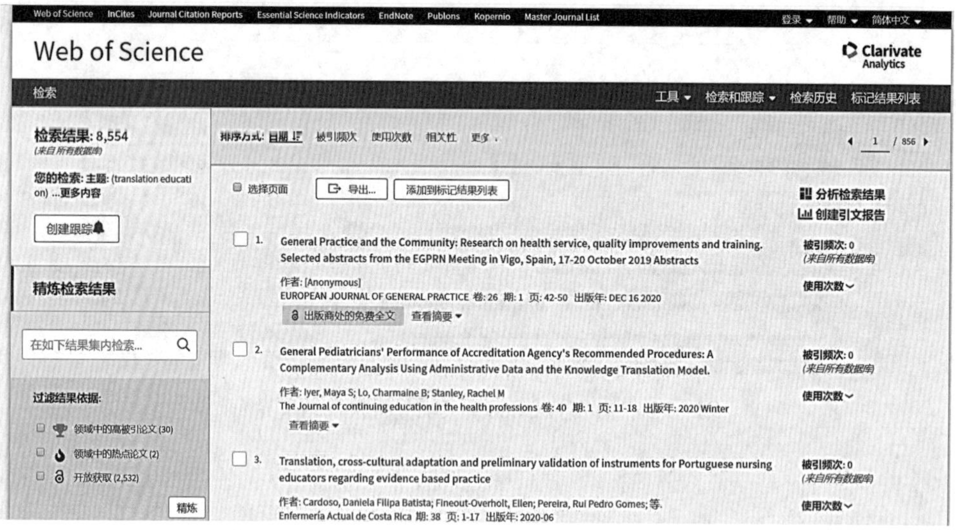

图 10-26　Web of Science 数据库热点和高被引文献过滤界面

③研究主题走向分析与追踪

关于对待研究主题文献发展走向的分析和追踪，可利用 Web of Science 数据库的引文网络分析实现。Web of Science 数据库支持对每一篇文献的引文网络分析，包括被引次数分析、使用次数分析、参考文献汇总、施引文献分析、相关记录分析和引文追踪。研究者可在文献检索结果界面选取所要阅读和分析的文献，进入文献详细信息界面，如图 10-27 所示，文献分析界面的右侧即提供了该文献相关的引文网络。

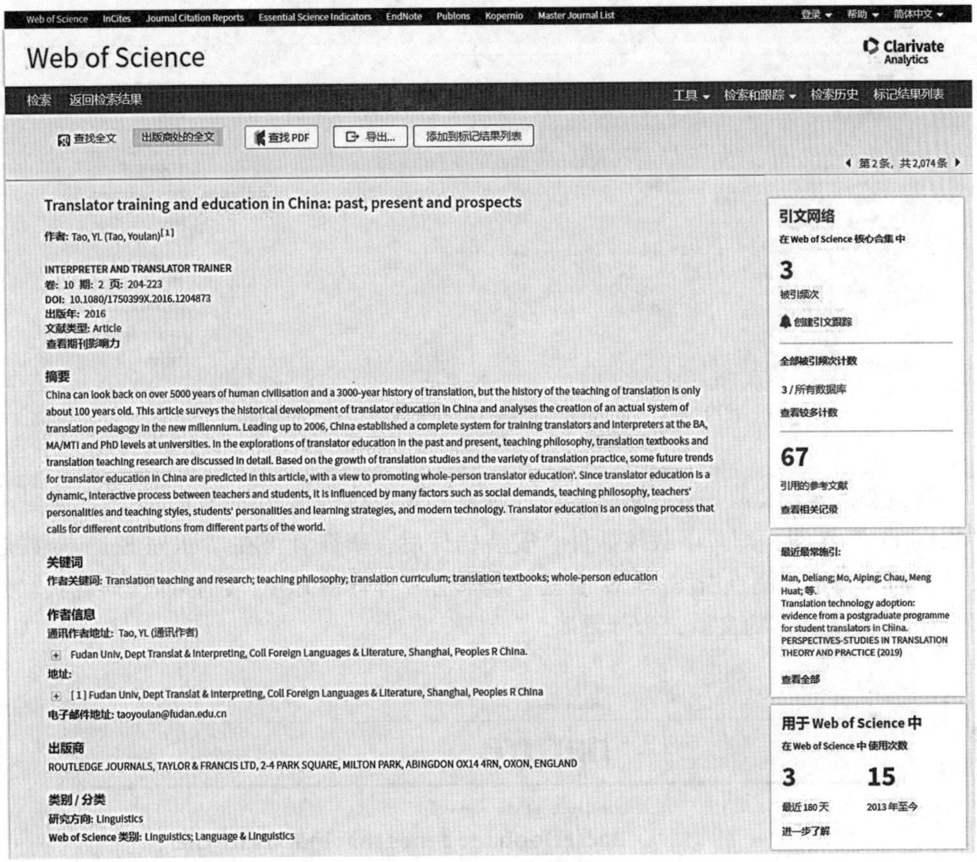

图 10-27 Web of Science 引文网络界面

在以上功能中，施引文献分析、相关记录分析和引文追踪功能特别值得口译研究者注意和加强使用。施引文献分析展示了参考文献被其他文献的进一步引用情况，有助于研究者追踪待研究主题的发展动向；相关记录分析展示了待阅读文献和其他文献含有的共同的参考文献情况，有助于研究者发现待研究文献与其他研究的共同点或研究交叉点。图 10-28 展示了一篇文献的相关记录界面，该界面详细呈现了和原文献包含相同参考文献的文献以及相同的参考文献数量；引文追踪功能可对该文献后期的被引用情况进行追踪，需要研究者点击图 10-27 左上方的“创建引文跟踪”按钮进行订阅，订阅后研究者即可通过邮件查收待阅读文献的最新应用情况。

（3）文献获取阶段功能

在文献获取阶段，Web of Science 数据库为研究者提供了全文浏览服务和浏览工具。关于全文浏览服务，研究者可通过点击文献检索界面（见图 10-26）中的“出版商处的免费全文”按钮，从各文献出版商处下载全文。此外，Web of Science 数据库也为研究者提

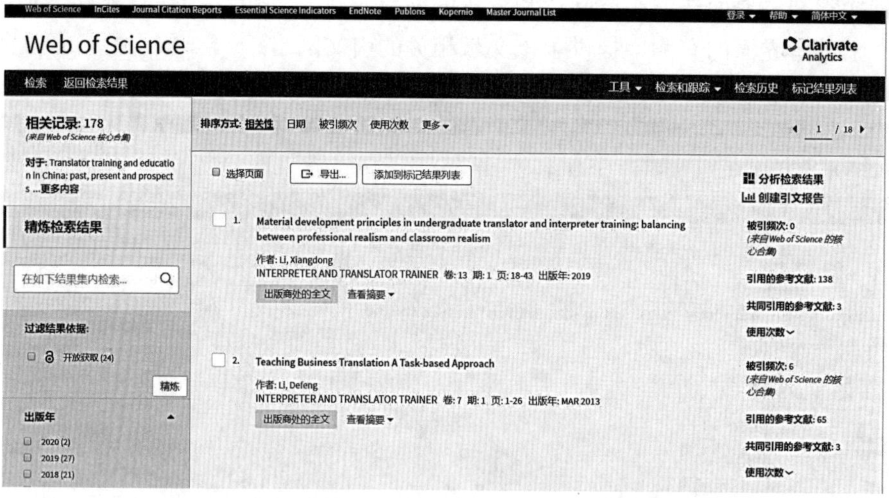

图 10-28　Web of Science 引文网络-相关记录界面

供了一款免费插件“Kopernio”阅读全文。研究者只需点击 Web of Science 数据库最上方的“Kopernio”按钮，即可下载该插件。安装插件后，研究者可在 Web of Science 数据库的文章页面和检索页面点击图 10-29 中左下方绿色的“View PDF”图标即可一键获取公开发表（Open Access）的文献，十分便捷。

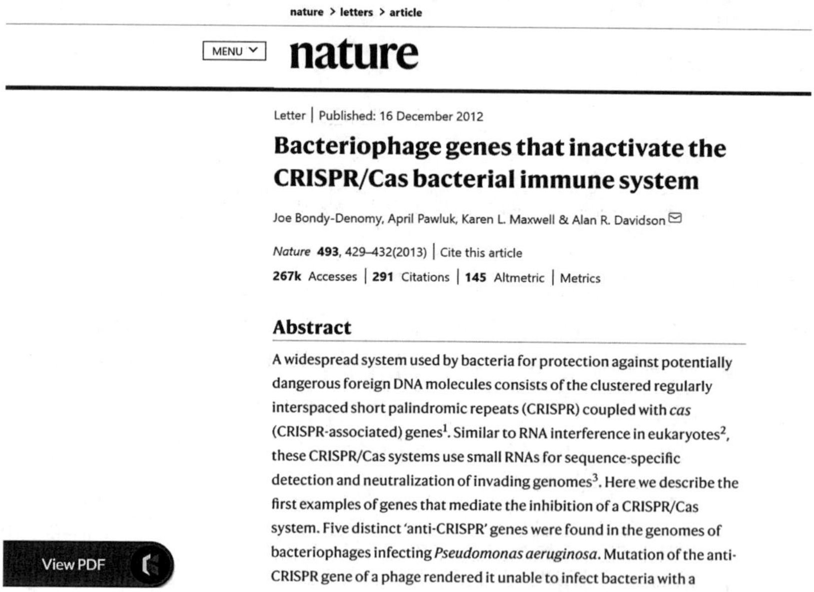

图 10-29　Web of Science 数据库 Kopernio 插件使用界面

（4）文献写作阶段功能

在文献写作阶段，Web of Science 数据库支持研究者对参考文献进行管理，同时也支持研究者边写作边引用参考文献，并自动生成文中和文后参考文献，还可提供 2300 多种期刊的参考文献格式。以参考文献在线保存和导出为例，研究者可点击图 10-30 上方的“EndNote”按钮管理参考文献，也可点击图 10-30 中的“导出”按钮，并在下拉菜单中选择参考文献的保存和导出的方式及格式。

图 10-30　Web of Science 参考文献管理界面

（5）成果发表阶段功能

在成果发表阶段，研究者可利用 Web of Science 数据库的期刊报告查询功能（Journal Citation Report）了解各期刊的基本情况，选择合适的学术期刊发表成果。Journal Citation Report 主要为研究者展示了各期刊的基本发行信息、所属数据库、所属领域、影响因子、影响因子分布、影响因子贡献、文章收录情况及期刊排名分区等。其中，期刊的影响因子、文章收录情况和期刊排名分区需要口译研究者在投稿过程中予以特别关注。研究者可通过访问 Web of Science 主界面上方的“Journal Citation Report”按钮进入期刊报告查询主页（见图 10-31），按照名称检索或类别检索的方式进行检索。

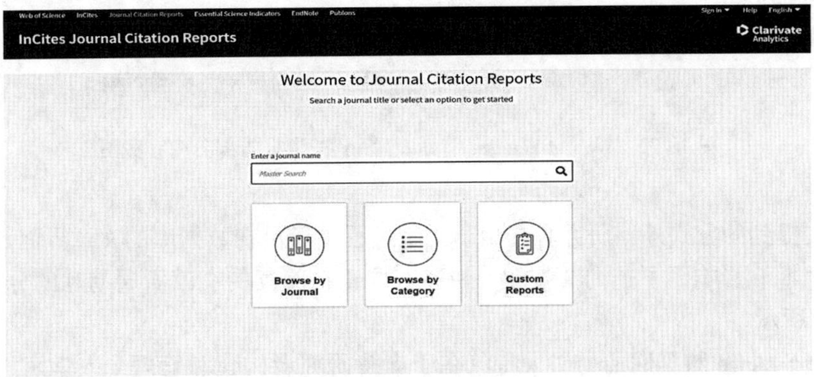

图 10-31　Web of Science 期刊查询报告主界面

研究者以翻译学 SSCI 期刊 *Babel* 为例，在 Web of Science 数据库中进行了期刊查询报告查询，报告的部分内容如图 10-32 所示。研究者可通过该报告了解 *Babel* 的发行概况、影响因子、影响因子分布、期刊分区排名以及前几年刊文的地区和机构统计等信息，判断该期刊是否适合投稿。

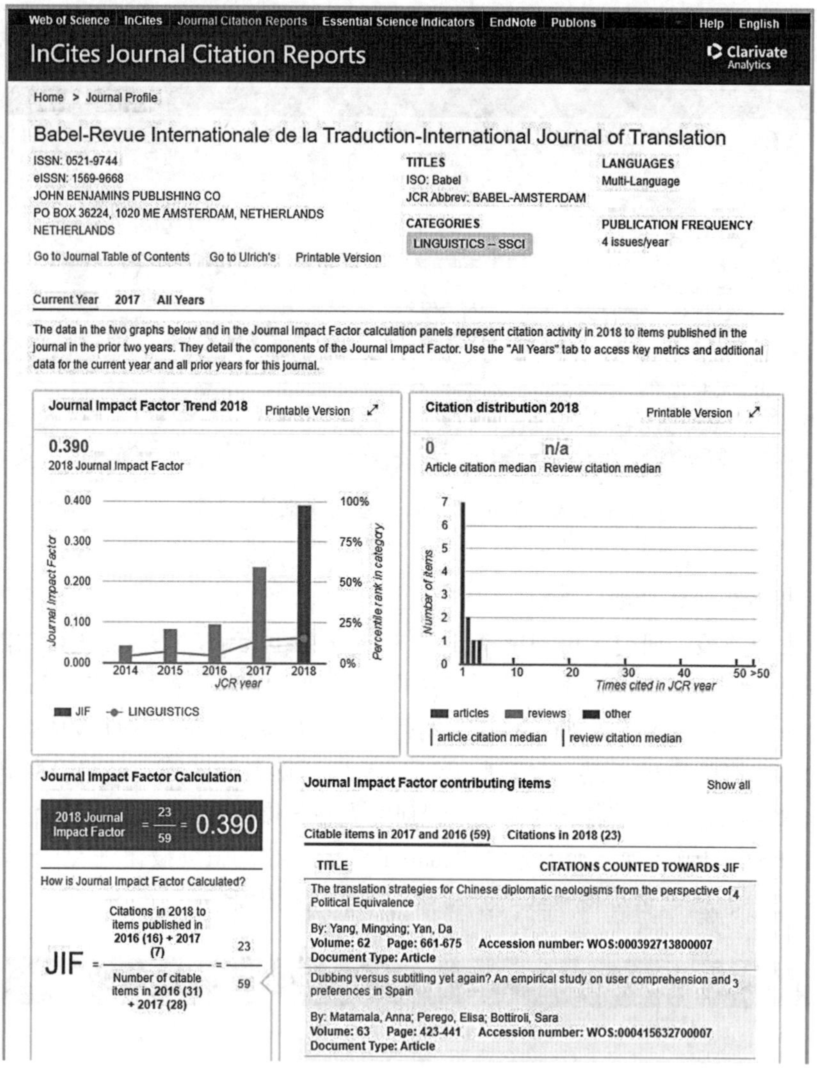

图 10-32　Web of Science 中 *Babel* 期刊查询报告部分内容截图

除前文提到的方式外，研究者在阅读文献过程中还可在数据库的文章界面点击文献类型下方的“期刊影响因子查询”按钮，快速获取正在阅读的文献所属期刊的分区和排名，如图 10-33 所示。

Web of Science 数据库的另一大特色在于支持研究者构建和管理个人学术档案，为研究者间的交流与合作搭建平台。研究者可通过点击 Web of Science 主界面上方的

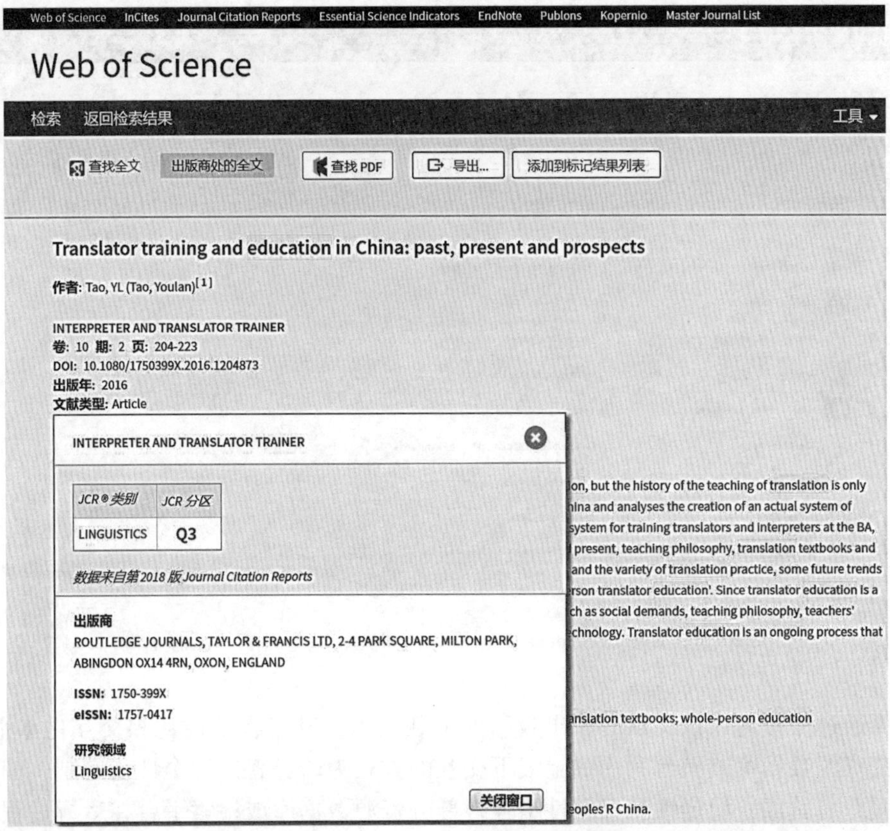

图 10-33 Web of Science 中期刊分区查询界面

“publons”图标，利用该工具制作个人学术名片，展示学术研究成果，跟踪个人学术论文、引用信息及同行评议记录等，提高个人的学术显示度。图 10-34 展示了在 publons 模块中，口译研究领域活跃度处于前十的研究者及其基本信息。

三、口译研究资源的开发与应用

（一）口译研究资源的发展现状

从本单元案例分析及附录 10. 1—10. 6 中关于各类口译研究资源的介绍可以看出，目前口译研究资源总体上呈现出体系完整、内容丰富、功能板块齐全、应用操作简单、信息化水平较高等优点。但同时，部分研究资源在功能、应用、共享等方面仍存在不足，具体表现在五个方面。其一，共享性和开放性程度不高。部分口译研究中需要使用的资源，如文献搜索类资源、语料提取类资源尚未对一般研究者开放，需要研究者购买或进入专门机构的访问链接才能获得。其二，信息导向和检索模式单一。目前大部分研究数据库的文献搜索基于信息元导向，即研究者只能通过数据库获取相关资源，尤其是外文资源的题录和

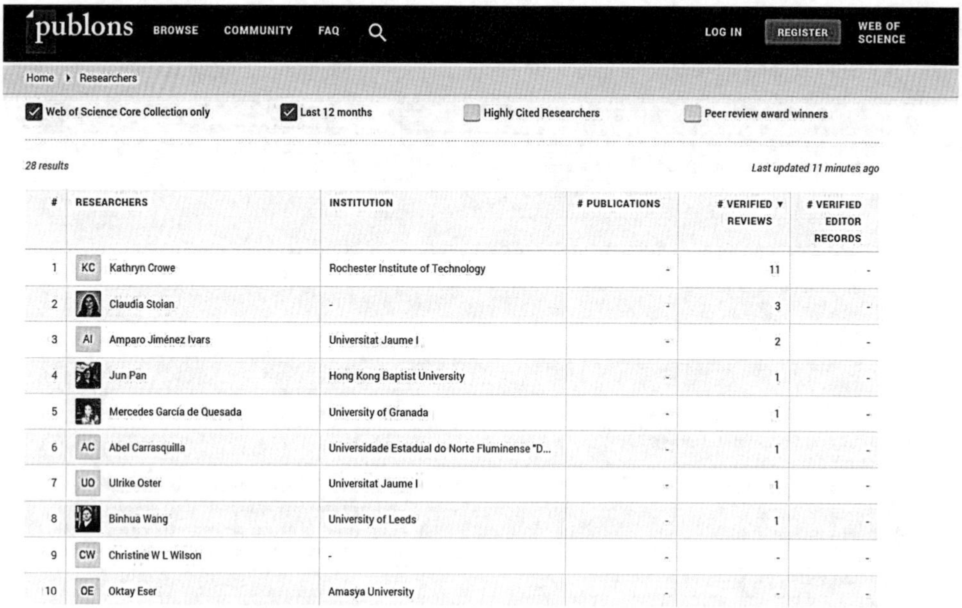

#	RESEARCHERS	INSTITUTION	# PUBLICATIONS	# VERIFIED ▾ REVIEWS	# VERIFIED EDITOR RECORDS
1	KC Kathryn Crowe	Rochester Institute of Technology	-	11	-
2	Claudia Stoian	-	-	3	-
3	AI Amparo Jiménez Ivars	Universitat Jaume I	-	2	-
4	Jun Pan	Hong Kong Baptist University	-	1	-
5	Mercedes García de Quesada	University of Granada	-	1	-
6	AC Abel Carrasquilla	Universidade Estadual do Norte Fluminense "D...	-	1	-
7	UO Ulrike Oster	Universitat Jaume I	-	1	-
8	Binhua Wang	University of Leeds	-	1	-
9	CW Christine W L Wilson	-	-	-	-
10	OE Oktay Eser	Amasya University	-	-	-

图 10-34　Web of Science 数据库口译研究领域学者名片汇总示例

链接，再通过链接进入该文献的原出版商处下载文献。其三，个性化和交互化水平不高。鲜有研究资源数据库或平台利用线上线下交互的方式为研究者开展个性化定制、辅助和信息推送服务。其四，稳定性和可靠性不强。部分资源数据库或检索平台在运行过程中发生卡顿、更换域名等不稳定现象，且发布的研究性资源未经严格审核，低质量资源与错误信息或掺杂其中。其五，学术共建机制匮乏。目前虽有部分口译研究者注重资源的积累和共享，但学术共同体之间的协作与资源整合机制有待建立。

（二）口译研究资源的开发

针对上述资源的开发现状和存在的不足，未来口译研究资源可从以下四个方面加以改进。

首先，注重提升各类资源的共享性、开放程度和使用便捷性，打通各数据库之间的边界，促进各类研究资源的流通，突破各数据库和检索平台固有的以信息元为导向的信息检索模式，实现各类引文之间的立体化快捷检索，助力研究效率的提升。

其次，着力提高数据库和相关研究资源的个性化和交互化水平，通过对用户历史搜索记录的大数据判断，自动为研究者推送更多符合其研究兴趣的资源，帮助研究者追踪领域的最新成果，利用新兴的社交媒体和线上线下相结合的方式，为研究者提供更为个性化的研究指导和服务。

再次，重视加强各类资源的稳定性和安全性建设，一方面通过提供多渠道技术和网络支持，保障使用过程的流畅性，另一方面采用更为严格的资源信息审核标准，确保发布的信息资源安全有效，增强研究者的使用满意度和研究资源的可信度。

最后，积极搭建交流平台，推进口译研究学术共同体的建立。目前，索邦大学的 Gile 教授、利兹大学的王斌华教授、北京语言大学的刘和平教授等都以不同方式创建了个人的研究主页，但是分布分散且得到的关注度有限。未来相关研究资源库或平台可考虑将以上研究者的研究主页进行整合，并吸纳更多口译研究者分享研究资源和成果，通过学术共建机制助推口译研究发展。

（三）口译研究资源的应用

本单元展示的众多以信息化媒介为载体的口译研究资源可为口译教学师生、研究者和实践者提供参考，在助教、助研、助学和助实践方面具有诸多积极作用。口译教师可利用本单元中的各类资源编制开发丰富的教学素材，回应教学中存在的各类问题，并提供学术交流信息，助力教学与教研工作的同步开展；口译研究者利用本单元所述的各类资源获取海量的研究文献和丰富的研究语料，拓宽研究资源和信息获取通道，同时获取详尽的研究方法和研究工具指导，助力提升科研效率；口译学习者一方面可借助相关资源获取口译练习语料，另一方面可发挥资源在毕业论文与学术论文撰写中的作用；口译实践者可利用本单元所列的口译研究语料提取类资源在译前和译后查询重要术语的翻译，提高口译服务质量。

思考题：

1. 口译研究资源如何分类？请为每一类资源列举两至三个典型代表。
2. CNKI 和 Web of Science 数据库的应用功能分别有哪些？
3. 未来在开发各类口译相关研究资源时有哪些注意事项？

第十一单元　口译师资培训资源

本单元将首先阐述口译师资培训的定义及其发展背景，分类总结各类口译师资培训的基本信息，说明举办口译师资培训对于学校、教师个人发展及口译教学的重要意义。同时，本单元还将在案例分析部分选取四个典型的口译师资培训项目进行具体分析和资源展示，在开发和应用部分对口译师资培训的未来开发和应用提供建议。

一、口译师资培训资源概况

（一）口译师资培训的定义

师资培训主要指对在职教师进行的职后继续教育，以不断地提高在职教师的思想、专业水平和教学能力，从而适应教育教学质量，适应教育事业和经济社会发展的需求（温寒江，1989）。据此，口译师资培训可理解为针对在职口译教师进行的职后继续教育，以不断提高在职口译教师的思想、专业技能和教学能力，适应我国教育、语言服务业和社会发展需求。

（二）口译师资培训的发展背景

口译师资培训的发展主要得益于四个方面因素的共同作用。

其一是教学工作的复杂性。教学有法，教无定法，教然后知困。良好的教学能力和教学技巧需要教师在长期的教学实践中不断总结、反思、研究和再提高，因此师资培训应该贯穿教师发展一生。其二是我国翻译专业学科地位的确立和规模规范化发展。截至 2020 年，我国已有 281 所本科院校，259 所翻译硕士高校，近 40 所翻译学博士招生院校，出台了涵盖师资发展的《翻译专业本科教学要求》和《翻译硕士专业学位基本要求》。其三是经济和社会大环境的快速发展。新时代的新政治、新经济、新教育和新科技为我国翻译专业教育的发展提出了全新的内外部挑战（仲伟合，2019）。其四是口译专业师资的先天不足。尽管目前我国翻译专业教育发展迅速，翻译专业教师数量充足，但是翻译专业教师尤其是本科层次的翻译教师多由外语教师改行而来，缺乏实践经验，这一现象在口译教学中尤为突出。而少部分具有行业和实战经验的职业译者在教学过程中也面临着教学方法不适切等困境，不能将这些知识和经验有效地传授给初学者。总体来说，我国翻译专业教育的高素质师资和职业译者数量严重匮乏，成为制约我国翻译专业教育高质发展的瓶颈问题之一。

（三）口译师资培训的发展历史和分类

在全世界范围内，日内瓦大学翻译学院于1996年最早拉开了学术型口译师资培训的序幕，此后，作为翻译专业教育大国的中国也于1997年开始定期举办暑期翻译专业师资培训班。经过20余年的发展，翻译师资培训尤其是口译师资培训呈现出渠道、形式、资源、思路日益丰富的特点，口译教师主要可通过参加以下五种类型的培训或项目提高自身的教学理论和实践水平。

1. 境内外访学或教学类学术会议，如“全国口译大会”“新时代翻译实践与翻译教育学术研讨会暨多语种模拟国际会议同传和翻译教学观摩活动”“翻译教学与翻译技术研讨会”“世界翻译教育联盟（WITTA）翻译教师发展高端论坛暨翻译教育国际研讨会”等。

2. 集中面授的教师培训工作坊、研讨班与认证课程，如“暑期全国高等院校翻译专业师资培训”“国际会议口译员协会（AIIC）师资培训工作坊”“蒙特雷国际研究学院师资培训”“日内瓦大学翻译学院口译师资培训课程”“上海市翻译专业学位研究生教育师资培训”“中西部地区翻译师资培训”“上外高级翻译学院专业师资口笔译技能和口笔译教学综合深度培训”“全国商务英语翻译考试（ETTBL）师资培训”“翻译技术教学及课程设计高级师资培训班”“LSCAT师资培训”“欧洲会议口译硕士联盟（EMCI）口译教师培训工作坊”“加拿大渥太华大学暑期翻译教师培训班”等。

3. 校本培训，包括师徒结对、专家论坛、沙龙等，如各高校举办的教师发展论坛和新老教师结对工程。

4. 网络在线师资培训课程及讲座，如“全国高校教师网络培训中心教师培训课程”、“WITTA翻译技术讲座”、“2020年全国高校语言服务学科发展与教师培养网上研修班”。

5. 教学现场或教学赛事观摩，如上海外国语大学、广东外语外贸大学、厦门大学等高校面向全国口译教师开放的“口译开放课堂”和“外教社杯”全国高校外语教学大赛的翻译专业组比赛。

（四）口译师资培训信息概貌

由于缺少师资、资金、技术、政策等方面的广泛支持，部分口译专业师资培训经过短暂发展后停办，退出了历史舞台。仅有部分延续性较强、权威性较高的口译师资培训项目尚在举办，表11-1汇总了尚在或即将举办的各类与口译师资培训相关的项目和在线资源，以供读者参考。

表11-1　**口译师资培训信息一览表**

项目名称	授课方式	项目资源
暑期全国高等院校翻译专业师资培训	面授课程	http：//www. tac-online. org. cn/
全国口译大会	会议	http：//www. tac-online. org. cn/

续表

项目名称	授课方式	项目资源
新时代翻译实践与翻译教育学术研讨会暨多语种模拟国际会议同传和翻译教学观摩	会议 授课观摩	http：//news. bfsu. edu. cn/archives/273480
翻译教学与翻译技术研讨会	会议	http：//www. sohu. com/a/315869261_ 802845
WITTA 翻译教师发展高端论坛暨翻译教育国际研讨会	会议	http：//www. witta. org. cn/
AIIC 师资培训工作坊	面授课程	https：//aiic. net/node/44/training-of-trainers/lang/1
日内瓦大学口译师资培训课程	远程和面授	https：//www. unige. ch/formcont/cours/casit
中西部地区翻译师资培训	面授	
全国商务英语翻译考试（ETTBL）师资培训	面授	https：//www. sohu. com/a/229944980_ 256852
LSCAT 师资培训	面授	微信公众号：LSCATHT
EMCI 口译教师培训工作坊	面授	https：//www. emcinterpreting. org/resources/training-trainers-workshops
渥太华大学暑期翻译教师培训班	面授	https：//arts. uottawa. ca/translation/summer-programs
全国高校教师网络培训中心教师培训课程	远程	http：//www. enetedu. com/
WITTA 翻译技术讲座	远程	http：//www. witta. org. cn/
“外教社杯” 全国高校外语教学大赛	观摩或远程	https：//nfltc. sflep. com/index. html
2020 年全国高校语言服务学科发展与教师培养网上研修班	网络研修班	微信公众号：语言服务 40 人论坛

(五) 举办口译师资培训的意义

总体来说，口译师资培训的开展具有四个方面的积极意义。一是在学科层面上推动我国翻译专业的学科建设和健康发展。二是在学校层面上提高院校的口译人才培养质量。三是在教师个人发展层面上提升口译教师的职业胜任力。四是在教学层面上提高口译专业的教学质量和效率。因此，加强高素质的口译师资队伍建设已成为口译教育迫在眉睫的现实问题和基础性工作（鲍川运，2009；Diriker 2013；罗慧芳、鲍川运，2018；仲伟合，2019）。

基于此，下文将通过四个案例进一步了解各类口译师资培训的课程设置、授课师资、教学模式、培训特色和教学资源等，希望可以为口译教师或未来口译教师提供参考，同时为其他类型的口译师资培训项目开发和应用提供借鉴。

二、典型案例分析

（一）暑期全国高等院校翻译专业师资培训①

1. 暑期全国高等院校翻译专业师资培训背景介绍

为了服务国家对外发展战略，服务翻译行业发展和翻译学科建设，为我国经济走出去提供翻译人才支持，中国翻译协会于1997年创办了两年一次的主要针对高等院校翻译专业师资的“暑期英汉翻译高级讲习班”。该班于2004年更名为“暑期全国英语口笔译翻译教学高级研讨班”，并于2006年调整为每年举办一次，2010年发展成为“全国高等院校翻译专业师资培训班”，具体发展历史简介可观看其20周年回顾纪录片。截至2019年，“全国高等院校翻译专业师资培训班”已经组织了23期，为600多所院校和近100家国家部委、使馆、企事业单位培养了约6000名优秀学员，成为了国内乃至世界上组织时间最长、规模最大、授课专家阵容强大的翻译专业师资培训。

2. 暑期全国高等院校翻译专业师资培训特色和内容介绍

暑期全国高等院校翻译专业师资培训主要有五个方面的特色，即培训机制与模式多元协同、培训目标明确科学、培训课程体系合理完整、培训授课方式丰富多样、培训师资队伍权威专业，本文将其进行分别论述。

（1）培训机制与模式

暑期全国高等院校翻译专业师资培训的工作机制与模式主要呈现出“行业+专业”多元协同的特点。具体而言，早期翻译专业师资培训的雏形主要由中国翻译协会、《中国翻译》杂志编辑部以及相关高校联合举办。随着翻译专业研究生教育的兴起，培训发展为由中国翻译协会、全国翻译专业学位研究生教育指导委员会和教育部高等学校翻译专业教学协作组三方共同举办。与此同时，主办方开始注重与国际翻译家联盟、国际翻译高校联盟、国际会议口译员协会、美国蒙特雷国际研究学院、法国巴黎第三大学、巴黎大学高等翻译研究院等国际组织和院校形成机制性合作。这种由全国性行业组织、国内专业教育组织以及国际相关组织共同参与，合作举办的师资培训模式，有助于最大限度地保障培训的专业性。

（2）培训目标

暑期全国高等院校翻译专业师资培训构念清晰，教学目标明确。得益于翻译行业的快速发展，翻译学科的日臻完善，翻译专业教师的知识结构和能力素质构成日益明确，

① “暑期全国高等院校翻译专业师资培训”案例分析主要依据为其20周年官方纪录片、招生简章以及罗慧芳、鲍川运于2018年发表的《翻译专业师资培训路径与模式探索——以“全国高等院校翻译专业师资培训”为例》一文。

包括翻译实践能力、翻译教学能力、翻译研究能力以及对翻译技术的基本运用能力。师资培训委员会基于以上构念和多年探索成果，明确了师资培训的基本目标，即培养教师对翻译专业教育的科学理念和对翻译专业教育规律的科学认识；加强教师的翻译实践、翻译教学、翻译研究能力以及对翻译技术的运用能力。具体到口译师资培训，其主要培训目标可见图 11-1。

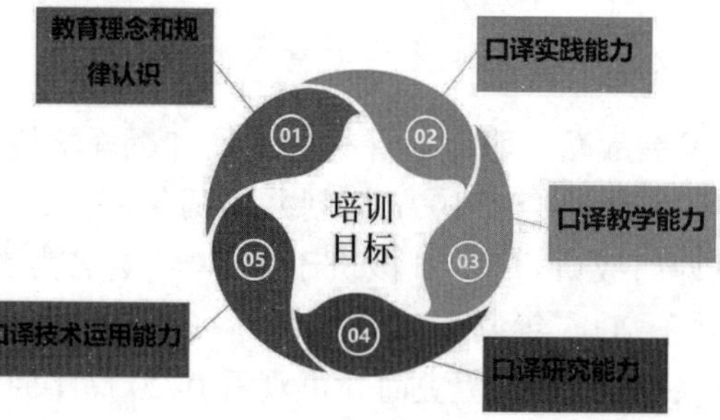

图 11-1　暑期全国高等院校翻译专业师资培训口译师资培训目标图

（3）培训课程体系

在科学的教学构念和教学目标关照下，暑期全国高等院校翻译专业师资培训委员会牵头专家学者对培训的课程进行了精心设计，课程体系日趋合理完整，以对接国家和行业发展需求，符合翻译专业教学的目标和特点。至今，暑期全国高等院校翻译专业师资培训的课程体系覆盖了翻译教学、翻译理论研究、翻译技能、翻译技术和项目管理等模块，同时考虑到“一带一路”和语言服务市场的行业需求，增设了非通用语种翻译与教学培训以及法律翻译等专业领域翻译教学培训，2020 年的暑期全国高等院校翻译专业师资培训的课程安排详见表 11-2。

表 11-2　**2020 年暑期全国高等院校翻译专业师资培训课程安排表**

班型设置	培 训 内 容
英汉翻译教学笔译培训班（7 月 25 日—8 月 23 日，周六、日 14:00-17:00，共 5 周）	以笔译教学方法为授课重点，进行笔译专业教学理念、原则及笔译教学法讲解，侧重汉译英翻译教学原则及方法讲解；教学示范观摩与经验交流等
英汉翻译教学口译培训班（7 月 25 日—8 月 23 日，周六、日 14:00-17:00，共 5 周）	以口译教学方法为授课重点，进行口译专业教学理念、原则与口译教学法讲解，侧重口译汉译英教学原则与方法讲解、教学示范观摩与经验交流等
非通用语种翻译教学培训班（7 月 25 日—8 月 23 日，周六、日 14:00-17:00，共 5 周）	以非通用语种翻译专业教学理念、原则及教学法为授课重点，侧重教学设计和课程规划、翻译专业教育管理、教学示范观摩与经验交流等

续表

班型设置	培训内容
后疫情背景下的翻译教学管理专题论坛（8月22—23日，周六、日 14:00-17:00，共一周）	以后疫情背景下的教学理念、原理、教学设计和课程规划、教学评估、在线教育与翻译技术为研讨重点
英语笔译高级技能培训班（7月25日—9月20日，周六、日 9:00-11:30，共9周）	以笔译技能训练为导向，进行各类文体翻译技能精粹讲解、翻译习作点评指导、翻译经验互动交流、侧重汉译英技能训练和讲解
英语口译高级技能培训班（7月25日—9月20日，周六、日 9:00-11:30，共9周）	以口译技能训练为导向，进行交替传译、同声传译、视译技能精粹讲解、经典口译案例分析、笔记、视译、交传、同传实操演练，侧重口译汉译英技能训练和讲解
翻译理论研修班暨《中国翻译》杂志论坛（8月1日—22日，周六、日 9:00-12:30，共4周）	前沿翻译理论；翻译研究方法论；翻译专业论文选题与写作等
翻译技术、项目管理、译后编辑培训班（7月25日—9月20日，周六、日 9:00-12:00，共4周）	翻译技术及项目管理课程规划、教学方法、教学理论、翻译技术基础理论、多种类型计算机辅助翻译（CAT）软件使用方法和工作技巧、功能实操演练、翻译实训平台训练；机器翻译与译后编辑；翻译项目管理课程规划、案例分析等
法律翻译高级研修班（8月1日—23日，周六、日 14:00-17:00，共4周）	法律翻译概论；各类法律文本的翻译与写作常用技巧精讲；法律翻译习作点评指导；学习效果现场评估等

报名学员完成上述任何一个班级的课程学习并通过考核，即可获得由中国翻译协会、全国翻译专业学位研究生教育指导委员会、教育部高等学校翻译专业教学协作组联合颁发的师资培训结业证书。

（4）培训授课方式

就授课方式而言，暑期全国高等院校翻译专业师资培训的方式丰富且多样，由早期单一的理论研修和教学法研修发展成为专题讲座、教学示范、技能训练、上机实操、户外项目演练和分组讨论相结合的多形态授课。此外，2020年的暑期全国高等院校翻译专业师资培训由于受到疫情影响，全部改为了线上教学，是以往翻译专业师资培训的一种形式突破。

（5）培训师资

二十多年来，中国翻译协会充分利用和调动国内外各方优秀的翻译教育资源，共聘请了一百四十多名来自欧、美、中国内地和港澳台地区相关组织、高校以及语言服务企业的专家学者进行授课，形成了相对稳定的专家型、国际化授课教师团队。

3. 培训资源

暑期全国高等院校翻译专业师资培训的其他资源可从以下 3 个渠道获取：一是中国翻译协会官方网站的师资培训专栏，专栏中详细报道了近十年来每期翻译师资培训情况，如授课教师名单、培养计划及培训通知（见图 11-2）。二是师资培训二十周年回顾纪录片，该纪录片回顾了师资培训的历史、举办背景、授课方式、未来展望等，详见网址 https：//v. qq. com/x/page/a0527sc91gx. html。三是《中国翻译》杂志刊登的学员培训心得体会和新闻报道等。

图 11-2　暑期全国高等院校翻译专业师资培训网站界面截图

（二）日内瓦大学翻译学院口译师资培训课程①

1. 日内瓦大学翻译学院口译师资培训课程背景介绍

日内瓦大学翻译学院历史悠久，在口笔译教学界声名卓著，是国际翻译联合会中第一个提供有组织的专业翻译教学和技术培训的院校。自 1941 年成立以来，一直积极致力于翻译职业标准的建立和翻译教学与研究。教和学是翻译教学中的两个重要主题，日内瓦大学翻译学院不仅关注学生培养，也注重师资建设，希望为专业译员的职业发

① “日内瓦大学翻译学院口译培训师课程”案例分析主要依据为官方主页介绍。

展开拓空间，为世界范围内的翻译教学开展提供高质量的师资保证。基于此，日内瓦大学翻译学院于1996年举办了世界范围内最早的面授口译师资培训认证课程。该课程经过多年调整，发展成为远程和面授教学相结合的高级口译培训研究硕士课程（MAS：Master of Advanced Studies in Interpreter Training），面向世界各地招生，迄今已经为三十个国家培养了数百位优秀的口译教师，是认证考试类和课程类口译师资培训的典型代表。其宣传视频截图见图11-3。

图11-3 日内瓦大学翻译学院口译师资培训课程宣传视频截图

2. 日内瓦大学翻译学院口译师资培训课程内容和特色介绍

日内瓦大学翻译学院口译师资培训课程的特色主要体现为五个方面，分别是课程体系系统化和模块化、培训学员和师资专业化、授课形式网络化和多样化、培训服务人性化和个性化、考核制度规范化，下面将分别对其进行阐述。

（1）培训课程体系

课程体系系统化主要表现在日内瓦大学翻译学院口译师资培训课程涵盖了针对法律、医疗、公共事务等专门领域的交替传译师资培训证书班（CAS-CIF）、针对商务领域的同声传译师资培训证书班（CAS-SIF）、通用外交领域的口译师资培训学历班（DAS）以及满足大学层面口译教学需求的高级口译师资培训硕士班（MAS），四个课程类型的详细信息见图11-4。

课程体系模块化主要表现在每一类型的培训课程都有2~4个教学模块组成，且参加培训的学员需按照顺序完成每一个模块的考核，方可学习另一模块，所有模块考核都通过后才可获得结业证书。此外，若学员想参加DAS课程培训，则必须完成并通过CAS-CIF、CAS-SIF培训考核；参加MAS课程则必须完成并通过DAS、CAS-CIF、CAS-SIF培训考核。具体的培训类型、各类型模块以及学习进阶顺序详见图11-5。

（2）学员和师资

培训学员和师资专业化主要表现在两个方面。一方面是各课程的报名门槛较高，报名

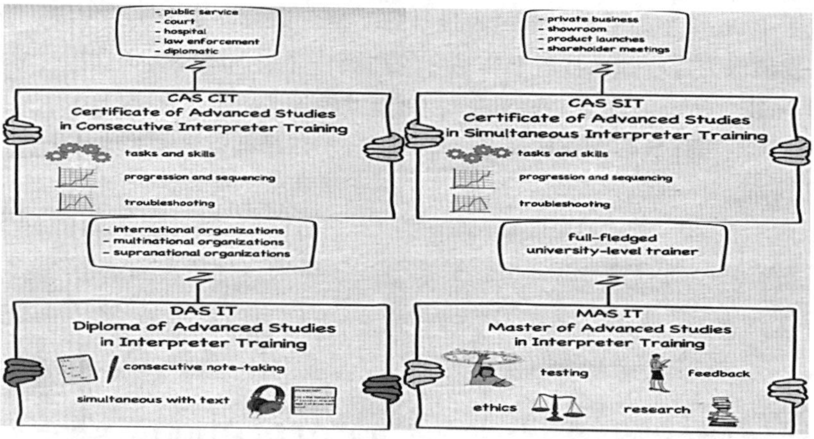

图 11-4　日内瓦大学翻译学院四种口译师资培训课程信息图解

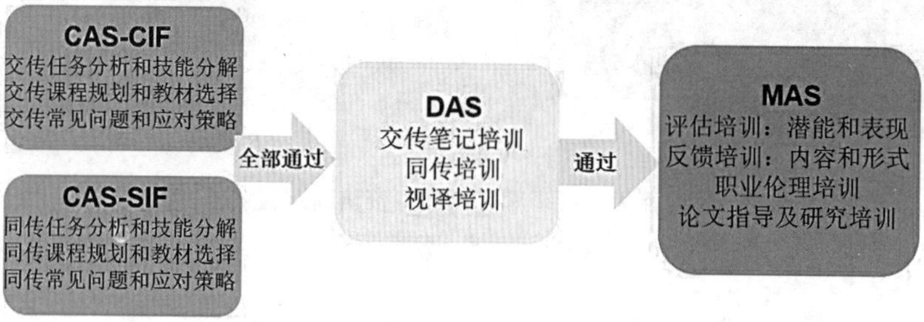

图 11-5　日内瓦大学翻译学院口译师资培训课程进阶图

参加交替传译师资认证培训（CAS-CIF）的学员需经过院校正式的交替传译培训并拥有五年以上的交替传译职业实践经验，若无院校正式培训经历，则需提供十年以上的交替传译实战证明；报名参加同声传译师资认证培训（CAS-SIF）的学员需经过院校正式的同声传译培训并拥有五年以上的同声传译职业实践经验，若无院校正式培训经历，则需提供十年以上的同声传译在职实战证明。另一方面，日内瓦大学翻译学院口译师资培训课程的授课教师都是具有五年以上远程授课经历、教学和实践经验丰富且参加过该培训的优秀毕业生。

（3）培训授课形式

授课形式主要表现为网络化和多样化。首先，日内瓦大学翻译学院口译师资培训课程主要采用网络授课与交流，如 CAS-CIF、CAS-SIF、DAS 课程全部需要在线学习，仅有 MAS 培训课程由线上学习和线下教学实习共同组成。其次，培训课程的授课和作业方式多样，仅有 1/3 的课程需要学员独立完成，其余三分之二的课程需要学员与来自世界其他地区的同学克服时差合作完成，老师在评分的时候会以小组为单位进行打分。图 11-6 展示了日内瓦大学翻译学院口译师资培训课程的授课方式。

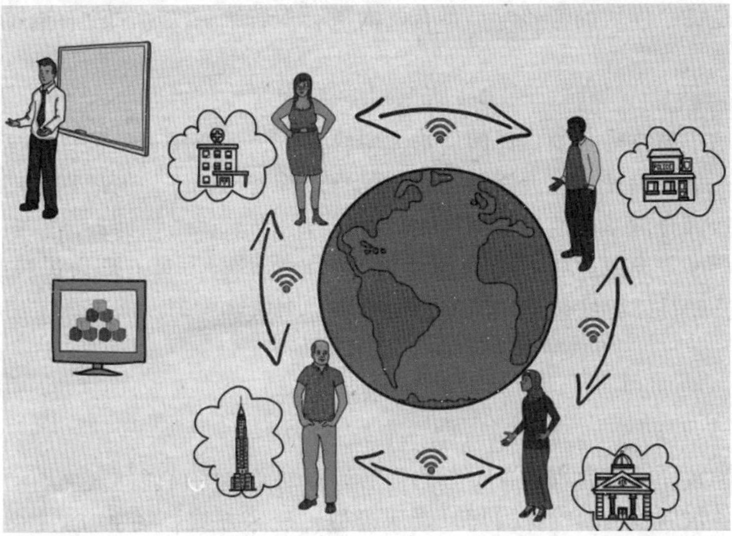

图 11-6　日内瓦大学翻译学院口译师资培训课程授课方式图解

（4）培训服务

培训服务人性化和个性化主要体现在五个方面。一是每一培训课程班有专属的联络老师，学员遇到任何技术问题和学习问题，都可随时得到回应，保证学习顺利进行。二是主办方将学员的常见问题和注意事项进行汇总，并把学员常见问题清单上传至官网，方便学员提前获取各类信息（见图 11-7）。三是在每一模块学习结束后，培训老师会和学员进行一对一交流，指明学员学习问题并提供学习建议。四是考核期限较为人性化，虽然每种类型的课程都有固定的学习期限，但若学员确实遇到困难，经提交书面申请，可获酌情放宽

FAQ

Admission	**2**
Technical	**3**
structure	**4**
content	**6**
Grading	**7**
Trainers	**7**
completion	**8**
Thesis	**9**
Practicum	**10**
Financials	**10**

Frequently Asked Questions
CAS CIT / CAS SIT / DAS IT / MAS IT

图 11-7　日内瓦大学翻译学院口译师资培训课程常见问题清单展示

考核期限。五是每个模块的考核学员可有两次机会，若第一次考试没有通过，可申请在一个月内进行补考。

（5）培训考核方式

多数工作坊或讲座形式的口译师资培训考核制度较为宽松，学员只需要听完所有的课程后即可获得证书，而日内瓦大学翻译学院的口译师资培训课程考核制度则较为规范和严格。一方面，教师会对学员的每一模块表现进行打分，具体包括课程出勤率、个人作业和小组作业等，学员需要通过每一个课程的每一模块考核，方可开展进阶模块和课程的学习；另一方面，学员需要按规定的时间和次数完成考试和实习，否则也不能获得培训证书或学历证明。

3. 培训资源

日内瓦大学翻译学院远程教育中心的官网为不同类型的口译师资培训项目提供了详细的信息，包括各培训项目的授课时间、授课语种、授课方式、联系方式、资源获取方式、培训目标、适合群体、教学模块、导师信息等（见图 11-8）。

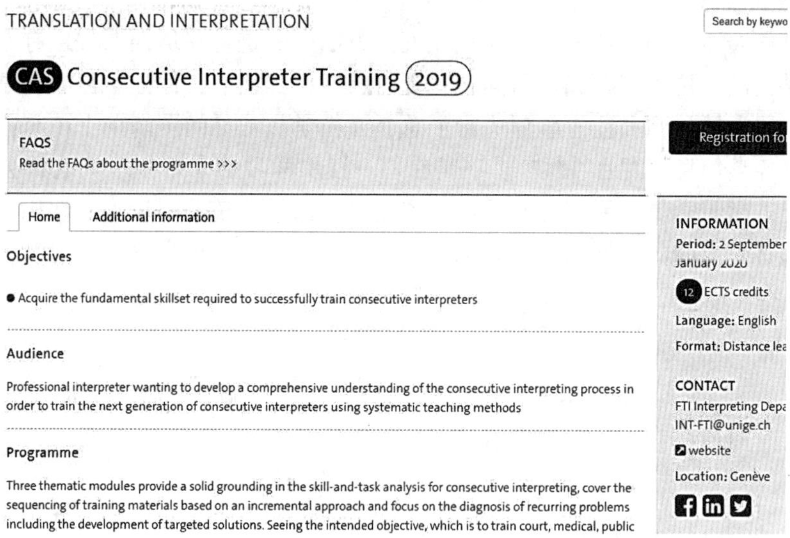

图 11-8　日内瓦大学翻译学院口译师资培训项目官网截图

（三）全国高校教师网络培训中心教师培训课程①

1. 全国高校教师网络培训中心教师培训课程背景介绍

为了帮助中青年教师进一步提高思想道德修养、专业素质和教学能力，2007 年，教

① “全国高校教师网络培训中心交替传译教学培训课程”案例分析主要依据为官方主页课程介绍。

育部批准设立了“全国高校教师网络培训中心”。培训中心先后承担教育部、财政部“精品课程师资培训项目”“高校教师网络培训系统项目”等，是目前国内规模最大的高校教师培训项目。高校教师网络培训以研讨交流先进教学理念、经验、技术和方法为主要内容，由高校教学名师获奖者、国家精品开放课程主持人、国家级教学团队带头人等担任主讲教师。

2. 全国高校教师网络培训中心教师培训课程内容和特色介绍

在全国高校教师网络培训中心的培训课程中，与口译教师思想、技能、教学、科研发展密切相关的课程和资源丰富，也是口译师资培训中价值较高且不容忽视的资源之一。本小节将从培训中心的报名注册方式、课程设置、授课方式、学习方式、培训特色和培训资源角度对其详细介绍。

（1）报名注册方式

口译教师可首先搜索网址 http：//www. enetedu. com/Index/Index，进入全国高校教师网络培训中心的官网首页，并点击右上角的登录按钮后进行注册，注册完成后即可拥有自己的学习中心。在学习中心里，教师可查看消息、课程，管理自己的档案和信息，与社区内的其他教师进行互动和交流。

（2）课程设置

全国高校教师网络培训中心的课程设置十分丰富，共开设了 1000 余门课程，主题涵盖了新进教师培训、教师信息技术能力提升、教学方法与教学能力、教师身心健康与心理调适、创新创业教育、专业课教学培训、科研能力提升、教育改革、管理能力提升、综合素质提升、师德师风建设、党性修养和文化类等。注册的教师可对意向中的课程进行分主题搜索，也可直接输入关键词进行搜索，课程分类导览界面和搜索界面详见图 11-9。

为了提高口译教师挑选课程的效率和针对性，本文主要基于口译教学、口译研究需求的角度，从 1000 多门课程中精选了若干和口译教学及研究能力提升密切相关的课程，供广大读者和口译教师参考，详见表 11-3。

表 11-3 **全国高校教师网络培训中心口译教师职业发展推荐课程一览**

课 程 名 称	主讲人
英汉口译	任文、胡敏霞
翻译理论与实践	王展鹏、马会娟、刘士聪
各类科研项目立项与结项	辜向东、曾用强
外语研究选题与方案设计	高一虹、曾用强
外语教师研究设计与国际国内学术论文发表	冉永平、Lawrence Zhang
外语教学中的定量研究方法与 SPSS 运用	曾用强、吕剑涛
外语翻转课堂教学研究	王海啸、杨安康、李霄翔
国家精品慕课名师讲堂：混合式课堂的教学设计与实践	刘源源、潘月明

续表

课 程 名 称	主讲人
信息化环境下的教学设计（文科）	李志民、焦建利、杨开城
微课的设计与创意	夏纪梅

图 11-9　全国高校教师网络培训中心课程搜索界面截图

在这些课程中，对口译教学具有直接指导作用的“英汉口译”课程尤为值得关注。该课程由任文老师和胡敏霞老师主讲，授课截图详见图 11-10。课程内容包括必修模块和选修模块。必修模块为主讲教师及团队的授课视频，包括口译特点、口译课程特点、口译教学法（包括教学计划安排、课堂组织、教学手段、考评方式等）、口译技巧训练；英汉口译课程教学过程中的难点与重点讲解；介绍如何在口译课堂中进行技巧为主、技巧与话题结合的口译教学，如何在口译课堂中利用多媒体技术引入最新音、视频材料，如何组织和指导口译学生的课外练习和实习，如何提升口译课的师资教学及科研能力，如何进行口译教学团队建设等。选修模块为通识性教学视频，主要包括教学方法、教育技术、学术讲座等内容。学员按时完成上述学习内容后，作业经审核合格，可获得教育部人事司和高等教育司颁发的“高等学校骨干教师培训证书”。

图 11-10　全国高校教师网络培训中心英汉口译课程截图

（3）授课方式

就授课方式而言，全国高校教师网络培训中心的授课方式多样，主要有集中培训课程、直播培训课程和在线点播课程。集中培训课程为面授形式，一般安排在周末，参训地点设置在全国高校教师网络培训中心、各地高校教师网络培训分中心或相关高校；直播培训要求教师在指定的时间内通过网络形式参加培训，同时开展互动交流，不受学习地点限制；在线点播课程则不受时间和地点的限制，通过网络进行自主学习和交流。参加培训的教师可根据自身需求和条件选择课程。此外，全国高校教师网络培训中心也提供相关定制培训和专向培训。

（4）学习方式

全国高校教师网络培训中心的另一个优势是参训教师的学习方式较为灵活，所有的课程都可通过电脑、手机、iPad 等端口播放，且课程支持自动跨平台同步，即网络学习、移动学习、终端学习之间自动同步学习进度，方便学员利用碎片化时间进行跨平台学习。

此外，全国高校教师网络培训中心课程为学员提供了移动学习的整体解决方案，其课程既支持断点续传和离线播放，学员可将视频下载到本地进行离线学习，也支持多终端同步音视频及文字互动交流，支持扫码互动，方便参训师生交流。

3. 培训资源

广大口译教师可查阅全国高校教师网络培训中心官网，下载移动学习 APP（教师发展在线）和关注微信公众号（高校教师网络培训中心）获得更多有关师资培训的详细信息。

（四）WITTA 翻译技术教育研究会翻译技术系列公益讲座①

1. 世界翻译教育联盟简介

世界翻译教育联盟（World Interpreter and Translator Training Association，简称 WITTA）

① “WITTA 翻译技术教育研究会翻译技术系列公益讲座”案例分析主要依据为官方主页介绍和译直播官网介绍。

成立于 2016 年 11 月 19 日，秘书处设在广东外语外贸大学。其成立目标是为翻译教育的政产学研协同合作提供平台。翻译师资培训是 WITTA 组织的重要使命之一，WITTA 希望通过开展不同层次和不同领域的翻译师资培训，提高翻译专业教育及人才培养的专业性和可持续性，推动全球翻译教育和口笔译人才培养的发展与创新。在“互联网+”等国家战略的推动下，大数据、云计算以及口译和翻译技术的创新对产业经济和语言服务业发展产生了巨大的影响，翻译教育的内容和模式正在发生重大变化，对翻译专业教师的素质和能力提出了新的挑战。

2. 翻译技术系列公益讲座内容和特色介绍

翻译技术教育研究会作为 WITTA 的下设学术组织和协作机构，及时推出了翻译技术系列公益讲座，旨在提升语言服务行业各方对翻译技术的认识和应用能力，加强语言服务人才的技术素养，推动翻译技术与翻译教学的融合发展等。该系列讲座推出一年多以来已经吸引了逾四十万人次收看，在国内翻译技术培训中影响最高、规模最大，对于提高翻译专业教师的技术素养和能力具有重要价值。本小节将全面介绍该系列讲座的师资、课程安排、学习方式、培训特色及相关资源。

（1）讲座师资

翻译技术系列公益讲座的授课专家身份多元化且知名度较高，既有来自翻译教学界的学者，如李德风、刘和平、李长栓、王华树、崔启亮、王少爽、胡显耀等；也有来自语言服务企业的代表，如蒙永业、魏勇鹏、师建胜、杨颖波等；还有来自计算机和互联网界的专家，如黄国平、黄书剑等。强大的师资阵容确保了翻译技术系列公益讲座上乘的培训质量和与时俱进的培训内容。

（2）讲座课程安排

截至 2019 年 6 月，翻译技术教育研究会已经推出了两期系列公益讲座。其中，第一期系列共计 13 个讲座，从 2018 年 8 月持续到 2019 年 1 月，第二期系列共计 14 个讲座，从 2019 年 3 月持续至 2019 年 6 月。讲座主题丰富，覆盖了国际翻译技术发展、大数据时代翻译人才培养、机器翻译、口笔译技术、语言服务业人才需求、技术伦理、语言服务业与技术标准化等，具体讲座安排见表 11-4。

表 11-4　**翻译技术教育研究会翻译技术系列公益讲座安排表**

序号	讲座题目	主讲人	时间
1-1	新时代的翻译技术发展与国际翻译研究新视野	李德风	2018. 8. 24
1-2	大数据时代翻译技术发展与翻译技术人才培养	王华树	2018. 9. 7
1-3	译者如何驾驭机器翻译及译后编辑	魏勇鹏	2018. 9. 21
1-4	CAT 工具应用与图书国际出版	徐彬	2018. 9. 28
1-5	嗖嗖嗖，嗖嗖嗖——一小时感受搜索的智慧	韩林涛	2018. 10. 12
1-6	语料库与 Python 应用	管新潮	2018. 10. 26

续表

序号	讲 座 题 目	主讲人	时间
1-7	口译技术：概念、价值与应用	赵毅慧	2018. 11. 9
1-8	翻译技术课程的教与学	张静	2018. 11. 23
1-9	高校翻译技术实验室建设方案探讨	曹达钦	2018. 12. 7
1-10	现代语言服务行业的术语管理体系	王少爽	2018. 12. 21
1-11	语言服务发展与本地化人才培养	崔启亮	2019. 1. 4
1-12	DTP——给翻译赋能添丽	李梅	2019. 1. 18
1-13	翻译技术的伦理	张霄军	2019. 1. 25
2-1	AI 时代的翻译教育改革	刘和平	2019. 3. 15
2-2	人工智能给翻译带来的便利和挑战	李长栓	2019. 3. 22
2-3	全球化进程中的语言服务与技术的标准化：问题与对策	蒙永业	2019. 3. 29
2-4	以出版为导向的翻译技术综合能力培养	何文忠	2019. 4. 12
2-5	Translation Technology in Canada	Kizito Tekwa	2019. 4. 19
2-6	译者与人工智能辅助翻译技术的约会	黄国平	2019. 4. 27
2-7	视频翻译技术发展与解决方案：人人译视界的实践与探索	人人译视界团队	2019. 5. 3
2-8	AI 技术驱动的本地化发展与技术变革	杨颖波	2019. 5. 10
2-9	软件本地化翻译那些事：与软件对话、与程序员交朋友	万强	2019. 5. 17
2-10	语言服务多元化背景下技术写作发展与人才的培养	吴丹	2019. 5. 24
2-11	机器翻译质量可行吗？自动翻译质量评估研究	黄书剑	2019. 5. 31
2-12	语言服务人才的项目思维与管理意识养成	师建胜	2019. 6. 14
2-13	UMware 本地化最佳实践	马晓玲	2019. 6. 21
2-14	技术驱动科研创新：数据分析方法与翻译研究	胡显耀	2019. 6. 28

（3）讲座学习方式

翻译技术系列公益讲座的学习方式为在线学习，其支持单位“译直播”为讲座提供了在线直播和回看平台。有兴趣的教师可通过译直播官方网站 http：//ttv. cn/或者其官方微信进入讲座直播间收看和回看视频，同时观众可在收看的过程中给主讲专家留言，与主讲专家开展互动，电脑端官网直播间界面详见图 11-11，手机移动端直播间界面详见图 11-12。

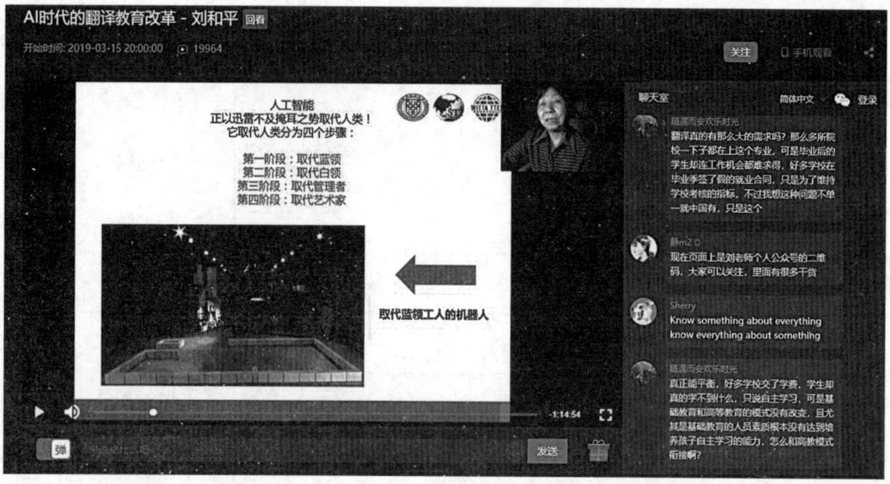

图 11-11 翻译技术系列公益讲座电脑端官网直播间界面展示

图 11-12 翻译技术系列公益讲座手机移动端直播间界面展示

（4）讲座的公益特色

相对于其他类型的师资培训项目而言，翻译技术系列公益讲座的特色在于公益性，即对于翻译技术领域教学和实践感兴趣的教师无须支付任何报名费用即可收看来自各领域专家的讲座，从中学习翻译技术的原理和应用，了解翻译技术和翻译技术教育的研究和实践，体现了 WITTA 组织的非政府性与非营利性本质。

3. 讲座资源

对翻译技术系列公益讲座感兴趣的读者可通过两个在线渠道查阅与系列讲座相关的更多信息，如每个讲座的提纲、笔记等。这两个渠道为：“译直播”平台官网和官方微信公众号中专题栏目里的 WITTA TTES 讲座系列（见图 11-13）；世界翻译教育联盟 WITTA 官网中在线课程专栏中的讲座系列。

图 11-13　“译直播”平台官网专题栏目 WITTA TTES 讲座系列界面

三、口译师资培训资源的开发与应用

自 1996 年日内瓦大学翻译学院正式举办口译师资培训以来，包括口译师资培训在内的翻译师资培训已经走过了二十多年的发展历程。虽然师资培训的种类、形式、主题、方法越来越丰富，对于提高我国翻译专业教师的整体水平发挥了重要的作用，但是依然存在较大的发展和完善空间，以满足广大翻译教师的职业发展需求。未来翻译师资培训项目，尤其是口译师资培训项目，在开发与应用相关资源的过程中可着重关注以下六个方面。

其一，充分利用网络信息技术，在吸收现有面授课程精华的基础上打造更多制作精美的网络远程培训课程，方便教师不受时空限制灵活学习。其二，明确师资培训的构念和目标，并以此为基础，开发系统完整的培训课程，提高培训的科学性和延续性。其三，加大师资培训的考核和管理力度，实施培训过程的动态评估，关注参训教师的能力发展，真正实现师资培训促进教师发展的目标。其四，可根据地域和教师水平差异开展分区域和分层教学，以提高师资培训的针对性和培训效果（罗慧芳、鲍川运，2018）。其五，延伸翻译师资培训的社会效益，开发更多公益性质的师资培训课程，履行行业协会、专业组织的社会职责。其六，服务国家战略和社会经济发展需求，加强中译外、小语种和语言服务行业紧缺领域的口译师资培训。

思考题：

1. 开展口译师资培训有何重要意义？
2. 国内外有哪些具有代表性的口译师资培训项目？
3. 未来在开发口译师资培训项目资源时可考虑从哪些方面进行完善？

第十二单元　口译非学历教育资源

一、资源概况

本单元首先厘清口译学历教育和非学历教育的定义，阐明口译非学历教育的发展背景，并在归纳总结市面上具有代表性口译非学历教育资源概况的基础上，阐述口译非学历教育培训课程的发展特征。进而，通过四个典型案例对口译非学历教育资源进行展示和深入分析，并针对口译非学历教育资源的开发和应用提出若干建议，希望可以为广大口译学员和口译爱好者提供参考，拓宽口译学习渠道，助力口译职业发展。

（一）学历教育与非学历教育

“学历教育”是根据国家教育部下达的招生计划录取的学生，按教育主管部门认可的教学计划实施教学，学生完成学业后，由学校颁发国家统一印制的毕业证书和学位证书的教育。非学历教育与学历教育相对，在广义上主要是指学历教育以外的，以提高学习者知识、技能和能力、兴趣爱好以及道德情操的教育。狭义而言，非学历教育主要指各级各类岗位培训、专业技能和专题知识培训、职业技能培训以及社区教育等，教育内容注重实用性和学习者需求，旨在提高学习者知识、技能和能力水平，促进职业技能和专业技术水平的提升（黄娥、李乾，2019）。据此定义，口译学历教育主要指各高校按照教育部认可的教学计划开设的大学本科的口译课程和研究生层次的口译硕士项目。口译非学历教育主要指口译学历教育以外的各类口译教学、培训和进修。

（二）口译非学历教育的发展背景

口译非学历教育的兴起主要得益于四大因素的共同作用。其一是口译服务和译员需求的大幅增长。随着经济全球化的发展和我国“一带一路”倡议的推进，各产业和企业对于语言服务的需求不断增加，口译成为仅次于笔译的第二大语言服务需求类型（王立非等，2016），触发了口译教学热和口译资格证书热，不少口译学员和口译爱好者希望参加口译学习和培训，提高自身口译水平，通过口译资格认证考试，敲开口译职业的大门。其二是传统学历教育的局限性和非学历教育的相对优势。传统学历教育入学要求相对严格、课程周期长、授课方式局限性强、授课内容与口译资格证书考试衔接性不够，部分高校的专任翻译教师实践水平不高，不能满足一些学员或爱好者的口译学习需求，激发他们的口译学习热情。而口译非学历教育没有严格的入学要求，课程周期较短、学时安排灵活、授课方式多样、与口译职业资格考试紧密接轨，且授课名师经验丰富，对于学员有较强的榜样示范和激励作用。其三是信息技术的不断发展改变了人们生活和学习的方式，各培训机构借助互联网、人机互动、语音识别、虚拟现实、多媒体、自动批改等工具设计和开发了众多远程在线课程，打破了传统学历教育质量和资源分配不平衡的鸿沟。其四是学习型社会和终身教育体系的推动。《国家教育事业发展“十三五”规划》提出要“大力发展继续教育”，使“继续教育参与率明显提升，学习型社会建设迈上新台阶”的目标和要求。综合以上四因素，口译非学历教育如雨后春笋般涌现，获得了越来越多口译学员和爱好者的青睐。

（三）口译非学历教育资源的概况与发展特征

目前，市面上口译非学历教育培训数量众多，总结起来主要由五类主体创办：高校培训中心、继续教育学院或翻译学院；国家对外传播机构或翻译协会；语言服务企业；外语教育培训机构；教育网站。本小节以培训知名度、课程全面性、培训信息可获得性为标准，选取了若干具有代表性的口译非学历教育资源供广大口译学员和口译爱好者参考，具体如表 12-1 所示。

表 12-1　　**口译非学历教育资源一览表**

创办机构	培训课程	报名和资源获取方式
北京外国语大学高级翻译学院亚太培训中心	业余高级翻译培训班（面授）和网络培训班	https：//gsti. bfsu. edu. cn/fypxzx. htm
广东外语外贸大学高级翻译学院	医学口译工作坊、法律翻译暑期学校、翻译技术与本地化工作坊	http：//sits. gdufs. edu. cn/index. htm
上海外国语大学外语培训中心	基础口译、中高级口译培训	http：//www. sisutraining. org/index. asp
澳大利亚西悉尼大学	在职人员口笔译证书培训	http：//handbook. westernsydney. edu. au/hbook/course. aspx？course=1602. 5
陕西省翻译协会培训中心	暑期口笔译班、周末翻译班	http：//www. statc. cn/index. php？ie=0-1-1
中国外文局教育培训中心	暑期翻译学院	官方微信：cipgtraining
国际会议口译员协会	口译员培训课程	https：//aiic. net/page/4052/initial-training/lang/1
中国对外翻译有限公司培训机构——中译在线	联合国口译同传培训、CATTI 口译实战等	http：//edu. ctpc. com. cn/cms/pxindex. htm
成都通译翻译公司翻译培训	CATTI 考试培训、口译周末班、口译寒暑假集训班	http：//www. tytranslate. cn/tynews/peixun_ index. asp

续表

创办机构	培训课程	报名和资源获取方式
译国译民翻译公司——翻译米	CATTI 课堂、实用口译培训	http：//me. ygym. org/default. htm
策马翻译集团——策马翻译培训	联合国会议口译证书班、周末口译班、寒暑假口译班	http：//www. cemachina. com/index. asp
北京甲申同文翻译有限公司——甲申同文翻译培训	口译执业能力课程（周末、寒暑假班）、CATTI 模考课程	http：//www. tiit. com. cn/index. php
巴斯乙翻译 VIP	在职同传学习、商务法律专业口译学习、会议口译一对一培训、CATTI 考前辅导	http：//www. basivip. com/yzbt
北京同文世纪科技有限公司——同文译馆	CATTI 二、三级口笔译实务强化班、真题解析班	http：//www. oktranslation. com/train/
北京新东方教育科技（集团）有限公司	CATTI 二级口译课程、CATTI 三级口译课程、翻硕特训班	http：//souke. xdf. cn/Search. aspx?cid=1&ccc=41&gc=0
北京新东方教育科技（集团）有限公司网校——新东方在线	上海市口译考试通关班、CATTI 考试通关班、口译笔记法	https：//www. koolearn. com/ke/fanyi
北京乐思福教育科技有限公司——韩刚翻译学院	CATTI 各级别备考班、CATTI 全程通关班	http：//www. hangangfanyi. com/
沪江教育科技（上海）股份有限公司——沪江网校	零基础直达中级口译班、英语中高级口译长线备考班	https：//class. hujiang. com/category/513/p23_ 263
京环球兴学科技发展有限公司——环球网校	CATTI 口译全程签约班、考点解析班、冲刺班、预测串班	http：//www. hqwx. com/leraning/class_ catti/
北外在线（北京）教育科技有限公司—北外网课	CATTI 口译 VIP 全程班、冲刺班、备考攻略、真题班等	http：//www. beiwaiclass. com/
网易公司—网易云课堂	CATTI 二三级口译网络精讲班、上海高级口译强化通关班	https：//study. 163. com/
深圳市腾讯计算机系统有限公司—腾讯课堂	CATTI 口译网授精讲班、小语种口译课程	https：//ke. qq. com/

通过表 12-1 的培训信息及其官网介绍，本小节归纳出目前市面上具有代表性的口译非学历教育培训课程主要呈现出如下发展特征：

（1）课程设置较为相似，绝大多数口译非学历教育培训课程都开设了 CATTI 等口译资格证书考试，并可细分为 CATTI 口译考试各级别的实务培训班、真题解析班等，关注学习者职业发展的实际需求。

（2）授课方式和时间较为灵活，包括线上和线下教学相结合的周末班、寒暑假集训班以及晚上授课班，方便学员合理安排学习时间，提高学习效率。

(3) 授课师资质量较高，具有丰富的口译教学和口译实战经验，在学员中口碑较高，可发挥榜样的力量。

(4) “教学链”和“产业链”相结合。部分非学历教育针对市场需求较高的口译领域开设，如广大外语外贸大学高级翻译学院的医学口笔译和法律翻译培训，巴斯乙翻译打造的专业领域翻译培训，助力口译学员向专精职业领域发展。

(5) 重视培训增值服务。目前众多的口译非学历教育机构除了开设课程外，还注重为学员提供增值服务，包括配备教学班主任、搭建学员交流平台、提供若干次主讲教师一对一指导、赠送教材讲义、推荐实习就业机会等，增量培训价值。

总体来说，开展口译非学历教育是提高口译员培养质量和效率、加快我国经济走出去步伐、构建终身教育体系和学习型社会的重要抓手。接下来，我们将通过四个案例进一步了解口译非学历教育培训机构的培训理念、课程设置、授课师资、教学模式、培训特色和教学资源等，一方面为读者提供更加清晰的认识，另一方面为本单元第三部分的口译非学历教育资源的开发和应用提供参考。

二、典型案例分析

(一) 北京外国语大学高级翻译学院亚太培训中心翻译培训课①

北京外国语大学高级翻译学院自加入国际大学翻译学院联合会（CIUTI）后，于2008年8月11日成立了亚太翻译培训中心，其创办理念是致力于全面提高亚太地区翻译水平，为亚太地区发展培养多语种、口笔译并重（包括同声传译、交替传译和笔译）并拥有行业经验的高级翻译人才。十多年来，亚太翻译培训中心依托北京外国语大学高级翻译学院一流的翻译教学平台，结合国际大学翻译学院联合会三十多家成员翻译学院的综合优势，开展了多期面向社会和企业团体的翻译培训，为亚太地区翻译人才的培养作出了重要贡献。考虑到本书针对的读者群主要为口译学员、口译爱好者和口译教师，本文仅选取亚太翻译培训中心的社会翻译培训课程进行分析。

亚太翻译培训中心的社会翻译培训主要有六个方面的特色，即课程难度循序渐进、授课师资雄厚、入学考试严谨、教学模式多样、课程安排灵活和学习强度较高。

就课程难度而言，亚太翻译培训中心的翻译培训课程严格遵循由易到难的教学原则，将课程体系划分为初级班、中级班和高级班，并设定了较为科学的培训目标和明确的入学水平要求及教学重点，保证培训效果，具体见表12-2。

就授课师资而言，亚太翻译培训中心的授课教师皆为北京外国语大学高级翻译学院教学和实践经验丰富的在职教师和资深译员校友，且他们都是通过亚太翻译培训中心考核的认证教师。

① 北京外国语大学高级翻译学院亚太培训中心翻译培训课案例简介主要依据其官网发布的信息。

表 12-2　　北京外国语大学亚太翻译培训中心社会翻译培训课程体系表

级别	培训目标	教学重点	入学水平要求
初级班	解决语言的基本能力问题，为跨入翻译领域奠定良好的基础	语言能力 笔译 交替传译基础	公共英语 6 级水平
中级班	较好的笔译、一般性的口译，具备基础的商务交往和国际交流的翻译能力	演讲 视译 交替传译	英语专业 4 级水平
高级班	高质量的笔译、良好的交替传译和同声传译，具备商务谈判、高层国际交流、国际会议的翻译能力	高级交替传译 同声传译	英语专业 8 级水平

就入学考试而言，参加亚太翻译培训中心的翻译培训，均须参加由亚太翻译培训中心组织的统一入学考试，主办方将对每位考生的考试成绩进行反馈，并推荐参加培训的层次和级别，考生可根据考试成绩和评语参加相应层次的培训班级，达到最佳的学习效果。

亚太翻译培训中心入学报名和考试均采用网络在线的方式，随报随考，报名注册信息提交后网页即弹出考试页面，考试形式为内容复述。考生一周后再次登录即可查询入学考试成绩及成绩评估。通过考试的同学可按照成绩单的推荐直接报名参加相应的培训班，无须再次参加考试。网络班的同学在确认缴纳学费后，将会得到听课的账号和密码，按照通知内容登录后即可加入班级听课。另外，通过低层次培训班且成绩合格的同学自动获得高一层次的入学资格，无须再次参加考试。

就教学模式而言，得益于互联网技术的发展和电脑运算速度的大幅提升，亚太翻译培训中心于 2019 年对教学模式进行了创新，在传统面授班的基础上加入了网络远程翻译培训课程。该网络远程翻译培训采取实时互动的方式进行。学员无须长途跋涉、支付高昂的住行费用，仅通过台式电脑、笔记本电脑甚至手机加上摄像头和耳麦，即可实现与面授相当的教学效果。在课程进行中，学员除常规的听讲、提问、练习之外，还可随时与教师进行互动。该网络远程翻译培训方式开启了异地同步翻译教学的新模式。

就课程安排而言，亚太翻译培训中心的翻译培训课程授课时间和类别相对灵活，既有面授和远程形式的初级、中级、高级课程班，也有寒暑假集训班和周末班，还有脱产班和不脱产班等形式，且不同类型的课程滚动式办学，以满足亚太地区不同层次的翻译学习需求。

就学习强度而言，亚太翻译培训中心翻译培训课程的课时量较密集，业余班可达每周 20 课时，全日制则达到每周 40 课时，相当于北外高级翻译学院在校硕士研究生一年的课程量。高强度训练是锻造高水平译员的必经之路。待学员顺利通过课程学习后，可获得北京外国语大学高级翻译学院颁发的结业证书（见图 12-1）。

图 12-1　亚太翻译培训中心翻译培训课程结业证书

（二）广东外语外贸大学高级翻译学院医学口笔译工作坊/暑期学校①

我国医药健康产业大发展与全球医药合作对医学翻译人才需求剧增，医学翻译专业性强、要求高、难度大，各大高校医药领域的翻译师资力量更是奇缺，相关教学和人才培养都难以展开。医药产业的复合型人才，尤其是优秀的医学翻译人才，成为极度紧缺的人才，亟须具有良好学科平台和基础的机构开展医学翻译人才培养，对接国家经济发展需求。在此背景和需求驱动下，广东外语外贸大学高级翻译学院医学语言服务研究中心积极探索新文科建设，自 2018 年 1 月起，连续举办了五期面向全社会招生的医学口笔译工作坊，并于 2020 年暑期举办广东省研究生医学翻译暑期学校，形成了比较成熟的中西医口译课程体系。前五期工作坊教学现场如图 12-2 所示。

广东外语外贸大学高级翻译学院医学口译工作坊/暑期学校的举办特色主要包括七个方面：指导理念先进明晰、管理模式精益高效、主讲团队和学习者多元、课程体系迭代成熟、报名测试方式独特、学习方式多模态化、学习资源丰富翔实。

在指导理念方面，该医学口译工作坊/暑期学校始终秉持“创新引领、职业导向、产业驱动”的人才培养理念，利用一切有利资源帮助学员提升医药健康语言服务业所亟须的专业知识和口笔译技能，为其进入医药健康行业打下基础，提升其行业竞争力，进而更好地为医药健康产业的发展作出贡献，最大限度地实现个人价值。

在管理模式方面，该医学口译工作坊/暑期学校采用精益高效的管理模式，主要体现在四个方面：（1）瞄准语言服务市场中的实际需求展开针对性培训，提高培训的价值。（2）采用学期中线上教学和寒暑假线下集中培训相结合的方式，压缩学员学习周期，促使其在最短时间内提升技能，对接市场需求。（3）采用团队协作的模式，总负责老师协同培训志愿者，学习组长协同组员一起完成培训的组织和学习，提高组织和学习效率。

① 广东外语外贸大学高级翻译学院医学口笔译工作坊案例简介主要依据其官网发布的招生简章和医学语言服务研究中心提供的策划方案。

图 12-2　医学口笔译工作坊教学现场

（4）加强动态学习的 GPS 评估（收获、问题、建议）和课程质量评估，为主讲教师及时调整教学内容和开发下一期课程体系提供依据。

同时，该医学口译工作坊/暑期学校的主讲专家和学员背景丰富多元。就主讲教师而言，广东外语外贸大学高级翻译学院医学语言服务研究中心邀请了实战和教学经验丰富的多语种口译教师、翻译技术专家、医疗健康产业管理者以及语言服务行业专家参与授课（见图 12-3）。就学员而言，目前的学员大部分为广东外语外贸大学高级翻译学院的硕博士生，另一部分则来自北京大学、中山大学、南方医科大学、贵州医科大学、博鳌恒大国际医院等高校和医药企事业单位。

就课程体系而言，广东外语外贸大学高级翻译学院医学语言服务研究中心注重根据往期学员的反馈和医学语言服务市场产业链的实际需求，对授课体系进行丰富、迭代和完善，图 12-4 展示了前五期工作坊的课程迭代情况。

该医学口译工作坊/暑期学校的课程经过五期的调整和优化，形成了比较成熟的医学口笔译课程体系，其中理论模块包括西医口笔译、医学口译技术、中医口笔译和讲座等；实践模块包括西医临床问诊、中医推拿问诊等。表 12-3 展示了 2020 年暑期广东省研究生医学翻译暑期学校暨第六期医学口笔译工作坊的线上授课计划。

图 12-3　医学口笔译工作坊部分教师授课现场

图 12-4　前五期医学口笔译工作坊课程体系迭代图

表 12-3　**2020 年暑期医学口笔译工作坊线上授课计划表**

周次	线上课程内容（80 分钟/2 课时）	授课老师	线上自学
1	总论：医学翻译总论，医学交传技巧	朱珊	西医知识+词汇
2	总论：医学同传技巧	朱珊	西医知识+词汇
3	中外医疗体制	李俊	西医知识+词汇
4	临床（科普）	李俊	西医知识+词汇
5	公共卫生文献	李俊	西医知识+词汇
6	基础医学文献	李俊	西医知识+词汇
7	国际组织中的医学口译和笔译	朱珊	西医知识+词汇

续表

周次	线上课程内容（80 分钟/2 课时）	授课老师	线上自学
8	CAT 和 MT 技术与工具在医学口译中的应用（1）	王华树、陈杲	中医知识+词汇技术练习
9	CAT 和 MT 技术与工具在医学口译中的应用（2）	王华树、陈杲	中医知识+词汇技术练习
10	中医翻译概论	朱珊	中医知识+词汇
11	中医药术语英译国际标准及规范	朱珊	中医知识+词汇
12	中医诊断学导论	欧阳珊婷	中医知识+词汇
13	中医治疗学导论	欧阳珊婷	中医知识+词汇
14	中药学基础理论与翻译	石国旗	中医知识+词汇
15	针灸概论	欧阳珊婷	中医知识+词汇
16	医药国际化与谈判口译	刘江业、陈庆、朱珊、虎文思等	中西知识+词汇

表 12-4 展示了 2020 年暑期广东省研究生医学翻译暑期学校暨第六期医学口笔译工作坊的线下授课计划。

表 12-4　**2020 年暑期医学口笔译工作坊线下授课计划表**

编号	线下课程主题	拟邀请的主讲人或合作单位
1	医学基础笔译（西医）	李俊
2	医学专业笔译（西医）	李清华
3	药学和药物研发基础知识与医药国际化（西药）	吴传斌
4	医药与法律笔译	刘江业
5	医学交传实战（海外名医视频讲座交传直播）	杜松国际医疗
6	医院临床问诊口译实战	南方医科大学南海医院等
7	医学会议同传实战/国际医院医学语言服务	朱珊、杨丰源等/乐意、林妮、徐嘉冕等
8	医药谈判口译（医药合作研发或进出口模拟谈判）	广东环宇京贸律师事务所
9	中医基础笔译	李永安
10	中医典籍笔译	李照国
11	中药学科研翻译/SCI 论文翻译	石国旗

续表

编号	线下课程主题	拟邀请的主讲人或合作单位
12	中医问诊、针灸、推拿口译（实战1）	欧阳珊婷、朱珊、李莉、石国旗等
13	中医问诊、针灸、推拿口译（实战2）	
14	中医药会议口译/中医药国际化讲座	非洲广东总商会等
15	研讨会与结业仪式 (抗疫翻译经验分享专场与多语种医学语言服务)	广外口译教师、各界抗疫口笔译工作者等

就入学测试而言，多数口译非学历教育培训或不设置入学测试，或通过考察学员基本功判断学员的语言能力和口译技能是否符合学习要求，而该医学口笔译工作坊/暑期学校的报名测试方式较为独特和严格，学员需要经过三道程序的筛选，方可进入最终培训。具体的报名测试环节包括：(1）通过扫描二维码或者点击链接填写报名表。(2）写一封自荐信，包括个人的基本情况、参加本工作坊的目的等。(3）就一场医学口译任务谈谈如何以及从哪些方面着手做译前准备，连同自荐信一起发送至主办方邮箱。该种入学报名测试方式虽略显复杂，但能全方位考查学员的兴趣、积极性和译员能力。

就学习方式而言，该医学口笔译工作坊/暑期学校为学员提供了线上和线下相结合，理论讲解和实践联系相结合的多模态学习方式。如前文所述，工作坊的线上学习为线下开课前的预备阶段，包括医学词汇、医学知识、口译基础技能准备等；线下则是按照授课计划表在该校高级翻译学院由教师开展面授，包括在同传室开展的口译技能实操和翻译技术实操，还包括配备标准医生和病人的问诊口译实操等，问诊实操见图12-5。

图12-5　医学口译工作坊问诊口译实操现场

此外，医学口译工作坊不仅为学员提供了多元的学习方式，也为学员提供和推荐了丰富翔实的医学口译学习资源，书籍类包括《住院医师英语手册》《医学口译教程》《医学英语词汇教程》《医务英语会话》《基础口译教程》《口译理论、技巧与实践》等；网络资源包括英国国家医疗服务系统网站及其医学词汇课、可汗学院 APP 中的医学基础课程、网易公开课中的中南大学解剖课、全国科学技术名词审定委员会的术语查询平台、国家卫健委网站、世界医学教育联合会网站、美国国立卫生研究院网站等。

（三）中国外文局教育培训中心暑期翻译学院①

中国外文局暑期翻译学院由中国外文局教育培训中心主办。中国外文局教育培训中心成立于 1965 年，是中国外文局直属的行业性干部教育培训机构，专门从事国际传播、高端翻译、公务外语等领域高端应用型专业人才和国际化人才培养。自 2003 年起，中国外文局培训中心开始组织实施大规模专业翻译培训，建立了以实训教学为特色的“后院校”翻译课程模式。随着中国企业和中国文化“走出去”步伐日益加大，“一带一路”建设不断深化，高端翻译人才特别是非通用语种翻译人才匮乏已经成为制约国际化发展的“瓶颈”之一，中国外文局教育培训中心在总结十五年翻译人才培养成功经验的基础上，进一步整合优化资源，于 2018 年暑假推出外文局暑期翻译学院，希望为构建国家翻译人才终身教育体系奠定坚实基础。

总体来说，中国外文局教育培训中心暑期翻译学院的口译培训主要呈现出目标明确、品质权威、语种齐全、授课集中、实践导向、促进交流的特色。

中国外文局教育培训中心秉持为国际传播、高端翻译、公务外语等领域培养高端应用型专业人才和国际化人才的培训理念，其暑期翻译学院的培训目标也较为鲜明，包括：（1）树立正确的翻译观，掌握国际通行的翻译规范标准。（2）强化专业的翻译技能训练，提高翻译岗位履职能力。（3）贯彻行动学习法，通过培训解决翻译实践疑难困惑。（4）构建译者身份认同，提升职业素养和业务综合素质。

就培训品质而言，中国外文局教育培训中心暑期翻译学院的教学品质高端且权威，翻译学院充分汲取中国外文局六十余年对外翻译事业的深厚底蕴，依托外文局教育培训中心高端翻译培训的丰富经验，由全球知名高级翻译学院，如美国蒙特雷国际研究院、法国第三大学高等翻译学校（ESIT）、俄罗斯莫斯科大学高翻学院以及北京外国语大学高级翻译学院的资深专家分班次亲临授课，确保培训品质和实效。

就语种而言，中国外文局教育培训中心暑期翻译学院涵盖了联合国常用的六种语言，即汉语、英语、法语、俄语、阿拉伯语和西班牙语，同时也涉及了对外交流中使用较多的语言，如德语、韩语和日语。该培训同期举办覆盖九个语种的口译培训课程，这在口译非学历培训中较为罕见。

就授课安排而言，中国外文局教育培训中心暑期翻译学院的课程设计较为集中。以 2019 年暑期学院开班情况为例，暑期翻译学院每期班为期 12 天，共计 96 课时，每班满额 20 人，分为 2019 年 7 月 15 日—7 月 26 日、7 月 29 日—8 月 9 日两个阶段集中面授，如表 12-5 所示。感兴趣的学员可查阅中国外文局培训中心的官方微信 cipgtraining 发布的招生简章。

① 中国外文局教育培训中心暑期翻译学校案例简介主要依据其官方微信和学员采访视频。

表 12-5　　**中国外文局教育培训中心暑期翻译学院的授课安排表**

日期	培训课程	师资来源	入学水平要求	主要授课内容
7.15~7.26	中英口译培训班	与美国蒙特雷高翻学院合作举办	具备英语专业八级或同等水平	专业口译基本策略，常用方法和技能强化
7.29~8.9				
7.29~8.9	中英笔译培训班			专业笔译的基本理念和准则，基本能力与技巧
7.15~7.26	中英口译交传培训班	与北京外国语大学高翻学院合作举办	具备英语专业四级或同等水平	专业口译基本策略，常用方法和技能
7.29~8.9				
7.29~8.9	中法口笔译能力培训班	与法国巴黎高翻（ESIT）合作举办	具备法语专业四级或同等水平	专业口笔译的基本理念和准则，常用方法和技能强化
7.15~7.26	中俄口笔译能力培训班	与俄罗斯莫斯科大学高翻学院合作举办	具备俄语专业四级或同等水平	
7.15~7.26	西、阿、日、韩语口笔译培训班	国内外知名专家学者授课	具备相应语种专业四级或同等水平	
7.29~8.9	德语口笔译培训班			

此外，中国外文局教育培训中心暑期翻译学院的课程实践导向鲜明，暑期翻译学院汇聚翻译实践型教学专家，如中国外文局原副局长兼总编辑、中国翻译研究院副院长黄友义老师；美国蒙特雷国际研究院高级翻译与语言教育学院前任院长、联合国等多个国际组织资深同传译员鲍川运老师；外交部公共外交咨询委员、原外交部翻译室副主任任小萍老师；美国蒙特雷国际研究学院高级翻译与语言教育学院副教授、联合国资深同传译员施晓菁老师等。

中国外文局教育培训中心暑期翻译学院的另一个特色是为学员搭建交流共进的平台。暑期翻译学院汇集党政机关及各类企事业单位翻译专业精英学员，课程培训期间主办方通过开展学员培训心得交流，使各部门各领域翻译同行能够沟通互鉴，互相勉励，共同促进专业成长。另外，主办方还将学员的心得感言上传至网络，帮助更多有志于学习口笔译的学员了解暑期翻译学院。

（四）新东方在线口译培训①

新东方在线是新东方教育科技集团旗下专业的在线教育网站，是国内首批专业在线教

① 新东方在线案例简介主要依据其官网的介绍。

育网站之一，它依托新东方集团的师资力量与教学资源，拥有中国先进的教学内容开发与制作团队，致力于为广大用户提供个性化、互动化、智能化的在线学习体验。口译培训课程中的上海翻译证书考试和 CATTI 考试课程是新东方在线语言培训课程中颇受口译学员欢迎和知名度较高的课程，有助于口译学员和口译爱好者有的放矢地备考，提高证书考试通过率，适应职业发展需求。

相比于其他类型的口译非学历教育课程，新东方在线口译培训课程的特色在于其课程内容聚焦、课程学习个性化、师资团队经验丰富、学习工具智能多样、专属服务周到贴心。

新东方在线的口译培训课程主要针对学员需求较高的口译资格证书考试培训，包括上海外语口译证书考试和 CATTI 考试。这两种类型考试的口译培训课程体系相对完整，课程体系中既有单项技能培训也有口译实战培训，既有单项培训班也有全程通关班。

新东方在线的口译培训课程秉持个性化的学习理念，主要表现在三个方面。其一是学员可以根据自己的学习需求和经费预算自由选择。其二是可根据兴趣选择录播和直播两种在线学习方式，录播和直播的画面皆清晰度较高且制作精良。其三是学员在课程有效期内可无限次重复观看视频，满足学习和复习需求。

师资对于培训效果的影响较为重要，新东方在线口译培训教师虽然年龄结构较为年轻，但是他们大多毕业于国内知名的外语类大学，拥有丰富的实战和教学经验，且授课风格幽默有趣，能够较好地拉近与学生的距离，提高学员的口译学习积极性和热情。

新东方在线口译培训课程的另一特色是学习工具智能多样，目前培训课程支持手机、平板电脑等多终端学习，学员可在各学习平台中将培训课程离线缓存，以便随时学和反复听，图 12-6 展示了新东方在线口译培训课程的 APP 学习界面和相关功能。

图 12-6　新东方在线口译课程移动端学习和功能界面

值得一提的是，新东方口译培训课程除了提供口笔译培训外，还提供许多贴心周到的专属服务。例如，创建 7×24 小时的知识堂专属答疑平台，及时解决学习过程中的各种困惑；又如，创建班级专属QQ群，方便师生答疑、交流和快速获取学习资料，提高学员学习效率，附赠全套电子学习讲义，做到学习和复习两不误；再如，协议课程的学员若考试成绩不合格，可在相应周期内重新修读。

三、口译非学历教育资源的开发与应用

（一）口译非学历教育资源的开发

口译非学历教育资源属于广义的非学历教育资源的一部分，因而口译非学历教育资源的开发既有与其他非学历教育资源开发的共性，也有其独特的个性，具体包括六个方面。

（1）瞄准口译市场需求，注重挖掘口译非学历教育特色。目前我国的语言服务市场对专业领域的口译员需求缺口较大，如医学口译员、法律口译员等。各口译非学历教育培训机构和项目可在依法依规办学的基础上，改变“大而全”的办学理念，瞄准垂直领域口译市场的具体需求，进行特色挖掘，培育“小而精”的口译非学历教育培训项目。

（2）政、产、学、研通力合作，增加口译非学历教育机构实力。目前，市场上的口译非学历教育种类和创办主体多样，导致部分办学资源浪费，难以形成合力开展高质量的口译非学历培训。反观目前具有较大影响力的口译非学历机构，基本都有政府、高校和企业等多种力量的支持。鉴于此，各口译非学历教育机构在开发教育项目时应积极协同政、产、学、研各方参与，提高办学实力。

（3）利用多种宣传途径，提升口译非学历教育影响力。对于非学历教育机构而言，如何利用多种营销手段，赢得更多的生源和市场份额，以扩大机构的影响力是需要引起关注的一大问题（方建红等，2019）。因此，非学历教育办学机构应充分利用官方网站和新媒体工具，如官方微信、官方微博、视频等方式加强宣传和搭建交流平台，以提升口译非学历教育的知名度和品牌影响力。

（4）加强师资和课程建设，着力提升口译非学历教育质量。对于口译非学历教育办学而言，强大的师资和专业严谨的课程建设是培训机构提升竞争力、实现内涵发展的必经之路（方建红等，2019）。目前我国的口译学历教育院校众多，整体口译师资结构不尽合理，质量参差，导致部分高校的口译学历教育课程体系不够完整，因人设课，影响了人才培养质量。各办学机构可一方面积极招贤纳士并开展机构内师资培训，打造一流的师资队伍；另一方面通过多方论证，制定科学完整的口译培训课程体系，以有效提升口译非学历教育质量。

（5）积极更新教学模式，促进线上线下口译非学历教育融合。新时代信息技术的发展为口译非学历教育提供了绝佳的发展机遇，为口译非学历教育提供了多元、智能、个性和灵活的学习模式。目前，受制于传统办学思路，多数口译非学历教育机构仍以面授课程为主，导致学员为了参加培训而耗时耗力。基于此，各培训机构可积极更新教学模式，如录制高清授课视频资源或利用直播方式开展线上教学，为学员推荐线上学习资源，配合线下开展教学，提高口译非学历教育的效率。

（6）提供专属增值服务，全方位保障口译非学历教育学习效果。专属增值服务最初

指企业为了更好地吸引客户、管理客户、更大可能地深度发展客户而提供给客户原来购买行为得到的产品以外的其他服务①。具体到口译非学历教育办学中，各办学单位应积极站在学员角度，为学员提供尽可能丰富的专属增值服务，如离线缓存学习、购买期内无限次观看、一对一答疑、全天候服务咨询、作业批改、免费重听、学习经验分享等，优化学员学习体验，全方位保障口译非学历教育学习效果。

（二）口译非学历教育资源的应用

目前，口译非学历教育是口译学历教育的辅助和延伸手段，其辅助性主要体现在口译非学历教育针对性和紧凑性较强，主要针对翻译资格考试和相关技能培训展开，可以帮助口译学员在短期内提高技能，提高考试通过率；延伸性主要体现在口译非学历教育在一定程度上可视为口译学历教育在社会中的延伸，部分已经就业的口译爱好者或从业者由于工作等原因无法参加口译学历教育，因而可以选择非学历教育形式提升技能。因此，口译非学历教育和口译学历教育皆有其办学合理性和办学使命，并无优劣之分，也不能相互取代。总体来说，目前，口译非学历教育资源可主要应用于五个方面。

1. 集结权威师资和机构开展非学历培训，为学员提供接触世界各地优秀口译教师和享受顶尖高校口译教学资源的机会。

2. 非学历教育机构开启的远程培训及线上线下相结合的口译培训模式，可为高校口译学历教学模式改革提供参考。

3. 学员可通过口译非学历教育机构提供的培训和其专属答疑服务等，认识更多志同道合的同学或同事，互相切磋和交流，建立学习和研修共同体，提高学习效率。

4. 口译非学历教育开发了诸多语言服务市场迫切需求的口译培训，如小语种口译培训、专业领域口译培训、口译职业资格证书考试培训等，对接了市场需求，帮助学员取得入职敲门砖。

5. 口译非学历教育还可为在职人士提供继续学习的机会，有助于推动学习型社会和终身教育体系的确立，真正实现随时可学、处处可学、终身可学的美好愿景。

思考题：

1. 口译学历教育和口译非学历教育有何不同？
2. 开展口译非学历教育有何重要意义？
3. 国内外有哪些有代表性的口译非学历教育项目？
4. 开发口译非学历教育项目需要考虑哪些因素？

---

① 摘录自 https：//baike. so. com/doc/6820500-7037582. html

附　　录

附录 2.1：口译教学语料库网址

欧盟口译教学语料资源库 EUSR（EU Speech Repository）：https：//webgate. ec. europa. eu/sr/

Speechpool 语料资源库：http：//www. speechpool. net/

ELISA 语料库：http：//www. corpora4learning. net/elisa

Backbone 语料库：http：//www. uni-tuebingen. de/backbone

IVY 资源库：http：//virtual-interpreting. net/

附录 5.1：口译微课资源网址

全国高校微课教学比赛：http：//weike. enetedu. com/

中国外语微课大赛：http：//cflo. enetedu. com/

“英汉口译——听辨信息”微课作品：http：//cflo. enetedu. com/play. asp？vodid = 177084&e = 7###

“笔记中的符号使用”微课作品：http：//weike. enetedu. com/play. asp？vodid = 179915&e = 3###

“英汉视译三步骤”微课作品：http：//cflo. enetedu. com/play. asp？vodid = 173233&e = 2）

附录 6.1：国内包含外语类课程的慕课学习平台

慕课平台名称	网址链接
爱课程	http：//www. icourses. cn
中国大学 MOOC	http：//www. icourse163. org
学堂在线	www. xuetangx. com
好大学在线	http：//www. cnmooc. org

续表

慕课平台名称	网址链接
华文慕课	http：//www. chinesemooc. org
慕课中国	http：//www. mooc. cn
慕课网	http：//www. imooc. com
超星慕课	http：//mooc. chaoxing. com
中国高校外语慕课平台	http：//moocs. unipus. cn
全国地方高校 UOOC（优客）联盟	www. uooc. org. cn
智慧树	https：//www. zhihuishu. com
顶你学堂	http：topU. com
网易云课堂	m. study. 163. com

附录 6. 2：单元案例网址链接

1. 《交替传译》，广东外语外贸大学

网址链接：https：//www. icourse163. org/course/GDUFS-1002493010

2. 《英汉口译》，上海师范大学

网址链接：https：//www. icourse163. org/course/SHNU-1003377025

3. 《交替传译：进阶》，北京第二外国语学院

网址链接：http：//moocs. unipus. cn/my/course/195

附录 6. 3："英汉口译" 课程推荐的听力训练资源

英国国家广播公司 https：//www. bbc. co. uk
美国有线电视新闻网 https：//us. cnn. com
美国之音 https：//www. 51voa. com
人物 https：//people. aol. com/people/index. html
美国新闻与世界报道 https：//www. usnews. com
科学 https：//www. sciencemag. org/
自然 https：//www. nature. com/
大众科学 https：//www. popsci. com/popsci/
探索 https：//www. discover. com/
科学美国人 https：//www. sciam. com/

附录 7.1：国内外口译考证资源网址

加拿大 CTTIC 口译资格考试：https：//www. stibc. org/

澳大利亚 NAATI 口译资格认证考试：https：//www. naati. com. au/

Sydney Language Solutions（SLS）公司网址：https：//sydneylanguagesolutions. com. au/

欧洲 EMCI 口译测试：https：//www. emcinterpreting. org/

英国皇家特许语言家学会口译资格证书考试：https：//www. ciol. org. uk/

DPI 和 DPSI 考试样题官方网址：http：//www. ciol. org. uk/benefits/exam-resources

南非翻译协会口译资格口试：https：//www. translators. org. za/

台湾“教育部”中英文翻译能力检定考试：https：//www. edu. tw/

上海市外语口译岗位资格证书：http：//101. 200. 36. 97//

国际人才英语考试：http：//etic. claonline. cn/

厦门英语口译资格证书考试：http：//www. xiadakouyi. com/

全国翻译专业资格（水平）考试：http：//www. catticenter. com/

商务英语翻译证书考试：http：//www. ettbl. org/

联合国语言人才培训体系认证考试：http：//www. unlpp. com/

中国翻译协会语言服务能力评估：https：//paas. lscat. cn/project/public/show?hash=ui8ym8k6

附录 7.2：CATTI 备考资源

资源名称	链　接
可可英语 CATTI 专栏	http：//www. kekenet. com/menu/14277/
CATTI 二级口译考试形式及评分要求介绍	https：//www. bilibili. com/video/av34419655/
CATTI 三级口译实务的介绍及学习方法	https：//www. bilibili. com/video/av34419573/
CATTI 二级口译备考指导	https：//www. iqiyi. com/v_19rr74k614. html
CATTI 三级口译备考之综合能力训练	https：//v. youku. com/v _ show/id _ XMzEwMzk5MjcwMA = =. html？spm=a2h0j. 11185381. listitem_page1. 5！6~A
CATTI 二级口译韩刚全科通过班视频	https：//www. bilibili. com/video/av27865331/？spm _ id _ from = 333. 788. videocard. 0
沪江网校	https：//class. hujiang. com/category/500/p23_265
环球网校	http：//mianfei. hqwx. com/leraning/class_catti/
环球职考	http：//www. cnxue. com/fanyi/？u=25

续表

资源名称	链　接
新东方在线	https：//www. koolearn. com/ke/fanyi
策马翻译培训	http：//shenzhen. cemachina. com/Admissions. asp
“口译”百度贴吧	https：//tieba. baidu. com/f？ kw =% BF% DA% D2% EB&fr = ala0&tpl = 5
“CATTI”百度贴吧	https：//tieba. baidu. com/f？ kw = catti&fr = ala0&tpl = 5
“CATTI 考试资料与资讯”微信公众号	微信号：gocatti
“中国日报双语新闻”微信公众号	微信号：Chinadaily_Mobile
“翻吧”微信公众号	微信号：translationtips
“英文巴士”微信公众号	微信号：yingwenbashi
CATTI 考试资料与资讯	https：//www. weibo. com/gocatti？ refer_flag = 1005050010_
CATTI 备考与分享	https：//weibo. com/u/5716525851？ nick = CATTI

附录 7. 3：SIA 备考资源

资源名称	链　接
可可英语	http：//www. kekenet. com/kouyi/zj/
大家论坛	http：//club. topsage. com/forum-418-1. html
沪江网校	https：//class. hujiang. com/category/513/p23_263
新东方在线	https：//www. koolearn. com/ke/fanyi
上海中级口译口试准备指南	https：//www. bilibili. com/video/av39363615/？ spm _ id _ from = 333. 788. videocard. 1
考官解读上海中级口译笔试	https：//video. tudou. com/v/XMjY2NzQzNTgwOA = =. html
上海中级口译考试必备	http：//www. iqiyi. com/w_19ru8ac9mp. html
上海中级口译全套课程	https：//www. bilibili. com/video/av51375050？ from = search & seid = 12208998611477140981
上海中级口译通关课程	http：//www. kaosee. cn/plus/view. php？ aid = 7045
上海中级口译网络课堂	https：//v. youku. com/v_show/id_XMjEwODQ3OTI0. html？
中级口译口试备考方略	http：//new-play. tudou. com/v/XMjI3ODQ2ODI4NA = =
上海高级口译考试论坛	https：//www. bilibili. com/video/av5895806/？ spm _ id _ from = 333. 788. videocard. 2

续表

资源名称	链　接
口试部分应试技巧	https：//www. bilibili. com/video/av34431394/？ spm _ id _ from = 333. 788. videocard. 2
上海高级口译备考指导	https：//www. iqiyi. com/v_19rr74k5vk. html#curid = 700624300_f9b5c93514464f8f5caf9ecac8cc8fc3
上海高级口译通关课程	http：//www. kaosee. cn/plus/view. php？ aid = 7046
上海中口口试部分评分标准及样题评析	https：//www. bilibili. com/video/av34431280/
“上海中级口译”百度贴吧	http：//tieba. baidu. com/f？ kw = %C9%CF%BA%A3%D6%D0%BC%B6%BF%DA%D2%EB&fr = ala0&tpl = 5
“上海高级口译”百度贴吧	https：//tieba. baidu. com/f？ ie = utf-8&kw = %E4%B8%8A%E6%B5%B7%E9%AB%98%E7%BA%A7%E5%8F%A3%E8%AF%91&fr = search
“上海外语口译”微信公众号	微信号：shwykyks
“第一口译”微信公众号	微信号：diyikouyi

附录 8.1：中国主要口译赛事资源网址

海峡两岸口译大赛：http：//www. xiadakouyi. com/dasai. htm
全国口译大赛(英语)：http：//www. tac-online. org. cn
多语种全国口译大赛：http：//www. tac-online. org. cn/
国际口笔译大赛：http：//sti. blcu. edu. cn/itic/？ q = zh-hans
“通译杯”四川省翻译大赛(口译)：http：//www. catti. sc. cn/
湖北省外语翻译大赛(口译)：http：//www. tahb. org. cn/
湖南省高校研究生英语翻译大赛(口译)：http：//xwb. hnedu. cn/
“外教社”杯江苏省高校外语教师翻译大赛(口译)：http：//www. jsfyxh. cn/index. asp
全国商务英语翻译大赛：http：//www. bett. org. cn/
“海丝杯”翻译(口译)大赛：http：//www. fjfyxh. com/index. php
多语种接力同传友谊赛：http：//www. giit. shisu. edu. cn/
“人民中国杯”日语翻译大赛(口译)：http：//www. tac-online. org. cn/index. php
“儒易杯”中华文化国际翻译大赛：http：//www. howord. com/
“板桥杯”青年翻译竞赛(口译)：http：//www. jsfyxh. cn/index. asp

附录 8.2："海峡两岸口译大赛"数字资源

官方网站	http：//www. xiadakouyi. com
微信公众号	厦大口译
官方微博	厦大口译 （https：//weibo. com/u/3446004240？ is_all=1）
第七届海峡两岸口译大赛 2018"澳译杯"总决赛视频	http：//lc. zhihuishu. com/live/vod _ room. html？ liveId = 10679870
海峡两岸口译大赛特等奖获得者费建博的口译经验分享	http：//blog. sina. com. cn/s/blog_623a20ec0100xdfm. html

附录 8.3："全国口译大赛（英语）"数字资源

"全国口译大赛（英语）"官方网站	http：//www. tac-online. org. cn
中国翻译协会语言服务能力培养计划官方网站	https：//www. lscat. cn/
中国翻译协会官方网站	http：//www. tac-online. org. cn/
《中国翻译》杂志官方网站	http：//www. zgfyzz. com
中国翻译协会微信公众号	"中国翻译协会"
第四届全国口译大赛（英语）总决赛	http：//www. iqiyi. com/w_19rrwl43dp. html
第五届全国口译大赛（英语）总决赛（交传精英赛）	https：//video. tudou. com/v/XMjQ2MDQ3MjE4NA = =. html？ __fr=oldtd

附录 8.4："'通译杯'四川省翻译大赛（英语）"数字资源

"'通译杯'四川省翻译大赛（英语）"比赛官方网站	http：//www. catti. sc. cn/
成都通译翻译机构官方网站	http：//www. tytranslate. cn/index. asp
成都通译翻译机构微信公众号	"成都通译"
成都通译翻译机构官方微博	https：//weibo. com/u/3194614584？ s=6cm7D0&is_all=1

续表

第五届通译杯四川省口译大赛决赛同传体验视频	https：//video. tudou. com/v/XMTUxMTM2MjQ0MA = =. html
第四届“通译杯”四川省口译大赛 CDTV 新闻报道	https：//v. youku. com/v_show/id_XOTE1MTE1ODQ0. html

附录 9.1：部分智能笔网址

Equil smartpen 2：https：//www. myequil. com/smartpen2/
Moleskine smartpen：https：//global. moleskine. com/en
Neo Smartpen N2：https：//www. neosmartpen. com/
印象笔记“EverPEN”：https：//www. yinxiang. com/product/everpen/
讯飞智能录音笔 SR501：https：//mall. xunfei. cn/lists/index/15839

附录 9.2：部分远程口译平台网址

LanguageLine 平台：https：//www. languageline. com/
SPEAKUS 平台：https：//speakus. club/
Akkadu 平台：https：//akkaducloud. cn/
Interprefy 平台：https：//interprefy. com/
thebigworld 平台：https：//en-gb. thebigword. com/
Primaxis 平台：https：//www. primaxis. com. au/solutions/
Boostlingo 平台：https：//boostlingo. com/
Plunet 平台：https：//www. plunet. com/en

附录 10.1：口译研究文献搜索类资源一览表

资源名称	资源获取渠道(域名)
百度学术搜索	https：//xueshu. baidu. com/
360 学术搜索	http：//xueshu. so. com/
谷歌学术搜索	https：//scholar. google. com/　需要境外访问
谷歌学术镜像	https：//scholar. glgoo. org/
谷粉学术搜索	https：//gfsoso. 99lb. net/
必应学术搜索	https：//cn. bing. com/academic/？FORM=Z9LH2

续表

资源名称	资源获取渠道(域名)
中国知网总库	https：//www. cnki. net/
Spischolar 学术资源在线	http：//www. spischolar. com/
Socolar 检索平台	http：//www. socolar. com/
虫部落学术搜索	https：//scholar. chongbuluo. com/
百链云图书馆	http：//www. blyun. com/
超星电子图书	http：//book. chaoxing. com/
超星期刊	http：//qikan. chaoxing. com/
超星发现系统	http：//www. chaoxing. com/
读秀学术搜索	http：//www. duxiu. com
人大复印报刊资料全文数据库	http：//www. rdfybk. com/
万方数据知识服务平台	http：//old. g. wanfangdata. com. cn/
维普中文期刊服务平台	http：//qikan. cqvip. com/
CUP 剑桥期刊全文数据库	https：//www. cambridge. org/core
本杰明电子资源平台	https：//www. benjamins. com/online
本杰明电子期刊全文数据库	https：//www. jbe-platform. com/
Benjamins Translation Library	https：//benjamins. com/catalog/btl
ProQuest PRL 学术期刊数据库	https：//search. proquest. com/index
Taylor & Francis 期刊数据库	https：//www. tandfonline. com/
Bloomsbury 电子书全文数据库	https：//www. bloomsburycollections. com/
EBSCO 数据库	https：//search. ebscohost. com/
JSTOR 期刊存储数据库	https：//www. jstor. org/
MyiLibrary 电子书全文数据库	http：//lib. myilibrary. com/
NDLTD 数据库	http：//www. ndltd. org/
OUP 牛津期刊数据库	https：//academic. oup. com/journals
Project MUSE 期刊全文数据库	https：//muse. jhu. edu/
Springer 数据库	https：//link. springer. com/
Routledge 出版社	https：//www. routledge. com/
Web ofScience 数据库	http：//www. webofscience. com
Weley 在线图书馆	https：//onlinelibrary. wiley. com/
Encyclopedia	https：//www. encyclopedia. com/
书贼网	http：//booksc. org/

续表

资源名称	资源获取渠道(域名)
ScienceDirect 全文数据库	https：//www. sciencedirect. com/
华艺台湾学术文献数据库	http：//airitilibrary. cn/　涵盖港澳台文献
中国国家图书馆	http：//www. nlc. cn/
OA 图书馆	http：//www. oalib. com/
国家哲学社会科学文献中心	http：//www. ncpssd. org/
国际口译研究信息网	http：//cirinandgile. com/
The Translator	http：//www. tandfonline. com/toc/rtrn20/current SSCI，A&HCI
Target	https：//benjamins. com/#catalog/journals/target　SSCI，A&HCI
The Interpreter and Translator Trainer	http：//www. tandfonline. com/toc/ritt20/current SSCI，A&HCI
Translation Studies	http：//www. tandfonline. com/toc/rtrs20/current SSCI，A&HCI
Interpreting	https：//benjamins. com/#catalog/journals/intp　SSCI，A&HCI
Across Languages and Cultures	http：//akademiai. com/loi/084　SSCI，A&HCI
Babel	https：//benjamins. com/#catalog/journals/babel　SSCI,A&HCI
Linguistica Antverpiensia New Series-Themes in Translation Studies	https：//lans-tts. uantwerpen. be/index. php/LANS-TTS SSCI，A&HCI
Perspectives	http：//www. tandfonline. com/toc/rmps20/current　A&HCI
Meta	https：//www. erudit. org/fr/revues/meta/　A&HCI
Translation Review	http：//www. tandfonline. com/toc/utrv20/current　A&HCI
Translation and Interpreting Studies	https：//benjamins. com/#catalog/journals/tis　A&HCI
The Interpreters' Newsletter	https：//www. openstarts. units. it/handle/10077/2119
《中国翻译》	http：//www. zgfyzz. com/
《外语界》	http：//www. waiyujie. net/CN/volumn/home. shtml
《外国语》	http：//jfl. shisu. edu. cn/CN/1004-5139/home. shtml
《中国外语》	http：//www. hep. com. cn/flcjournal
《外语教学》	http：//xwxb. xisu. edu. cn/
《外语与外语教学》	http：//wyywyjx. dlufl. edu. cn/
《外语教学与研究》	http：//www. fltr. ac. cn
《外语教学理论与实践》	http：//www. teachlanguage. ecnu. edu. cn/
《外语学刊》	http：//wyxk. hlju. edu. cn/

续表

资源名称	资源获取渠道(域名)
《外语电化教学》	http：//wydhjx. cbpt. cnki. net
《解放军外国语学院学报》	http：//jfjw. cbpt. cnki. net/WKD/WebPublication/index. aspx?mid=jfjw
《外语研究》	http：//www. waiyuyanjiu. cn/
《东方翻译》	http：//www. ejtrans. com/
《翻译季刊》	http：//www. hkts. org. hk/cgi-bin/pub. pl
《翻译学研究集刊》	华艺台湾学术文献数据库中搜索
《山东外语教学》	http：//www. wyjx. sdnu. edu. cn//website
《西安外国语大学学报》	http：//xwxb. xisu. edu. cn/
《北京第二外国语学院学报》	https：//journal. bisu. edu. cn/CN/1003-6539/home. shtml
《天津外国语大学学报》	http：//www. tjfsu. edu. cn/content/xsky_list_xskw. shtml
上海外语教育研究出版社	http：//www. sflep. com/
高等教育出版社	http：//www. hep. com. cn/
外语教学与研究出版社	https：//www. fltrp. com/

附录 10. 2：口译研究设计和方法学习资源一览表

资源名称	呈现形式	资源获取渠道	资源内容
质化研究	电子推文	微信公众号	质性研究案例、方法介绍、研究课程发布等
量化研究方法	电子推文	微信公众号	量化研究案例、方法、工具使用、课程发布
语言学通讯	电子推文	微信公众号	科研方法、会议、投稿等信息发布
定性研究方法	慕课	中国大学 MOOC	定性研究方法的概念、哲学基础等
质性研究方法	慕课	中国大学 MOOC	质性研究简介、特征、方法实操等
教学研究的数据处理与工具应用	慕课	中国大学 MOOC	教学研究中数据的基本分析方法、工具及操作讲解
科学研究方法与论文写作	慕课	中国大学 MOOC	学科思维能力培养、实验设计讲解和论文写作指导
社会调查与研究方法	慕课	中国大学 MOOC	社会研究基本理论、方法、设计、数据分析等讲解
社会调查与统计	慕课	中国大学 MOOC	社会调查的基本概念、方法讲解

续表

资源名称	呈现形式	资源获取渠道	资源内容
Web of Science 在线大讲堂	视频课程	https：//clarivate. com. cn/e-clarivate/wos_2020_spring. htm（Web of Science 科研人员专场课程）	
社会研究方法	在线课程	学堂在线	社会研究基本过程、方法等
数据分析技术	慕课	中国大学 MOOC	数据分析的基本方法、流程和应用讲解
教学研究的数据处理与工具应用	慕课	中国大学 MOOC	数据分析基本方法和工具讲解
统计学	慕课	中国大学 MOOC	数据搜索、归纳、分析等讲解
学术志	视频课程	http：//www. zhishen. net. cn/web/training. html（精品研究课程）	
语言、数据与研究系列课程	视频课程	http：//ucourse. unipus. cn/study/map/8/detail	

附录 10.3：口译研究语料提取类资源一览表

资源名称	建设者	语料类型	语种
欧洲议会口译语料库（EPIC）	意大利博洛尼亚大学	欧洲议会同声传译	意大利语、英语、西班牙语
	https：//catalog. elra. info/en-us/repository/browse/ELRA-S0323/		
Babel 汉英平行语料库	北京大学	演讲词等	汉语、英语
	http：//icl. pku. edu. cn/icl_groups/parallel/default. htm		
英国国家语料库（BNC）	英国牛津出版社等	英国的书面语和口语	英语
	http：//www. natcorp. ox. ac. uk/		
美国当代英语语料（COCA）	美国杨百翰大学	美国当代口语等	英语
	https：//www. english-corpora. org/coca/		
美国国家语料库（ANC）		美式英语口语等	英语
	http：//www. anc. org/		
柯林斯英语语料库	英国伯明翰大学等	英语词典语料库	英语
	http：//www. collinslanguage. com/wordbanks/		
剑桥词典		英语词典语料库	英语
	https：//dictionary. cambridge. org/us/		
韦氏词典		英语词典语料库	英语
	https：//www. merriam-webster. com/dictionary/dictionary		

续表

资源名称	建设者	语料类型	语种
牛津高阶词典		英语词典语料库	英语
	https：//www. oxfordlearnersdictionaries. com/		
麦克米伦词典		英语词典语料库	英语
	https：//www. macmillandictionary. com		
中国法律法规汉英平行语料库（PCCLD）	绍兴文理学院	中国、香港地区、台湾地区法律条文	汉语、英语
	http：//corpus. zscas. edu. cn/lawcorpus1/index. asp		
医学英汉双语平行语料库	南方医科大学	医学英语	英语、汉语
	http：//cfs. fimmu. com/info/1046/1032. htm		
中国大学生英汉汉英口笔译语料库	外语教育与研究出版社（文秋芳）	中国大学英语专业三、四年级学生的口、笔译测试语料	英语、汉语
	可于外语教学与研究出版社等购买		
中国特色话语对外翻译标准化术语库	中国外文局、中国翻译研究院	中国特色话语翻译	中文与英、法、俄、德、意、日、韩、西、阿等多种语言
	http：//210. 72. 20. 108/index/index. jsp		
中国重要政治词汇对外翻译标准化专题库	中国外文局、中国翻译研究院	中国重要政治词汇	中文与英、法、俄、德、意、日、韩、西、阿等多种语言
	http：//210. 72. 20. 108/special/class3/search. jsp		

附录 10. 4：口译研究数据采集和分析类资源一览表

资源名称	资源功能	处理资料类型
各品牌录音笔	语音资料采集	音频、视频资料
各品牌录像设备	图像、声音资料采集	音频、视频资料
讯飞听见等转写软件	语音资料转写成文字	音频、视频资料
	https：//www. iflyrec. com/	
迅捷 PDF 等文件转换器	PDF 与各种文件类型转换	质性资料、量化数据
	https：//app. xunjiepdf. com/	

续表

资源名称	资源功能	处理资料类型
问卷星	问卷发放、回收及数据分析等	质性资料、量化数据
	https：//www.wjx.cn/	
问卷网	问卷发放、回收及数据分析等	质性资料、量化数据
	https：//www.wenjuan.com/	
FileGee	文件数据备份	质性资料、量化数据
百度网盘	文件数据同步、备份、分享	质性资料、量化数据
	https：//pan.baidu.com/	
Excel	数据计算和图表绘制	量化数据为主
Python	数据计算和统计	量化数据为主
	https：//www.python.org/	
SPSS	数据统计和分析	量化数据为主
	https：//www.ibm.com/cn-zh/analytics/spss-statistics-software	
SAS	数据统计和分析	量化数据为主
	https：//www.sas.com/zh_cn/home.html	
R Project	数据统计分析与绘图	量化数据为主
	https：//www.r-project.org/	
大数据搜索与挖掘平台（NLPIR）	文本分析、情感分析、可视化分析	质性资料为主
	http：//ictclas.nlpir.org/nlpir/	
图悦	词频分析软件	质性资料为主
	http：//ictclas.nlpir.org/nlpir/	
Citespace	文献资料可视化分析	质性资料为主
	http：//cluster.cis.drexel.edu/~cchen/citespace/	
VOS Viewer	文献资料可视化分析	质性资料为主
	http：//www.opdown.com/soft/128730.html	
扫描全能王	图片转文本、扫描等	质性资料、量化数据
	https：//www.camscanner.com/	
Onenote	研究过程记录和备忘	质性资料、量化数据
	https：//products.office.com/en-us/onenote/digital-note-taking-app	
Antconc	语料检索和分析等多功能	质性资料为主
	https：//www.laurenceanthony.net/software/antconc/	

续表

资源名称	资源功能	处理资料类型
Paraconc	语料检索和分析等多功能	质性资料为主
	https：//paraconc. com/	
Wordsmith	语料检索、词表统计等	质性资料为主
	https：//www. lexically. net/wordsmith/	
Elan Software	转录音频和视频记录文件，多层次	质性资料为主
	https：//tla. mpi. nl/tools/tla-tools/elan/	
Stetch Engine	语料库管理和文本分析软件	质性资料为主
	https：//www. sketchengine. eu/	
Coh-Metrix	源语文本复杂度评估工具	质性资料为主
	http：//cohmetrix. com/	
Text Analyzer	源语文本特征挖掘	质性资料为主
	https：//www. online-utility. org/text/analyzer. jsp	
ATLAS. ti	定性数据分析软件	质性资料
	https：//atlasti. com/	
Nvivo	定性数据分析软件	质性资料
	https：//www. qsrinternational. com/nvivo/home	
Praat	源语语音的分析和处理	语音资料
	http：//www. fon. hum. uva. nl/praat/	
RST 工具	源语文本修辞分析工具	质性资料
	http：//www. sfu. ca/rst/index. html	

附录 10.5：口译研究成果撰写与发表类资源

资源名称	资源功能	资源获取渠道
Everything	桌面文献搜索	https：//everything. en. softonic. com/
CAJ 阅读器	研究文献阅读整理	https：//cajviewer. cnki. net/
福昕阅读器	PDF 文件格式阅读	https：//www. foxitsoftware. cn/pdf-reader/
Evernote	阅读过程笔记记录	https：//www. evernote. com
有道云笔记	阅读过程笔记记录	http：//note. youdao. com

续表

资源名称	资源功能	资源获取渠道
Mind Manager	创建写作思维导图	https：//www. mindmanager. cn/
Xmind	创建写作思维导图	https：//www. xmind. cn/
Grammarly	英文写作润色	https：//www. grammarly. com/
Ginger	英文写作润色	http：//www. gingersoftware. com/
1Checker	英文写作润色	http：//www. 1checker. com/
PolishMywriting	英文写作润色	https：//www. polishmywriting. com/
Academic Phrase Bank	学术英语语料库	www. phrasebank. manchester. ac. uk
Theaurus	英文写作同义词典	https：//www. thesaurus. com/
Visio	图表绘制专用软件	https：//products. office. com/en-us/visio/
Latex	文献排版	https：//www. latex-project. org/
Papers	写作参考文献管理	https：//www. papersapp. com/
Endnote	写作参考文献管理	https：//endnote. com/
NoteExpress	写作参考文献管理	http：//www. inoteexpress. com/
Zotero	写作参考文献管理	https：//www. zotero. org/
爱学术	论文查重和润色	https：//www. ixueshu. com/
学术期刊投稿分析系统(DSA)	投稿筛选和分析	http：//datauthor. com/
《中国翻译》	http：//www. tac-online. org. cn/index. php？ m=member&c=index&a=login	
《外语界》	http：//www. waiyujie. net/Journalx_wyj/authorLogOn. action	
《外国语》	http：//jfl. shisu. edu. cn/journalx_wgy/authorLogOn. action	
《中国外语》	http：//tg. hep. com. cn/jx_wy/authorLogOn. action？ mag_Id=1	
《外语教学》	http：//teac. cbpt. cnki. net/EditorDN/index. aspx？ t=1	
《外语与外语教学》	http：//manu25. magtech. com. cn/Journalx_wy/authorLogOn. action？mag_Id=1	
《外语教学与研究》	http：//www. fltr. ac. cn：8080/journalx_wyjxyj/authorLogOn. action	
《外语教学理论与实践》	http：//202. 120. 85. 34/journalx_wyjx/authorLogOn. action？ mag_Id=1	
《外语学刊》	http：//outl. cbpt. cnki. net/EditorC2N/index. aspx？ t=1	
《外语电化教学》	http：//wydhjx. cbpt. cnki. net/EditorD3N/index. aspx？ t=1	
《上海翻译》	http：//shjot. shu. edu. cn/	
《解放军外国语学院学报》	http：//jfjw. cbpt. cnki. net/EditordN/index. aspx？ t=1	
《外语研究》	http：//nwyj. cbpt. cnki. net/EditorB2N/index. aspx？ t=1	

续表

<table>
<tr><th>资源名称</th><th>资源功能</th><th>资源获取渠道</th></tr>
<tr><td>《东方翻译》</td><td colspan="2">http：//www. ejtrans. com/editor/authorlog. aspx</td></tr>
<tr><td>《翻译界》</td><td colspan="2">bfsuwts@ 163. com</td></tr>
<tr><td>《中国科技翻译》</td><td colspan="2">jyzhang@ cashq. ac. cn</td></tr>
<tr><td>《翻译季刊》</td><td colspan="2">chanleo@ ln. edu. hk</td></tr>
<tr><td>《翻译学研究集刊》</td><td colspan="2">tatiorg@ gmail. com</td></tr>
<tr><td>《山东外语教学》</td><td colspan="2">http：//www. wyjx. sdnu. edu. cn/Account/Login</td></tr>
<tr><td>《外语教育研究前沿》</td><td colspan="2">http：//submit. celea. org. cn/fleic/Login. action</td></tr>
<tr><td>《语言与翻译》</td><td colspan="2">yyfy1985@ sohu. com</td></tr>
<tr><td>《西安外国语大学学报》</td><td colspan="2">http：//xawx. cbpt. cnki. net/EditorDN/index. aspx？ t=1</td></tr>
<tr><td>《北二外学报》</td><td colspan="2">https：//journal. bisu. edu. cn/journalx/authorLogOn. action</td></tr>
<tr><td>《天津外国语大学学报》</td><td colspan="2">http：//twdxb. cbpt. cnki. net/EditorDN/index. aspx？ t=1</td></tr>
<tr><td>Target</td><td colspan="2">https：//www. editorialmanager. com/target/default. aspx h. kotze@ uu. nl</td></tr>
<tr><td>The Interpreter and Translator Trainer</td><td colspan="2">https：//www. editorialmanager. com/ritt/default. aspx</td></tr>
<tr><td>Translation Studies</td><td colspan="2">https：//mc. manuscriptcentral. com/rtrs</td></tr>
<tr><td>Interpreting</td><td colspan="2">franz. poechhacker@ univie. ac. at；minhualiu@ hkbu. edu. hk</td></tr>
<tr><td>Across Languages and Cultures</td><td colspan="2">klaudy. kinga@ btk. elte. hu；pal. heltai@ gmail. com；
karoly. krisztina@ btk. elte. hu；</td></tr>
<tr><td>Babel</td><td colspan="2">fdelaet@ gmail. com</td></tr>
<tr><td>Linguistica Antverpiensia New Series-Themes in Translation Studies</td><td colspan="2">https：//lans-tts. uantwerpen. be/index. php/LANS-TTS/login</td></tr>
<tr><td>Perspectives</td><td colspan="2">https：//authorservices. taylorandfrancis. com/category/
making-your-submission/</td></tr>
<tr><td>Meta</td><td colspan="2">meta@ umontreal. ca</td></tr>
<tr><td>Translation Review</td><td colspan="2">https：//mc. manuscriptcentral. com/translationreview</td></tr>
<tr><td>Translation and Interpreting Studies</td><td colspan="2">https：//www. editorialmanager. com/tis/default. aspx</td></tr>
<tr><td>Current Trends in Translation Teaching and Learning</td><td colspan="2">mikel. garant［@］cgt. bitzh. edu. cn</td></tr>
<tr><td>The Interpreters' Newsletter</td><td colspan="2">interpretersnewsletter@ units. it</td></tr>
</table>

附录 10.6：口译研究交流与合作类资源

<table>
<tr><th>资源名称</th><th>资源类型</th><th>资源内容</th></tr>
<tr><td rowspan="2">中国翻译协会官网</td><td>网站、微信公众号</td><td>中国译协活动、咨询和文件发布</td></tr>
<tr><td colspan="2">http：//www. tac-online. org. cn/</td></tr>
<tr><td rowspan="2">国际译联官网
（FIT）</td><td>网站</td><td>国际译联活动、咨询和文件发布</td></tr>
<tr><td colspan="2">https：//www. fit-ift. org/</td></tr>
<tr><td rowspan="2">国际口译员协会官网
（AIIC）</td><td>网站</td><td>口译行业介绍、活动咨询发布、职业规范等</td></tr>
<tr><td colspan="2">https：//aiic. net/</td></tr>
<tr><td rowspan="2">美国翻译协会官网
（ATA）</td><td>网站</td><td>中国译协活动、咨询和文件发布；译员认证</td></tr>
<tr><td colspan="2">https：//www. atanet. org/</td></tr>
<tr><td rowspan="2">香港翻译学会主页</td><td>网站</td><td>香港翻译界活动和咨询发布；互动点评</td></tr>
<tr><td colspan="2">https：//www. facebook. com/HongKongHKTS/</td></tr>
<tr><td rowspan="2">台湾翻译学学会主页</td><td>网站</td><td>台湾翻译界活动和咨询发布；互动点评</td></tr>
<tr><td colspan="2">https：//www. facebook. com/tatiorg/</td></tr>
<tr><td rowspan="2">加拿大翻译、术语专家和口译员委员会（CTTIC）</td><td>网站</td><td>加拿大口笔译、术语标准化建设与认证</td></tr>
<tr><td colspan="2">http：//cttic. org/</td></tr>
<tr><td rowspan="2">澳大利亚翻译协会
（AUSIT）</td><td>网站</td><td>澳大利亚译协活动、咨询；教育与研究资源</td></tr>
<tr><td colspan="2">https：//ausit. org/</td></tr>
<tr><td rowspan="2">世界翻译教育联盟
（WITTA）</td><td>网站</td><td>全球翻译教学资源、论坛、在线课程发布</td></tr>
<tr><td colspan="2">http：//www. witta. org. cn/</td></tr>
<tr><td rowspan="2">中国翻译研究院</td><td>网站</td><td>中国翻译界咨询、课题招标、文件公告发布等</td></tr>
<tr><td colspan="2">http：//www. catl. org. cn/index. htm</td></tr>
<tr><td rowspan="2">全国翻译专业学位研究生教育指导委员会官网</td><td>网站</td><td>MTI 教学公告、咨询、资源发布；互动交流</td></tr>
<tr><td colspan="2">https：//cnti. gdufs. edu. cn/</td></tr>
<tr><td rowspan="2">教育部高等学校翻译专业教学协作组</td><td>网站</td><td>BTI 教学公告、咨询、资源发布；互动交流</td></tr>
<tr><td colspan="2">https：//cnbti. gdufs. edu. cn/</td></tr>
<tr><td rowspan="2">Gile 教授个人主页</td><td>网站</td><td>Gile 教授著作、PPT 等</td></tr>
<tr><td colspan="2">http：//cirinandgile. com/Personalhome. html</td></tr>
<tr><td rowspan="2">ResearchGate</td><td>网站</td><td>研究者学术成果分享和交流</td></tr>
<tr><td colspan="2">https：//www. researchgate. net/</td></tr>
</table>

续表

资源名称	资源类型	资源内容
译坊	微信公众号	刘和平教授研究主页
口译技术空间	微信公众号	口译技术前沿知识与实践分享
外语学术科研网	网站、微信公众号	外语学术动态、科研指导、学术交流等
	http：//iresearch. unipus. cn/	
科研圈	微信公众号	科研资源分享、文章推荐、交流等
学术资源大全	微信公众号	各类学术资源分享
社科学术圈	微信公众号	学术资源分享；学术交流与合作
翻译技术沙龙	微信公众号	翻译技术和研究工具介绍与交流
国际大学翻译学院联合会(CUITI)	网站	国际翻译教育与研究咨询和资源发布；互动交流
	https：//www. ciuti. org/	
莫纳什大学	https：//www. monash. edu/arts/languages-literatures-cultures-linguistics/translation-and-interpreting-studies(澳大利亚)	
卡尔·弗朗岑斯格拉茨大学	https：//translationswissenschaft. uni-graz. at/(奥地利)	
因斯布鲁克大学	https：//www. uibk. ac. at/translation/mitarbeiterinnen/ten-hacken. html(奥地利)	
维也纳大学	http：//www. univie. ac. at/transvienna/(奥地利)	
明斯克国立语言大学	http：//ftr. mslu. by/(白俄罗斯)	
根特大学	http：//www. vtc. ugent. be/(比利时)	
安特卫普大学	https：//ltc. ulb. be/(比利时)	
布鲁塞尔自由大学	http：//www. ulb. ac. be/facs/ltc/(比利时)	
鲁汶大学	https：//www. arts. kuleuven. be/studeren/toekomstige_studenten/bachelor/toegepaste-taalkunde(比利时)	
天主教鲁汶大学	http：//www. uclouvain. be/traduction-interpretation(比利时)	
蒙特利尔大学	https：//www. ling. umontreal. ca/(加拿大)	
上海外国语大学	http：//www. giit. shisu. edu. cn/(中国)	
北京外国语大学	https：//gsti. bfsu. edu. cn/(中国)	
北京第二外国语学院	http：//fanyi. bisu. edu. cn/(中国)	
广东外语外贸大学	https：//sits. gdufs. edu. cn/(中国)	
北京语言大学	http：//sti. blcu. edu. cn/(中国)	
布拉格查理大学	https：//cuni. cz/UKEN-108. html(捷克)	

续表

资源名称	资源类型	资源内容
奥胡斯大学		https：//www. au. dk/(丹麦)
巴黎第三大学		http：//www. univ-paris3. fr/bienvenue-sur-le-site-de-l-esit-63854. kjsp? STNAV=&RUBNAV=(法国)
法国高等翻译学院		https：//www. isit-paris. fr/(法国)
美因茨大学		https：//fb06. uni-mainz. de/(德国)
沙尔大学		https：//www. uni-saarland. de/404. html(德国)
莱比锡大学		https：//ialt. philol. uni-leipzig. de/start/(德国)
科隆应用技术大学(德国)		https：//www. th-koeln. de/informations-und-kommunikationswissenschaften/fakultaet-fuer-informations-und-kommunikationswissenschaften_2459. php
海德堡大学		https：//www. uni-heidelberg. de/fakultaeten/neuphil/iask/sued/(德国)
博洛尼亚大学		https：//corsi. unibo. it/magistrale/Interpretazione(意大利)
罗马国际大学		https：//www. unint. eu/it/didattica/corsi-di-laurea-triennale/corso-di-laurea-in-lingue-per-l-interpretariato-e-la-traduzione. html(意大利)
的里亚斯特大学		http：//iuslit. units. it/(意大利)
韩国外国语大学		http：//builder. hufs. ac. kr/user/hufsenglish/re_1. jsp(韩国)
圣诺瑟大学		https：//www. usj. edu. lb/decouvrir/institutions. htm? getinst=103(黎巴嫩)
巴拉曼大学		http：//balamand. edu. lb/faculties/FAS/Pages/default. aspx(黎巴嫩)
西恩西亚斯阿普利卡达斯大学		https：//pregrado. upc. edu. pe/facultad-de-ciencias-humanas/traduccion-e-interpretacion-profesional/(秘鲁)
波兹南密茨凯维奇大学		https：//amu. edu. pl/波兰)
华沙大学		http：//wls. uw. edu. pl/en/(波兰)
阿斯特拉罕国立大学		http：//asu. edu. ru/services/67-zaprashivaemyi-vami-resurs-ne-naiden. html(俄罗斯)
莫斯科国立语言大学		https：//linguanet. ru/(俄罗斯)
莫斯科国立大学		http：//esti. msu. ru/(俄罗斯)
俄罗斯国立师范大学		https：//scit. herzen. spb. ru/en/(俄罗斯)
卢布尔雅那大学		https：//prevajalstvo. ff. uni-lj. si/(斯洛文尼亚)

续表

资源名称	资源类型	资源内容
科米利亚斯主教大学	https：//www. comillas. edu/grados/grado-en-traduccion-e-interpretacion-y-diploma-en-tercera-lengua-extranjera(西班牙)	
阿尔卡拉大学	http：//www3. uah. es/master-tisp-uah/(西班牙)	
格拉纳达大学	http：//fti. ugr. es/pages/facultad/facultad_2(西班牙)	
日内瓦大学	https：//www. unige. ch/fti/fr/(瑞士)	
苏黎世应用科学大学	https：//www. zhaw. ch/en/linguistics/institutes-centres/iued-institute-of-translation-and-interpreting/(瑞士)	
安卡拉大学	https：//hacettepe. edu. tr/(土耳其)	
巴斯大学	https：//www. bath. ac. uk/departments/department-of-politics-languages-international-studies/(英国)	
伦敦都会大学	https：//www. londonmet. ac. uk/(英国)	
利兹大学	https：//ahc. leeds. ac. uk/centre-for-translation-studies(英国)	
瑞赫瓦特大学	https：//www. hw. ac. uk/schools/social-sciences/languages-and-intercultural-studies. htm(英国)	
威斯敏斯特大学	https：//www. westminster. ac. uk/politics-and-international-relations-courses(英国)	
蒙特雷国际研究学院	https：//www. middlebury. edu/institute/academics/degree-programs/translation-interpretation(美国)	

参考文献

1. Berber, D. *Information and Communication Technologies in Conference Interpreting* [D]. Tarragona: Universitat Rovira i Virgili, 2010.
2. Birdwhistell, R. L. *Kinesics and Context: Essays on Body Motion Communication* [M]. Philadelphia: University of Pennsylvania Press, 1970.
3. Braun S. From Pedagogically Relevant Corpora to Authentic Language Learning Contents[J]. *ReCALL*, 2005, 17(1): 47-64.
4. Braun S. *IVY — Interpreting in Virtual Reality*. [EB/OL]. http: //virtual-interpreting. net/wp-content/uploads/2015/08/2010-5082-FR-IVY-pub. pdf, 2015.
5. Carabelli A. Multimedia Technologies for the Use of Interpreters and Translators [J]. *The Interpreters' Newsletter*, 1999, (9): 149-155.
6. Cronin, M. The Translation Crowd[OL]. http: //www. raco. cat /index. php/Tradumatica/article /view/225900, 2010.
7. Diriker, E. Simultaneous and Consecutive Interpreting in Conference Situations (Conference Interpreting) [A]. In Milan C. & Bartrina F. (eds.). *The Routledge Handbook of Translation Studies*[C]. London and New York: Routledge, 2013: 363-376.
8. Gillies, A. *Note-taking for Consecutive Interpreting: A Short Course (Second Edition)* [M]. London: Routledge, 2017.
9. Guàrdia, L., M. Maina, A. Sangrà. MOOC Design Principles: A Pedagogical Approach from the Learner's Perspective[J]. *eLearning Papers*, 2013: 1-6.
10. Hoffstaedter, P. IVY-Interpreting in Virtual Reality. Bilingual Audio and Video Content[R]. IVY, 2012: 2-7.
11. Hoffstaedter, P. (ed.). IVY-Interpreting in Virtual Reality. Video Corpora [R]. IVY, 2012: 11-12.
12. Mikkelson, H. *Introduction to Court Interpreting*[M]. Shanghai: Shanghai Foreign Language Education Press, 2008.
13. Nolan, J. *Interpretation: Techniques and Exercises* [M]. Shanghai: Shanghai Foreign Language Education Press, 2008.
14. Ozdilek, Z. & Robeck, E. Operational Priorities of Instructional Designers Analyzed Within the Steps of the Addie Instructional Design Model [J]. *Procedia-Social and Behavioral Sciences*, 2009(1): 2046-2050.

15. Pastor, G. Tools for Interpreters: The Challenges That Lie Ahead[J]. *Current Trends in Translation Teaching and Learning*, 2018(5): 157-182.

16. Sandrelli A. *Designing CAIT (Computer-Assisted Interpreter Training) Tools: Black Box*[EB/OL]. http://www.euroconferences.info/proceedings/2005_Proceedings/2005_Sandrelli_Annalisa.pdf, 2005.

17. Sandrelli, A. Computer Assisted Interpreter Training (CAIT) for Legal Interpreters and Translators[A]. In Townsley, B., et al (eds.). *Building Mutual Trust: A Framework Project for Implementing EU Common Standards in Legal Interpreting and Translation*[C]. London: Middlesex University, 2011: 269-306.

18. Sandrelli A & de Manuel Jerez J. The Impact of Information and Communication Technology on Interpreter Training: State-of-the-art and Future Prospects[J]. *The Interpreter and Translator Trainer*, 2007(2): 269-303.

19. Sawyer, D. *Fundamental Aspects of Interpreter Education: Curriculum and Assessment*[M]. Shanghai: Shanghai Foreign Language Education Press, 2011.

20. Schweda-Nicholson, N. Consecutive Interpretation Training: Videotapes in the Classroom[J]. *Meta*, 1985(2): 148-154.

21. Seeber K. G. SIMON: An Online Clearing House for Interpreter Training Materials[A]. In Crawford C. *et al*. (eds.). *Proceedings of Society for Information Technology and Teacher Education International Conference*[C]. Chesapeake, VA: AACE, 2006: 2403-2408.

22. van Dyk J. Multilingual News Websites as a Resource for Interpreter Training[J]. *Southern African Linguistics and Applied Language Studies*, 2010, 28(3): 291-297.

23. 鲍川运. 翻译师资培训：翻译教学成功的关键[J]. 中国翻译，2009(2)：45-47.

24. 贝文力，施国安. 同传捷径：俄语高级口译技能训练与实战演练教程[M]. 上海：华东师范大学出版社，2006.

25. 常言. 口译测试真实性对比研究——以国内两大赛事为例[J]. 荆楚学术，2017(2)：48-51.

26. 蔡雪峰，赵湘慧. 数字化教材研究与应用[J]. 中国大学教学，2009(1)：95-96.

27. 陈菁. 从 Bachman 交际法语言测试理论模式看口译测试中的重要因素[J]. 中国翻译，2002(1)：51-53.

28. 陈菁. 交际法原则指导下的口译测试的具体操作[J]. 中国翻译，2003(1)：67-71.

29. 陈菁，肖晓燕，杨柳燕. 译通两岸：2009 海峡两岸口译大赛[M]. 北京：外语教学与研究出版社，2010.

30. 陈泉. 西汉初级口译教程[M]. 北京：商务印书馆，2011.

31. 陈肖庚，王顶明. MOOC 的发展历程与主要特征分析[J]. 现代教育技术，2013(11)：5-10.

32. 成华，卢章平. 大学出版社数字化教材出版模式探索[J]. 编辑之友，2012(9)：24-26.

33. 崔永禄，孙毅兵. 新编英汉口译教程[M]. 上海：上海外语教育出版社，2005.

34. 戴惠萍. 交替传译实践教程[M]. 上海：上海外语教育出版社，2014.

35. 邓军涛. 信息技术环境下口译教学资源的设计与开发[D]. 武汉：华中科技大学，2014.
36. 邓军涛. 国外口译教学资源库的建设与启示[J]. 现代教育技术，2015(12)：78-83.
37. 邓军涛. 数字化口译教学资源的语境重构——以IVY资源库为例[J]. 现代教育技术，2016(11)：94-99.
38. 邓军涛. 口译教学语料库：内涵、机制与展望[J]. 外语界，2018(3)：46-54.
39. 邓军涛，古煜奎. "欧盟口译语料库"项目分析与启示[J]. 现代教育技术，2017(12)：57-62.
40. 邓军涛，仲伟合. 信息技术与口译教学整合：层次、机制与趋势[J]. 中国翻译，2019(6)：88-95.
41. 杜碧玉. 法律口译教程[M]. 北京：对外经济贸易大学出版社，2006.
42. 方建红，李艳莹，金建花. 促进民办教育培训机构规范发展、内涵发展——关于推进民办教育培训机构治理的思考[J]. 中小学信息技术教育，2019(5)：13-15.
43. 冯建中. 论口译测试的规范化[J]. 外语研究，2005(1)：54-58.
44. 高彬，徐珺. 口译教材与口译人才培养契合之实证研究——基于我国三大出版社的教材统计分析(1990—2011)[J]. 外语界，2012(5)：42-48.
45. 龚朝花，陈桄. 电子教材：产生、发展及其研究的关键问题[J]. 中国电化教育，2012(9)：89-94.
46. 郭英剑. "慕课"与中国高等教育的未来[J]. 高校教育管理，2014(5)：29-33.
47. 何群，李春怡. 外交口译[M]. 北京：外语教学与研究出版社，2011.
48. 胡铁生. "微课"：区域教育信息资源发展的新趋势[J]. 电化教育研究，2011(10)：61-65.
49. 胡铁生，黄明燕，李民. 我国微课发展的三个阶段及其启示[J]. 远程教育杂志，2013(4)：36-42.
50. 黄德先，杜小军. 翻译的职业化及对翻译研究的影响[J]. 上海翻译，2010(1)：73-77.
51. 黄娥，李乾. 非学历教育课程建设标准研究[J]. 成人教育，2019(5)：21-25.
52. 黄敏. 谈口译资格认证考试的规范化设计[J]. 中国翻译，2005(6)：62-65.
53. 黄敏，刘军平. 中国翻译资格考试二十年：回顾、反思与展望[J]. 外语电化教学，2017(1)：49-54.
54. 康叶钦. 在线教育的"后MOOC时代"——SPOC解析[J]. 清华大学教育研究，2014(1)：85-93.
55. 柯平，鲍川运. 世界各地高校的口笔译专业与翻译研究机构(上)[J]. 中国翻译，2002a(4)：61-68.
56. 柯平，鲍川运. 世界各地高校的口笔译专业与翻译研究机构(中)[J]. 中国翻译，2002b(5)：54-61.
57. 柯平，鲍川运. 世界各地高校的口笔译专业与翻译研究机构(下)[J]. 中国翻译，2002c(6)：47-53.

58. 李长栓. 理解与表达：英汉口译案例讲评[M]. 北京：外语教学与研究出版社，2013.
59. 梁东琪. “才”以稀为贵——上海市外语口译岗位资格证书[J]. 成才与就业，2003(21)：48-50.
60. 林超伦. 实战口译[M]. 北京：外语教学与研究出版社，2004.
61. 凌蓉等. 日汉口译教学研究[M]. 上海：华东理工大学出版社，2015.
62. 刘春伟，魏立. 欧美远程口译发展对我国口译人才培养模式的启示[J]. 语言教育，2017(4)：15-19.
63. 刘和平. 口译理论与教学[M]. 北京：中国对外翻译出版公司，2005.
64. 刘和平. 口译技巧——思维科学与口译推理教学法[M]. 北京：中国对外翻译出版有限公司，2011.
65. 刘剑，胡开宝. 多模态口译语料库的建设与应用研究[J]. 中国外语，2015(5)：77-85.
66. 刘芹. 科技英语口译[M]. 上海：上海外语教育出版社，2014.
67. 刘霞，刘永志，贺晓荣. 论应用型口译人才校企合作培养创新模式[J]. 英语广场，2018(5)：57-59.
68. 卢信朝. 英汉口译技能教程：听辨[M]. 北京：北京语言大学出版社，2012.
69. 陆昉. “2017 中国国际远程与继续教育大会”讲话[OL]. http：//www. china. com. cn/education/2017-11/18/content_ 41909925. htm，2017-11-15.
70. 罗慧芳，鲍川运. 翻译专业师资培训路径与模式探索——以“全国高等院校翻译专业师资培训”为例[J]. 中国翻译，2018(3)：60-64.
71. 罗选民，黄勤，徐丽娜. 关于大学英语口译教学的调查与思考[J]. 外语界，2008(5)：75-83.
72. 马淑璇，张兰. 从口译比赛浅谈对口译教学和口译实战的指导意义[A]. 孙丁. 外语教育与翻译发展创新研究(第三卷)[C]. 成都：四川师范大学电子出版社，2014：114-116.
73. 梅德明. 中级口译教程(第四版)[M]. 上海：上海外语教育出版社，2014.
74. 梅德明. 口译进阶教程：专业交传[M]. 北京：北京大学出版社，2008.
75. 梅德明. 高级口译教程(第四版)[M]. 上海：上海外语教育出版社，2011.
76. 欧阳倩华. 图式理论与口译教材阅读部分设置[D]. 广州：广东外语外贸大学，2006.
77. 潘珺. 中国地区口译职业化调查回顾及其对口译教学的启示[J]. 外语与外语教学，2010(3)：68-71.
78. 朴钟鹤. 教育的革命：韩国智能教育战略探析[J]. 教育科学，2012(4)：87-91.
79. 秦亚青，何群. 英汉视译[M]. 北京：外语教学与研究出版社，2009.
80. 任文. 交替传译[M]. 北京：外语教学与研究出版社，2009.
81. 邵炜. 汉法口译教程——教你从容地表达[M]. 北京：外语教学与研究出版社，2012.
82. 孙志凤. 中韩口译入门[M]. 北京：人民教育出版社，2009.
83. 陶友兰. 基于语料库的翻译专业口译教材建设[J]. 外语界，2010(4)：2-8.
84. 王斌华，伍志伟. 汉英口译：转换技能进阶[M]. 北京：外语教学与研究出版社，2010.
85. 王斌华，叶亮. 面向教学的口译语料库建设：理论与实践[J]. 外语界，2009(2)：23-32.
86. 王斌华，仲伟合. 翻译本科新专业的口译教学理念探索——兼谈外研社翻译专业本科口译系列教材的编写[J]. 广东外语外贸大学学报，2010(4)：78-82.
87. 王传英. 语言服务业发展与启示[J]. 中国翻译，2014(2)：78-82.
88. 王丹. 交替传译[M]. 北京：外语教学与研究出版社，2011.
89. 王逢鑫. 高级汉英口译教程[M]. 北京：外文出版社，2004.
90. 王洪林，钟守满. 口译教学翻转课堂模式构建及其多维视角分析[J]. 外语学刊，2017(4)：79-83.
91. 王华树，李智，李德凤. 口译员技术应用能力实证研究：问题与对策[J]. 上海翻译，2018(5)：70-77，88.
92. 王华树，杨承淑. 人工智能时代的口译技术发展：概念、影响与趋势[J]. 中国翻译，2019 (6)：69-79.
93. 王华树，张静. 信息化时代口译术语管理及其技术应用研究[J]. 外文研究，2017(4)：72-77.
94. 王立非，崔启亮，蒙永业. 中国企业"走出去"语言服务蓝皮书(2016)[Z]. 北京：对外经济贸易大学出版社，2016.
95. 王丽丽，杨帆. "互联网+"时代背景下大学英语教学改革与发展研究[J]. 黑龙江高教研究，2015(8)：159-162.
96. 王文礼. MOOC 的发展及其对高等教育的影响[J]. 江苏高教，2013(2)：53-57.
97. 王炎强，冯超，何刚强. 视译基础[M]. 北京：外语教学与研究出版社，2012.
98. 王颖，张金磊，张宝辉. 大规模网络开放课程(MOOC)典型项目特征分析及启示[J]. 远程教育杂志，2013(4)：67-75.
99. 王振亚. 现代语言测试模型[M]. 保定：河北大学出版社，2009.
100. 卫志民. "慕课"本土化开发面临的问题及对策[J]. 西北师大学报(社会科学版)，2015(1)：78-84.
101. 温寒江. 师资培训概论[M]. 北京：北京师范大学出版社，1989.
102. 吴冰. 现代汉译英口译教程(第二版)[M]. 北京：外语教学与研究出版社，2010.
103. 吴维仲，关晓辉，曲朝阳. "慕课"浪潮引发的高校教学改革思考[J]. 东北师大学报(哲学社会科学版)，2015(2)：190-194.
104. 肖晓燕，高昕，赵肖. 中国大陆手语传译调查：现状、问题与前景[J]. 中国翻译，2018(6)：66-72.
105. 肖晓燕，杨柳燕(译注). 走进口译：欧盟亚欧口译项目多媒体教学资料[M]. 上海：上海外语教育出版社，2014.
106. 许明. 口译认知过程中"deverbalization"的认知诠释[J]. 中国翻译. 2010(3)：5-11.
107. 严志军，张沫. 符号学视域下的会议口译教材开发[J]. 南京师大学报(社会科学版)，2010(5)：155-160.

108. 杨棣华. 中国—东盟自由贸易区英语口译实务[M]. 天津：天津大学出版社，2009.
109. 杨冬敏. 笔译资格考试构念效度研究——测前理论效度的视角[D]. 广州：广东外语外贸大学，2014.
110. 杨黄海，郑述谱. 基于互联网的专业术语翻译法[M]. 哈尔滨：黑龙江大学出版社，2013.
111. 杨永林，张世蓉，丁韬，张虹，王娜. 从"慕课"到"小微课"，看大数据在教学中的应用[J]. 现代教育技术，2014(12)：45-51.
112. 姚斌. 远程会议口译——回顾与前瞻[J]. 上海翻译，2011(1)：32-37.
113. 姚斌. MTI口译教材编写：问题与展望[J]. 上海翻译，2017(6)：74-78.
114. 俞敬松. 计算机辅助翻译原理与实践[OL]. https：//zh-tw. coursera. org/lecture/fanyi-ruanjian/01-shi-yao-shi-fan-yi-ji-zhu-what-is-translation-technology-13-55-tt-olA29，2013.
115. 翟振元. 在"中国高校外语慕课联盟成立大会"上的讲话[OL]. http：//moocs. unipus. cn/union/article/3，2017.
116. 詹成. 联络口译[M]. 北京：外语教学与研究出版社，2010.
117. 詹成. 口译教学的"广外模式"——首届全国高校口译教学研讨会综述[J]. 广东外语外贸大学学报，2016(4)：79-82.
118. 张爱玲. 多语种组合演讲视频教学素材库建设[J]. 外语电化教学，2015(3)：25-30.
119. 张殿恩. 外语口语慕课设计与实践研究——以"慕课英语900句"为例[J]. 外语界，2015(4)：90-96.
120. 张吉良. 口译训练材料的分类与特点[J]. 中国翻译，2017(5)：45-51.
121. 张吉良，高彬. 翻译专业交传、同传训练的视频语料库建设[J]. 中国翻译，2014(5)：49-53.
122. 张金玲. 国内英汉口译教材存在的主要问题及其编写原则[J]. 沈阳农业大学学报(社会科学版)，2010(6)：724-726.
123. 张兰，马淑璇. 试比较我国两大口译比赛的差异以及参赛经验总结——以大区复赛阶段为例[A]. 孙丁. 外语教育与翻译发展创新研究(第四卷)[C]. 成都：四川师范大学电子出版社，2015：262-265.
124. 张丽华. 英语口译综合能力(二级)[M]. 北京：科学出版社，2008.
125. 张凌，黄敏. 法汉口译教程[M]. 武汉：武汉大学出版社，2017.
126. 张男星，饶燕婷. "慕课"(MOOCs)带给中国大学的挑战与机遇——访上海交通大学校长张杰[J]. 大学(学术版)，2014(1)：4-15.
127. 张威. 中国口译学习者语料库建设与研究：理论与实践的若干思考[J]. 中国翻译，2017(1)：53-60.
128. 张一川，钱扬义. 国内外"微课"资源建设与应用进展[J]. 远程教育杂志，2013(6)：26-33.
129. 赵昌汉. 职业导向型口译教材的开发原则及对策研究[J]. 外语电化教学，2017(4)：60-65.

130. 赵军峰. 商务口译[M]. 北京：外语教学与研究出版社，2009.
131. 赵毅慧. 口译技术的回溯与前瞻：工具化、交互化及智能化的演变[J]. 外文研究，2017(4)：65-71.
132. 仲伟合. 专业口译教学的原则与方法[J]. 广东外语外贸大学学报，2007(3)：5-7，31.
133. 仲伟合. 英语同声传译教程[M]. 北京：高等教育出版社，2008.
134. 仲伟合，王斌华. 基础口译[M]. 北京：外语教学与研究出版社，2009.
135. 仲伟合，王斌华. 口译研究的"名"与"实"——口译研究的学科理论建构之一[J]. 中国翻译，2010(5)：7-12.
136. 仲伟合，詹成. 同声传译[M]. 北京：外语教学与研究出版社，2009.
137. 仲伟合. 改革开放40年我国翻译专业教育：成就、挑战与发展[J]. 中国翻译，2019(1)：68-75.
138. 朱珊，王书亭. 医学口译[M]. 北京：外语教学与研究出版社，2015.